三聯人文書系

陳平原 主編

胡適的北京情緣：一個新文化人的日常生活史

歐陽哲生 著

U0111213

JPC HK

三聯人文書系
主　　編　陳平原

責任編輯　思思　龍田
書籍設計　Two points

書　　名　胡適的北京情緣：一個新文化人的日常生活史
著　　者　歐陽哲生
出　　版　三聯書店（香港）有限公司
香港北角英皇道四九九號北角工業大廈二十樓
Joint Publishing (H.K.) Co., Ltd.
20/F., North Point Industrial Building,
499 King's Road, North Point, Hong Kong
香港發行　香港聯合書刊物流有限公司
香港新界荃灣德士古道二二〇至二四八號十六樓
印　　刷　美雅印刷製本有限公司
香港九龍觀塘榮業街六號四樓A室
版　　次　二〇二一年十二月香港第一版第一次印刷
規　　格　大三十二開（141 × 210 mm）三六〇面
國際書號　ISBN 978-962-04-4915-4

總序

陳平原

老北大有門課程，專教「學術文」。在設計者心目中，同屬文章，可以是天馬行空的「文藝文」，也可以是步步為營的「學術文」，各有其規矩，也各有其韻味。所有的「滿腹經綸」，一旦落在紙上，就可能或已經是「另一種文章」了。記得章學誠說過：「夫史所載者，事也；事必藉文而傳，故良史莫不工文。」我略加發揮：不僅「良史」，所有治人文學的，大概都應該工於文。

我想像中的人文學，必須是學問中有「人」——喜怒哀樂，感慨情懷，以及特定時刻的個人心境等，都制約着我們對課題的選擇以及研究的推進；另外，學問中還要有「文」——起碼是努力超越世人所理解的「學問」與「文章」之間的巨大鴻溝。胡適曾提及清人崔述讀書從韓柳文入手，最後成為一代學者；而歷史學家錢穆，早年也花了很大功夫學習韓愈文章。有此「童子功」的學者，對歷史資料的解讀會別有會心，更不要說對自己文章的刻意經營了。當然，學問千差萬別，文章更是無一定之規，今人著述，盡可別立新宗，不見得非追韓摹柳不可。

錢穆曾提醒學生余英時：「鄙意論學文字極宜着意修飾。」我相信，此乃老一輩學者的共同追求。不僅思慮「説什麼」，還在斟酌「怎麼説」，故其著書立説，「學問」之外，還有「文章」。當然，這裡所説的「文章」，並非滿紙「落霞秋水」，而是追求佈局合理、筆墨簡潔，論證嚴密；行有餘力，方才不動聲色地來點「高難度動作表演」。

與當今中國學界之極力推崇「專著」不同，我欣賞精彩的單篇論文；就連自家買書，也都更看好篇幅不大的專題文集，而不是疊床架屋的高頭講章。前年撰一《懷念「小書」》的短文，提及「現在的學術書，之所以越寫越厚，有的是專業論述的需要，但很大一部分是因為缺乏必要的剪裁，以眾多陳陳相因的史料或套語來充數」。外行人以為，書寫得那麼厚，必定是下了很大功夫。其實，有時並非功夫深，而是不夠自信，不敢單刀赴會，什麼都來一點，以示全面；如此不分青紅皂白，眉毛鬍子一把抓，才把書弄得那麼臃腫。只是風氣已然形成，身為專家學者，沒有四五十萬字，似乎不好意思出手了。

類似的抱怨，我在好多場合及文章中提及，也招來一些掌聲或譏諷。那天港島聚會，跟香港三聯書店總編輯陳翠玲偶然談起，沒想到她當場拍板，要求我「坐而言，起而行」，替他們主編一套「小而可貴」的叢書。為何對方反應如此神速？原來香港三聯向有出版大師、名家「小作」的傳統，他們現正想為書店創立六十週年再籌畫一套此類叢書，而我竟自己撞到槍口上來了。

記得周作人的《中國新文學的源流》一九三二年出版，也就五萬字左右，錢鍾書對周書有所批評，但還是承認：「這是一本小而可貴的書，正如一切的好書一樣，它不僅給讀者以有系統的事實，而且能引起讀者許多反想。」稱周書「有系統」，實在有點勉強；但要說引起「許多反想」，那倒是真的——時至今日，此書還在被人閱讀、批評、引證。像這樣「小而可貴」、「能引起讀者許多反想」的書，現在越來越少。既然如此，何不嘗試一下？

早年醉心散文，後以民間文學研究著稱的鍾敬文，晚年有一妙語：「我從十二三歲起就亂寫文章，今年快百歲了，寫了一輩子，到現在你問我有幾篇可以算作論文，我看也就是有三五篇，可能就三篇吧。」如此自嘲，是在提醒那些在「量化指標」驅趕下拚命趕工的現代學者，悠着點，慢工方能出細活。我則從另一個角度解讀：或許，對於一個成熟的學者來說，三五篇代表性論文，確能體現其學術上的志趣與風貌；而對於讀者來說，經由十萬字左右的文章，進入某一專業課題，看高手如何「翻雲覆雨」，也是一種樂趣。

與其興師動眾，組一個龐大的編委會，經由一番認真的提名與票選，得到一張左右支絀的「英雄譜」，還不如老老實實承認，這既非學術史，也不是排行榜，只是一個興趣廣泛的讀書人，以他的眼光、趣味與人脈，勾勒出來的「當代中國人文學」的某一側影。若天遂人願，舊雨新知不斷加盟，衣食父母繼續捧場，叢書能延續較長一段時間，我相信，這一「圖景」會日漸完善的。

最後，有三點技術性的說明：第一，作者不限東西南北，只求以漢語寫作；第二，學科不論古今中外，目前僅限於人文學；第三，不敢有年齡歧視，但以中年為主——考慮到中國大陸的歷史原因，選擇改革開放後進入大學或研究院者。這三點，也是為了配合出版機構的宏願。

二〇〇八年五月二日

於香港中文大學客舍

目錄

胡適的北京情緣

——一個新文化人的日常生活史*

引子：一個人與一座城

城市的生命是與人聯繫在一起的。文化名城自然會與文化名人發生交集。一座城市縱有豐厚的歷史遺跡供人觀賞，它至多只是一座博物館而已。如果這座城市有一群活躍的文化人，那這座城市的活力和生命才會真正大放異彩。

清末民國時期一批又一批文人學者名流的名字與北京聯繫在一起。清末的康有為、梁啟超、譚嗣同、嚴復、吳汝倫、林紓、羅振玉在北京的競相登台。民國初年，蔡元培、錢玄同、朱希祖、周氏兄弟等浙江籍、章太炎派學人的北上。五四時期，胡適等一批留美海歸的加盟。一九三〇年代京派作家和以《獨立評論》為核心的自由派學人群體的活躍，都給北京這座文化名城注入新的血液，增強其文化生命力。北京與這些文化人相輔相成、相得益彰。

在研究文人學者與北京城的關係時，以往提供的個案研究主要偏於作家，如曹雪芹、魯迅、老舍等，[一]對於學者型的文人明顯關注不夠。胡適研究儘管在近二三十年來風氣甚盛，但對於胡適與地域的關係，除了他的老家安徽給予較多的關注，以擁有胡適這樣的文化名人兼尊貴鄉賢為榮外，其他地方（如上海、北京、美國、台灣）似乎都並不太在意胡適與它們的關係，何況居留京城的文化名人實在太多！

研究胡適在北京的日常生活史，具有雙重意義：從胡適的個案研究來看，豐富胡適基本面相的認識，胡適不僅是常被人們研究的學者、思想家、教育家，他還是一個與常人一樣實實在在、過着世俗生活的「人」。作為一個與舊文化人不同的新文化人，胡適的生活常態與生活方式有什麼特點？這是值得我們研究的課題。【二】從北京文化研究來看，北京是胡適一生居住時間最長的城市，是他事業成長的關鍵地點。胡適是民國時期新文化的靈魂人物，也是北京學人圈內的核心人物，在民國北京舞台這齣大劇中，胡適算是一個要角。現今對胡適在北京的生活與活動，僅有一些隨筆、報道加以介紹，【三】人們在利用胡適日記、書信等材料時，往往是「着眼

* 本文為國家社科基金重大項目「胡適年譜新編」（項目號18ZDA198）、首都師範大學文化研究院一般研究項目「胡適在北京研究」（項目號ICS-2016-B08）的階段性成果。

【一】有關文人學者與北京關係的研究成果，魯迅堪稱最多，代表性研究成果有：山東師院聊城分院中文系、圖書館編：《魯迅在北京》（一）（二）（一九七七年）。陳漱渝：《魯迅在北京》（天津人民出版社，一九七八年）。薛綏之主編：《魯迅生平史料彙編》第三輯《魯迅在北京》部分（天津人民出版社，一九八三年）。劉麗華、鄭智：《魯迅在北京》（北京工業大學，一九九六年）。鄧雲鄉：《魯迅與北京風土》（石家莊：河北教育出版社，二〇〇四年）。蕭振鳴：《魯迅與他的北京》（北京燕山出版社，二〇一五年）。魯迅在北京生活十四年（一九一二年五月—一九二六年八月），其中有九年多時間與胡適重疊，兩人在京生活情形有相當的可比性。

【二】過去研究胡適的個人生活，都注重其情感、家庭生活。如周質平：《胡適與韋蓮司——深情五十年》（北京大學出版社，一九九八年）。江勇振：《星星、月亮、太陽：胡適的情感世界》（北京：新星出版社，二〇〇六年）。

【三】如逯耀東：〈胡適逛公園〉，收入氏著《胡適與當代史學》（台北：東大圖書公司，一九九八年），頁三七至六三。

其大」，找尋胡適與中國文化、政治相關重要事件的歷史材料。【一】本書意在「着眼其小」，發掘胡適那些瑣碎的生活細節，以展現他作為一個新文化人的生活方式和生存狀態。【二】在我看來，胡適在「大事」上可能有意塑造自己的形象，在小事上倒可能展現自己的真情實感，過去人們對這些材料之間的關聯性往往習焉不察。當我們通覽二十世紀二十年代、三十年代胡適日記、書信後，結合北京的「地方知識」，即會發現其中蘊含有豐富的北京社會史、文化史材料，它真是一座有待開掘的寶藏。

一、胡適在北京生活的時段與背景

從一九一〇年七月三日，胡適為參加赴美庚款留學考試，初次北上來到北京；到一九四八年十二月十五日搭上南京國民政府派來接他的飛機，匆匆離開北平南下，從此告別北京，他在北京共度過了十八個春秋。他初到北京恰逢清朝即將垮台的前夕，而他離開北平時又正是國民黨政權分崩離析的時刻，可以說他在北京經歷的時段正是中華民國的潮起潮落。

胡適在北京的日子可以分為四段：第一段是一九一〇年七月三日至八月初，為參加選拔第二批庚款留美官費生考試在京迎考。第二段是一九一七年九月十日到一九二六年七月十七日，胡適被聘任為北京大學教授，中間除了有幾次出京回鄉，或去異地出差、講學、養病外，大部分時間都在北京，這時他是新文化陣營的主要代表。第三段是一九三〇年十一月三十日到一九三七年六月十八日，胡適再次回到北大任教，期間擔任文學院院長，成為北大「中興期」的主將。第四段是從一九四六年七月二十九日到一九四八年十二月十五日，此期胡適擔任北京大學校長。

胡適初次進京是為參加留美庚款考試。關於這次赴考過程，胡適本有《北遊日記》，可惜不存，現今我們可依據的是他的《四十自述．我怎樣到外國去》和兩封《致母親》信。

胡適在一九一〇年六月三十日《致母親》信中交代了自己選擇赴美留學的緣由：

> 兒今年本在華童公學教授國文。後，二兄自京中來函，言此次六月京中舉行留學美國之考試，被取者留在京中肄業館預備半年或一年，即行送至美國留學。兒思此次機會甚

【一】這方面的例證以余英時《從〈日記〉看胡適的一生》為代表，收入氏著《重尋胡適歷程：胡適生平與思想再認識》（台北：聯經出版公司，二〇〇四年），頁一——一五五。

【二】有關北京生活的開拓性研究可以上溯到二十世紀二十年代、三十年代，代表性成果有：Sidney D. Gamble, *Peking: A Social Survey*, New York: George H. Doran Company 1921. Sidney D. Gamble, Ho-chên Wang, Jên-ho Liang, *How Chinese Families Live in Peiping: a Study of the Income and Expenditure of 283 Chinese Families*, New York, London: Funk & Wagnalls Company, 1933. 陶孟和：《北平生活費之分析》（北平：社會調查所，一九三三年）。

好，不可錯過。後又承許多友人極力相勸，甚且有人允為兒擔任養家之費。……且吾家家聲衰微極矣，振興之責唯在兒輩，而現在時勢，科舉既停，上進之階唯有出洋留學一途。且此次如果被取，則一切費用皆由國家出之。聞官費甚寬，每年可節省二三百金，則出洋一事於學問既有益，於家用又可無憂，豈非一舉兩得乎？兒既決此策，遂將華童之事辭去，一面將各種科學温習，以為入京之計。【一】

七月十二日（陰曆六月初六）胡適《致母親》信中告其抵京後情形：「兒於廿七日抵京，二哥於二十九日乘火車往奉天矣。兒抵京後始知肄業館尚不能開辦，今年所取各生考取後即送出洋。兒既已來京不能不考，如幸而被取，則八月內便須放洋。」【二】由此信可知，胡適是七月三日（陰曆五月廿七）到達北京，而從其六月二十七日（陰曆五月廿日）日記最末一句「以下入《北遊日記》」【三】推斷，胡適應是六月二十八日動身北上，因其乘坐的是「新銘」輪，需時六天。胡適到達北京後，蒙其二哥好友楊景蘇（志洵）的介紹，住在「新在建築中的女子師範學校（後來的女師大）校舍裡，所以費用極省」。【四】

民國時期的北京，可以說少了一些帝都時期的威嚴、恢宏，多了幾分凝重、古樸。昔日中華帝都巍峨厚重的城闕，經過第二次鴉片戰爭、八國聯軍侵華戰爭兩次外敵鐵蹄的踐踏，漸漸顯得殘破、平實。神秘高深的紫禁城不再具有皇家象徵的意義，只是清朝遺室的一處私宅。走在街頭神氣十足、飛揚跋扈的八旗子弟已不見蹤影，剩下的是出入琉璃廠倒賣遺產古董、文墨字畫的前清後裔。傳統士人學子頻繁出沒的國子監、孔廟，已荒無人跡，悄然無聲。作為帝都的北京只是一個歷史的符號，帝制時代的輝煌漸漸褪謝，藉用英人莊士敦的話來形容清末民初的北京——紫禁城的黃昏。「夕陽無限好，只是近黃昏」，用這句古詩所呈現的意境來表達民國北京人的心境可謂再貼切不過。

民國時期的北京經歷了前所未有的動盪和變幻。民國初建的前十七年，北洋政府當政，政府輪替像走馬燈似的一個接一個上場又下場。袁世凱施弄權術，重建帝制；張勳率辮子軍進京，扶植溥儀復辟；段祺瑞執政，製造三一八慘案；曹琨賄選，豬仔議員捧場；張作霖入關，屠戮京城革命志士。民國早期十六年的北京政府或為北洋所主控，或為軍閥所操縱，若如一個新舊結合的怪胎，在國人眼中，延續大清王朝那副極其負面的形象。政治衝突、政黨競爭、

【一】耿雲志、歐陽哲生編：《胡適書信集》上冊（北京：北京大學出版社，一九九八年），頁一三、一四。

【二】《胡適書信集》上冊，頁一五。

【三】《胡適全集》第二十七冊（合肥：安徽教育出版社，二〇〇三年），頁九六。

【四】《胡適文集》第一冊（北京大學出版社，二〇一三年），頁九一。另據曹立先：〈胡適與北京績溪會館〉，載《北京青年報》二〇一三年一月三十日一文回憶，績溪會館是胡適首次進京應試住地。此說與胡適本人在《四十自述》中的回憶有出入。

武裝鬥爭導致這時期的國家四分五裂，政治資源分散，北京身為首善之區失去了其作為凝聚國力的一國之都的政治中心意義。民國若如歷史上的五代十國一樣，成為兩個大的王朝之間的過渡。

京城的人對政治有着特殊的敏感，胡適亦不例外，在他的家信中，常常留下自己對政治動向的觀察：

> 此時政局一日千變，北京尤不安穩，決不可更有家累。故兒決計此時不帶家眷同來，約五月中再回家去帶家眷，亦未為遲也。（一九一七年十一月二十六日《致母親》）
>
> 時局更紛亂不可收拾。北京鈔票跌至五七八折，若再跌下去，則一塊錢僅可作半塊錢用矣。（一九一八年二月四日《致母親》）
>
> 北京情形如舊，雖不很好，但無亂事。（一九一八年三月十六日《致母親》）
>
> 現在政府有變動，內閣換了人。昨天紙票價長了一些，今天又跌下去，但此時頗可望抬高一些。（一九一八年三月二十七日《致母親》）
>
> 此時時局危急得很，北京市面壞極，票價跌到六四四折，故不能多寄錢，下月底定可多寄錢來。（一九一八年九月一日《致母親》）
>
> 今天（九月初四）是選舉大總統的日子，總統已舉出，是徐世昌。今天居然沒有鬧什

麼亂子，京城太平無事，可稱僥倖，家中盡可放心。【一】（一九一八年九月四日《致母親》）

胡母其實是一個對政治一無所知且沒有興趣的農村婦女，胡適與母親「談政治」，完全是交代自己所處的狀況，讓家人放心。胡母於一九一八年十一月二十三日病逝，從此胡適不必每週一信給母親彙報，遺憾的是，這也就使我們失去瞭解他在京生活的一個重要材料來源。

在與親友的交流中，胡適對當時政局亂象之評論，則表現了他作為一個局外「好人」內心的焦慮：

在君說，北京的《晨報》近受新交通系（曹汝霖、陸宗輿）的津貼，他有證據可以證明。此事大概不誣。此次內閣更動，《晨報》力攻葉恭綽，而不攻張弧，亦大可疑。【二】（一九二一年五月十八日日記）

夢麟說，北京的教育界像一個好女子；那些反對我們的，是要強姦我們；那些幫助我們的，是要和姦我們。我說，夢麟錯了，北京教育界是一個妓女，有錢就好說話，無錢免

【一】《胡適書信集》上冊，頁一一八、一二四、一三九、一四四—一四五、一八九、一九〇。
【二】《胡適全集》第二十九冊，頁二五六。

開尊口。【一】（一九二一年六月十日日記）

今天教育部全體罷工。此為行政機關對政府實行罷工的第一次。此事大可紀念。北京政府之破產，久已成事實。【二】（一九二一年十一月十四日日記）

北京局面已很難維持了。社會的秩序全靠中級人士為中堅，今中級人士已無守秩序的能力；昨日國會與國務院的情形便是明證。【三】（一九二二年九月六日《致羅文幹》）

現在北京政局大不安寧，昨天京城警察竟不站崗。似此情形，我們一時也不能回去了。【四】（一九二三年六月十日《致胡思聰》）

到北京的前三年，胡適因家事兩度返回家鄉（一九一七年十二月十三日至一九一八年二月二日回家完婚、一九一八年十一月二十五日至一九一九年一月下旬奔母喪【五】）。一九二〇年九月十日胡適自我總結道：「民國六年（一九一七年）九月十日我到北京。今三年了。感念三年來所經歷，頗有傷感，想作一詩記之。匆匆中心緒又不佳，遂不果。」【六】此時胡適尚未到而立之年，已功成名就，應是躊躇滿志，居然無心作詩，顯示其心情抑鬱、複雜的一面。此後，胡適有過幾次離京南下之行。其中一次是因商務印書館欲高薪聘請他擔任該館編譯所所長，胡適在對方再三敦請之下，決定親自考察，一九二一年七月十五日他南下到上海、南京等地，直到九月八日才返回北京。七月二十日馬寅初在滬請他吃飯，郭秉文、張子高等出席。據胡適日記載，席間，「郭君要我留在商務，而兼任東南大學事。我說，『東南大學是不能容我的。我在北京，反對我的人是舊學者與古文家，這是很在意中的事；但在南京反對我的人都是留學生，未免使人失望。』」下午，與楊端六交換意見，楊告「改良編譯所不容易，因為須從全部的組織改良起」。胡適以為「楊君所言，極中肯要」。【七】胡適決定推辭不就，轉而推薦王雲五替代自己。

又據一九二二年二月二十三日胡適日記，「哥倫比亞大學校長 Nicholas Monroe Butler 正式寫信來聘我去大學教授兩科，一為中國哲學，一為中國文學。年俸美金四千元。此事頗費躊躇。我已決計明年不教書，以全年著書。若去美國，《哲學史》中下卷必不能成，至多能作一部英文的《古代哲學史》罷了，擬辭不去。」【八】這當然也是一次難得的機會，胡適選擇放棄，我們只能這樣解釋：胡適眷顧北大，胡適摯愛北京。一九二三年四月二十一日至十二

【一】《胡適全集》第二十九冊，頁三〇一。

【二】《胡適全集》第二十九冊，頁五〇一。

【三】《胡適書信集》上冊，頁三〇五。

【四】《胡適書信集》上冊，頁三一七。

【五】參見〈致藍公武〉，《胡適書信集》上冊，頁二〇〇。

【六】《胡適全集》第二十九冊，頁二〇九。

【七】《胡適全集》第二十九冊，頁三七三。

【八】《胡適全集》第二十九冊，頁五二三。

月五日，胡適在南方養病，「這一年沒有在北大上課，也沒有什麼重要的著述」。【一】一九二四年上半年「教了一學期的書，此外什麼事都沒有做」。【二】一九二五年九月離開北大，不再教課。【三】一九二六年七月十七日，胡適赴歐美訪問。臨行前，為他送別的「除家裡人外，約四十人」。【四】這一走，胡適差不多兩年半光景沒有回京。

一九二七年四月國民政府定都南京。翌年，北京改為北平，政治地位急劇下降，隨之而來的是大批文人學子的南下。一九二八年至一九三〇年胡適因在《新月》與羅隆基、梁實秋倡談「人權」，遭到國民黨的圍攻，在國民黨的強勢壓力下，他在上海中國公學的生存遇到危機，因而他的去留引發外界的猜測。一九二九年一月十九日至二月二十五日，胡適北上北平，其中即隱含另謀出路之計。關於此行，一九二九年二月二十五日胡適在日記中寫道：「我一月十九日到北京，今日出京，在京住了三十六天，在叔永家住了三星期，在在君家住二星期，天天受許多朋友的優待，吃了一百幾十頓酒飯，見了無數熟人。也認得了幾個新朋友，如合肥闞鐸先生、如白崇禧先生。」【五】不過，在半年後的九月四日《致周作人》信中，胡適談及自己進退維谷的境況時做了另一番表示：「我此時不想到北京來，有幾層原因：一是因為怕『搬窮』，我此刻的經濟狀況，真禁不起再搬家了。二是因為二年以來住慣了物質設備較高的上海，回看北京的塵土有點畏懼。三是因為黨部有人攻擊我，我不願連累北大做反革命的逋逃藪。前幾天百年兄來邀我回北京去，正是上海市黨部二次決議要嚴辦我的議案發表的一天，我請他看，說明此時不願回去的理由，他也能諒解。俟將來局面稍稍安定，我大概總還是回來的。」【六】雖有政治壓力，這時胡適還是不情願捨南就北，這可能是他在北京考察一個月後所做的抉擇。但一年以後，胡適被迫辭去中國公學校長職務時，北平似乎成為他唯一可行的出路。

一九三〇年十月四日胡適再次來到北平，這次行程緊張，主要是安排他來北平的工作起居。五日，會見傅斯年、趙元任夫婦、任鴻雋夫婦，他們是胡適的摯友。七日，「去看米糧庫四號的房子，頗願居此」。到北大會見陳百年、何海秋、張真如、朱繼庵，聽艾略特．史密斯教授演講脊椎動物的腦部演進。【七】九日，會見林宰平、黃秋岳、林頌河、金家鳳及北大英文學系、教育學系代表團。十日，會見王小航，北大送聘書來，下午參觀地質調查所。十三日，下午會見顧養吾、陳百年、梅蘭芳、馮友蘭、王家松。夜至歷史語言研究所，與陳寅恪、徐中

【一】《胡適全集》第三十冊，頁一六一。
【二】《胡適全集》第三十冊，頁一九二。
【三】參見一九三一年二月十日胡適日記，《胡適全集》第三十二冊，頁五三。
【四】《胡適全集》第三十冊，頁二一一。
【五】《胡適全集》第三十一冊，頁三三〇。
【六】《胡適書信集》上冊，頁四〇九。
【七】《胡適全集》第三十一冊，頁七四二。

舒、董作賓、羅常培一起吃飯。十四日，應博晨光之邀往燕京大學吃飯。胡適感嘆，「燕京大學在幾年之中完成新建築，共費美金約二百五十萬元，規模好極了，中國學校的建築，當以此為第一」【一】。十五日與任鴻雋同上香山赴熊希齡（秉三）之約。十七日，陳百年在東興樓請客，晚上在協和醫學校演講。十八日，晚上到歐美同學會，會見太平洋會議的一班人。十九日，在歐美同學會與編譯會同人會面。二十日，看朱我農夫婦及家人，到地質調查所。二十一日，參加協和醫校董事會會議。二十二日，到北平圖書館看史學書目。二十六日，離開北平。北平以其新的強大的學界陣營：最好的大學——北京大學、清華大學，最好的教會大學——燕京大學，最好的醫學院——協和醫學校，最先進的學術機構——地質調查所、歷史語言研究所，張開雙臂歡迎胡適的到來，胡適感受到北平知識界的力量，這裡的一切他再熟悉不過，他的老朋友們似乎都還鎮守在這裡。這對胡適重返北大自然是一個極大的鼓勵，胡適終於再次做出北上的抉擇。

胡適懷着依依不捨的心情惜別上海。一九三〇年十一月二十五日他在日記中表達了自己這一心情：「住上海三年半，今將遠行了，頗念念不忍去。最可念者是幾個好朋友，最不能忘者是高夢旦先生，其次則志摩、新六。」【二】十一月二十八日又記：「在上海住了三年半（一九二七年五月十七日回國住此），今始北行。此三年半之中，我的生活自成一個片斷，不算是草草過去的，此時離去，最捨不得此地的一些朋友，很有惜別之意。」【三】十一月三十日胡適抵達北平，「借車送我們到米糧庫四號新寓」。從此他安居此處六年。十一月二十五日胡適先致信胡漢民：「我本月廿八日搭津浦快車搬家到北平居住，倘蒙先生賜答，請寄北平後門內米糧庫四號。」【四】他向周圍朋友宣告他的新寓地址。在十二月二十三日《致梁實秋》信中，胡適又告知，「編譯事，我現在已正式任事了」，【五】顯示他北上不僅是接受北大的聘任，而且同時到中華教育文化基金董事會編譯委員會上班。羅爾綱談到胡適到北平後的日常生活安排時，明確説明胡適日常在北大、中基會兩處上班：「他每天的生活如下安排。上午七時起床，七時四十分去北京大學上班，中午回家吃午餐。下午一時四十分去中華教育文化基金會董事會上班。晚餐在外面吃。晚十一時回家。到家即入書房，至次晨二時才睡覺。」在羅看來，這樣的生活，「胡適只有成為一個社會活動家，而不可能成為學者」。【六】的確，胡適在北平的這六年時光（一九三〇年十一月三十日—一九三七年六月十八日），除了撰寫《説儒》等幾篇學術論文外，確無重頭

【一】《胡適全集》第三十一冊，頁七五四。
【二】《胡適全集》第三十一冊，頁八一三。
【三】《胡適全集》第三十一冊，頁八二二。
【四】《胡適書信集》上冊，頁五二三。
【五】《胡適書信集》上冊，頁五二七。
【六】羅爾綱：《師門五年記．胡適瑣憶》（北京：生活．讀書．新知三聯書店，一九九八年），頁一〇三、一〇四。

的學術著作問世。他每天深夜躲進書齋成一統，加班加點為《獨立評論》趕寫時評政論，挑起了一個公共知識分子的責任。【一】

胡適接受北大的聘任，可他並不在北大支薪，而是由中基會編譯委員會付給他薪水。一九三二年二月胡適就任北大文學院院長。不久，傳出蔣夢麟可能出任教育部部長，胡適接任北大校長之職的消息。胡適堅決拒受，也勸蔣不要離開北大。他致信蔣夢麟說：「北大的事，我深感吾兄的厚意。但我決不能接受這種厚意，前夜已與兄說過了。我是不客氣的人，如北大文學院長的事，我肯幹時，自己先告訴你，不等你向我開口。但那番舉動，只是要勸吾兄回北大，只是要維持北大的計劃可以實現，只是要在這幾個月計劃明年的改革。」「我現在擔任文學院事，既不受薪俸，又不用全日辦公，這是『玩票』式的幫忙，來去比較自由。北大校長的事，就大不同了。中基會的董事、編譯會的委員長，都發生了問題，我自己的生活與工作兩項也根本上發生問題。自由變為義務，上台容易，下台就很難了。」【二】同時兼任北大校長、中基會董事、編譯會委員長，胡適感覺難以兩全，無法勝任。

隨着日寇的步步進逼，中日在華北形成緊張的對峙局面，華北危機，北平危機，偌大的華北已容不下一張平靜的書桌。胡適感同身受，切身體會到這一點。一九三五年六月十日胡適在日記中寫道：「連日華北風浪甚大，日本軍人的氣焰高的不得了，報紙又不登真消息，故謠言極多。」【三】六月十一日他致信丁文江說：「此十餘日中，北平人士過的生活是地獄生活，精神上的苦痛是不得救濟的。」「北平昨夜事勢略『好轉』，或可苟安一時，但以後此地更不是有人氣的人能久居的了。」【四】六月十三日胡適日記稱：「時局沉悶的可怕。謠言極多。」【五】華北的形勢急轉直下，一九三七年六月十八日下午胡適悄然離開北平南下。行前，「料理行事，寫女兒素斐與侄兒思聰墓碣。冬秀把他們改葬在萬安公墓」。【六】這時正是盧溝橋事變的前夕。從此，胡適訣別北平達九年之久。

八年抗戰，胡適身在異域，他只能遙想北平。當他得知周作人身在淪陷區可能附逆時，作

【一】胡適日記多處記載其為《獨立評論》寫稿、編稿熬夜的情形。如一九三四年四月九日：「近幾個月來，《獨立》全是我一個人負責，每星期一總是終日為《獨立》工作，夜間總是寫文字到次晨三點鐘。冬秀常常怪我，勸我早早停刊。」四月三十日：「編輯《獨立》的稿子，擬作一文——〈今日的危機〉——直到次晨四點半才寫成。」五月二十八日：「星期一我向來因〈獨立〉報事終日不出門，也不見客，今天有許多事不能不出門，……所以到夜裡十點半才動手作文，寫了一篇〈信心與反省〉，……寫成已天明四點半了！」「我七天之中，把一天送給《獨立評論》，不能說是做了什麼有益的事，但心裡總覺得這一天是我盡了一點公民義務的一天。」參見《胡適全集》第三十二冊，頁三四六、三四七、三六一、三七二。

【二】《胡適書信集》上冊，頁五六七。

【三】《胡適全集》第三十二冊，頁四六九。

【四】《胡適書信集》中冊，頁六四一——六四二。

【五】《胡適全集》第三十二冊，頁四七六。

【六】《胡適全集》第三十二冊，頁六六〇。

詩《寄給北平的一個朋友》，詩中以「只為智者識得重與輕」一語警示周氏不要輕舉妄動。可惜，周作人未能聽從胡適忠告，失足附敵。抗戰勝利後，國民政府任命胡適擔任北大校長，一九四六年七月二十九日中午一點胡適回到久別的北平。相比一九三〇年胡適到達北平火車站那種冷場的氣氛，這天「來機場歡迎者眾多」，政界要人「有李德鄰主任、蕭一山、吳鑄人、成之弟，北大同人有毅生、孟真、錫予、召亭、華熾、素萱諸君」。抗戰前後，北平大變，胡適不勝感慨，「九年前今晨，二十九軍退出北平。九年前昨日，我從廬山飛到南京，次早始知平津皆失陷了」。【一】從山河淪陷到光復河山，世事之變，讓人生發無限的感慨！然上任北大校長一個多月，胡適即感受到這一崗位對自己的壓力，他告訴章希呂說，「我到北平已一個半月了，頗感覺做校長遠沒有做教授的舒服了」。【二】

胡適上任北大校長之日，國共內戰已拉開序幕。胡適在繁忙的工作之餘，仍繼續醉心於他的《水經注》考註，以此來排解內心的緊張。他利用自己的聲望，廣搜《水經注》的各種版本，一九四七年三月二十七日王重民帶來熏閣陳濟川賣給胡適的黃省曾刻本《水經注》。胡適不無得意地寫道，「此書刻於嘉靖十三年甲午（一五三四年），距今年已四百一十三年了。此是我收買《水經注》的最後一部，凡《水經注》的刻本，除宋元刻本外，我全收得了」。【三】

時局顯得異常緊張。一九四七年八月一日，胡適生平第一次在國內發表廣播演講——《眼前世界文化的趨向》。第二天發生了一件令胡適頗感意外的事故，他的日記記錄了大致過程：「今晚沈兼士先生約杭立武兄吃飯，八點十分入座。入座之前，兼士意態很高興，拿出三個手卷給我看。入座後，才吃第二個菜，兼士忽覺頭疼，用手抓住腦後。大家請他休息，有人扶他進臥房。醫生來時，我已先走，到美國總領館晚會。半夜始知沈兼士已於十點半鐘時死了！」【四】沈兼士是北大的老人，胡適初到北大時即與其相識。九月二十三日「北大開『教授會』，到了教授約百人。我作了三個半鐘頭的主席，回家來心裡頗感悲觀：這樣的校長真不值得做！大家談的、想的，都是吃飯！向達先生說的更使我生氣。」【五】北平的教育界籠罩在一片陰沉的氣氛之中。這時期，北平的學生運動風起雲湧，一浪高過一浪，可我們在胡適的日記中幾乎不見相關的記載。身處政治漩渦的胡適當然不是漠視這些，他日常處理的幾乎都與政治運動有關，他顯然有些心灰意冷，謹慎而行，日記寫得極為克制、簡略。【六】

【一】《胡適全集》第三十三冊，頁六〇四—六〇五。
【二】《胡適書信集》中冊，頁一〇七六。
【三】《胡適全集》第三十三冊，頁六二八—六二九。
【四】《胡適全集》第三十三冊，頁六三九。
【五】《胡適全集》第三十三冊，頁六五八。
【六】胡適擔任北大校長期間的日記，缺記甚多，是胡適本人未記，還是影印他的日記時作了刪除處理，尚有待覆核原稿確證。

遼瀋戰役即將落幕時，胡適行走南北，感到局勢不妙。一九四八年十月二十二日他從上海回到北平，感嘆「此次出外三十六日，真有滄桑之感。局勢一壞至此！」【一】十月二十八日晚上，蔣介石約胡適吃飯，這次胡適「很質直的談了一點多鐘的話，都是很逆耳的話，但他很和氣的聽受」。【二】十一月二十二日，胡適日記寫道，「陶希聖從南京來，奉有使命來看我。可惜我沒有力量接受這個使命」。【三】陶希聖所奉的這個使命是什麼？蔣介石希望胡適出面組閣。陶希聖日記對此事略有記載，十一月二十二日：「總統於上午八時四十五分召見，囑即往平徵適之先生同意出任行政院長或美大使。」十一月二十三日，「昨日下午十時至十一時半，今日上午十一時至一時，兩度與適之先生長談，彼堅決不同意組閣。下午三時半送電稿交空軍第二軍區司令部周主任秘書（□□）發呈總統」，「兩次訪談均以體力能力不勝繁劇懇辭，願於適當時期入京以較為閒散地位表示支持中央並竭盡心力以求有助於國家」。並謂「□星期四回京詳陳覆命」。十一月二十五日，「下午四時往官邸報告胡先生不同意組閣事」。【四】話說到此截止。不過，在胡適十一月二十六日日記中，還載有一份鄭天挺「意想中的人才內閣」名單，這也許是胡適的自嘲。十二月四日的日記更顯他的情緒低落，「晚上公宴錢端升，主人是北大的行政首領居多，故我們大談。我最後說，我過了十二月十七日（五十週年紀念日），我想到政府所在地去做點有用的工作，不想再做校長了。不做校長時，我也決不做《哲學史》或《水經注》！至於我能做什麼，我自己也不知道」。【五】茫然不知所措的心情躍然紙上。形勢的急轉直下，胡適已有在北平難以再待下去的預感。十二月十五日是胡適訣別北平的日子，他在日記中記敘了當天離別的一幕：「今天上午八點到勤政殿，但總部勸我們等待消息，直到下午兩點才起程，三點多到南苑機場，有兩機，分載二十五人。我們的飛機直飛南京，晚六點半到，有許多朋友來接。兒子思杜留在北平，沒有同行。」【六】

胡適在北京的四段日子，除了第一段赴京趕考外，其他三段都是與北京大學任教重疊。如果沒有北京大學，胡適是否會選擇北京作為自己安身立命之處，這是一個值得提出的疑問。胡適每次奔赴北京，都是懷抱使命與理想而來，而最終離開北京，似乎又是悻悻而去，出於無奈和未竟。一九四八年底他匆匆離開北平，與當時許多南撤的學人一樣，他幾乎沒有做好離開北平的心理準備。

【一】《胡適全集》第三十三冊，頁六九七。

【二】《胡適全集》第三十三冊，頁六九八。

【三】《胡適全集》第三十三冊，頁七〇〇。

【四】陶晉生編：《陶希聖日記》上冊（台北：聯經出版事業有限公司，二〇一四年），頁一八六—一八七。

【五】《胡適全集》第三十三冊，頁七〇一。

【六】《胡適全集》第三十三冊，頁七〇二。

二、胡適在北京的衣、食、住、行

衣食住行對普通人，尤其是大多數生存狀態水平較低的民眾來說，可以說是他們生活的全部。而對胡適這樣的高級知識分子而言，物質生活並不存在問題，因此他才可能專注自己的精神生活。揭示胡適在北京優裕的生活狀態，可以看出他在物質生活上享受的「待遇」，足以使他躋身於上層社會之列。【一】

居住 胡適從一九一七年進京，到一九二六年離京，居住的場所先後是朝陽門內竹竿巷、緞庫後胡同八號、地安門內鐘鼓寺胡同十四號、景山大街陟山門六號。一九三〇年十一月來北平後，安家在後門內米糧庫四號。這五處寓所均為胡適租住。一九四六年七月胡適回到北平後，住在東廠（東昌）胡同一號，此處為學校分配的住房，屬北大的宿舍。胡適晚年感慨地說：「我在國內混了二十多年，總是租房子住，故幾次政治大變故，都沒有房產可沒收。」【二】說的算是大實話。

一九一七年九月十日，胡適甫抵北京，首先面臨的是住房問題。當天他寫信給母親說：「兒今日午時到北京，下午去大學訪蔡先生，不相值。復至其寓，亦不相值。……大約一二日後，即須決定住所，或居大學，或居校外，皆未可知。家中寄信可寫，北京北京大學文科教授胡適之收，可不致有誤也。」【三】他選擇的是住進北京大學教員宿舍。有人說周作人所說的「卯字號」教員休息室，即位於景山東街的文科教員預備室就是當年胡適住的北京大學教員宿舍，此說是否確當，尚待考證。

住在大學教員宿舍只能算是臨時安排，當然並非長遠之計。九月三十日胡適致信母親，詳告來京生活情形，其中提到他欲移出大學教員宿舍：

> 適之薪金已定每月二百六十元。所同居高君亦好學之士。所居甚僻靜，可以無外擾，故欲移出同居也。彼處房錢每月不過六元，每人僅出三元耳。合他種開銷算起來，也不過每月四五十元之譜。
>
> 今年所怕須是添置衣服之費，皮衣更不得了。

【一】有關胡適的生活起居，石原臯最早加以專門介紹，參見氏著：《閒話胡適》（北京：中國人民大學出版社，二〇一一年），頁一〇二——一〇八。以後在網上或其他書籍中出現數篇文字介紹胡適在北京的舊居和飲食。江勇振亦有介紹，參見氏著：《捨我其誰：胡適》第二部〈日正當中〉下篇（杭州：浙江人民出版社，二〇一三年），頁一六至三六。我之所以撰寫此文，主要是考慮到敘述的系統性和精確性，同時增入在北大檔案中發現的新的材料，以為補證。

【二】〈致楊聯升〉，《胡適全集》第二十五冊（合肥：安徽教育出版社，二〇〇三年），頁六四八。

【三】耿雲志、歐陽哲生編：《胡適書信集》上冊（北京：北京大學出版社，一九九五年），頁一〇四。

適現尚暫居大學教員宿舍內，居處可不出房錢。飯錢每月九元，每餐兩碟菜一碗湯，飯米頗不如南方之佳，但尚可吃得耳。適意俟拿到錢時，將移出校外居住，擬與友人六安高一涵君。【一】

每月三元的租金在北京屬中檔租金，【二】當然，胡適與高一涵兩人當時實為單身合租。

胡適與高一涵合租的住所是在朝陽門內竹竿巷，這裡離北大紅樓並不近。一九一八年一月胡適在《新青年》第四卷第一號發表《一念》這首詩的序中提到此處：「今年在北京，住在竹竿巷。」《國立北京大學廿週年紀念冊》的《職員一覽》登記胡適的住址也是「朝陽門內竹竿巷」。【三】一九六一年六月二日胡適與胡頌平談話時提及他與高一涵合租的這套房：「我第一次回國在北大教書，很窮，跟高一涵兩人合租一座院子。南面三間是高一涵的，北面三間是我住的。院子的後面是窮人的住宅區。」【四】住在這裡發生了一起盜竊事故，這是胡適生平第一次，也是唯一一次遇到這樣的事故。一九一八年二月二十五日（元宵節）胡適給母親的信中詳告了這起事故原委，並畫了一幅這套房的簡圖。【五】

當政局稍顯平穩，胡適即開始另尋新居。一九一八年三月十一日他致信母親，報告了自己租房的打算：「今天下課後，出去尋房屋，尋了兩處，一處有房十七間，價錢太貴了，房子又太舊了，故不曾和他還價。一處有房十八間，都還新，似乎還合用。我問他價錢，他開口要二十五元一月，大約廿一、二元可以租下，明天再去問問看。若可讓至二十元，我便租了。現住的房子太壞了，太不緊密了，所以要搬家。」【六】隔兩天，三月十三日胡適致信江冬秀，確定租房之事：「今天我已看定了一所房子，共有十七間，地方離大學很近。我已付了定錢，大概二十日內可以搬進去住。」【七】三月二十七日，胡適再次致信江冬秀，告其新租房價只有二十元：「我已租了一所新屋，預備五六日內搬進去住。這屋有九間正房、五間偏房（作廚房及僕婢住房）、兩間套房。離大學也不遠（與江朝宗住宅相隔一巷）。房租每月二十元。」【八】胡適搬入

【一】《胡適書信集》上冊，頁一〇六—一〇七。

【二】Sidney D. Gamble, *Peking: A Social Survey*, New York: George H. Doran Company 1921, p356. 據甘博的調查，在燈市口一帶的租房「中等月租金為三到四元，但平均月租金却是六元五角」。

【三】《國立北京大學廿週年紀念冊》，頁六五。又參見王學珍、郭建榮主編：《北京大學史料》第二卷（一）（北京大學出版社，二〇〇〇年），頁三四七。

【四】胡頌平：《胡適之先生晚年談話錄》（台北：聯經出版事業有限公司，一九八五年），頁一八九。

【五】《胡適書信集》上冊，頁一三一。

【六】《胡適書信集》上冊，頁一三八。

【七】《胡適書信集》上冊，頁一三九。

【八】《胡適書信集》上冊，頁一四五。據甘博調查，租房月租金超過十元以上的僅佔租房家庭比例的百分之十。胡適這時已進入租房族中的百分之十之列。參見 Sidney D. Gamble, *Peking: A Social Survey*, New York: George H. Doran Company 1921, p356.

所租新居是在三月三十日。四月二日胡適致信母親報告了這一消息：「我已於卅日搬入新寓居住。此屋很好，入校既便，出城也便。」【一】胡適搬入的這所新居是在南池子緞庫後胡同八號，它是一個小四合院。【二】同年九月十四日，他的兩位好友高一涵、張慰慈亦搬入此居，胡適當天給母親的信提及此事：「此間屋內本有幾間空屋。今天有朋友高一涵、張祖訓兩君搬來同住，更不寂寞了。」【三】一九一九年四月十五日胡適在《新青年》第六卷第四號刊詩《一涵！》：「一涵！月亮正在你的房子上，正照在……我的窗子上。你想我如何能讀書，如何能把我的心關在這幾張紙上！」留下了這段兩人同居之誼的生動寫照。一九一九年十月五日《新青年》社同人曾在胡宅開會，赴會的錢玄同略記此事：「下午三時至胡適之處，因仲甫函約《新青年》同人今日在適之家中商量七卷以後之辦法，結果仍歸仲甫一人編輯。在適之家中吃晚飯。九時出城回舍。」【四】青年毛澤東也曾造訪過此宅，一九二〇年一月十五日胡適日記載「毛澤東來談湖南事」。【五】胡適在《每週評論》上撰文推薦過毛澤東在《湘江評論》上發表的長文《民眾的大聯合》，【六】兩人早已相互賞識對方。這年七月九日毛澤東致明信片給胡適，地址署南池子緞庫後胡同。實際上這時胡適已搬離此地。【七】關於這處居所，隨同居住的江澤涵亦留有簡要回憶：「胡適當時住在北京南池子北頭的緞庫後身八號，是一個小四合院。他有臥室、書房和客廳。我和思聰同住南屋。」【八】

胡適搬入新居後，因住房稍大，常常接待家鄉來客或親戚。一九一八年三四月間，曹勝之

（繼高）在胡家住了一個月。四月二十四日胡適寫信告訴母親：「勝之在此住了一個多月，我這裡太冷靜了，他住不慣，已於今晨坐京漢火車回漢口去了。」【九】八月三日，胡適又告母親：「此間有三個學生同居，一個是江村人，兩個是繁昌縣人，都是來考北京大學的。」【一〇】胡宅儼然成了接待同鄉的會館。

一九二〇年五月二十二日胡適一家搬至地安門內嵩祝寺後鐘鼓寺十四號的四合院。當天他

【一】《胡適書信集》上冊，頁一四六。

【二】參見《北京大學教職員簡明一覽表》（北京大學總務處文牘課編製，一九二〇年四月）。又見江澤涵：〈回憶胡適的幾件事〉，收入顏振吾編：《胡適研究叢錄》（北京：生活．讀書．新知三聯書店，一九八九年），頁六。

【三】《胡適書信集》上冊，頁一九一。

【四】楊天石主編：《錢玄同日記》（整理本）上冊（北京大學出版社，二〇一四年），頁三五一。

【五】《胡適全集》第二十九冊，頁五五。

【六】參見胡適：《介紹新出版物〈建設〉、〈湘江評論〉、〈星期日〉》，載一九一九年八月二十四日《每週評論》第三十六號。

【七】毛澤東致胡適明信片影印件，參見《胡適文集》第二冊第四頁照片。

【八】江澤涵：〈回憶胡適的幾件事〉，收入顏振吾編：《胡適研究叢錄》，頁六。

【九】《胡適書信集》上冊，頁一五四。

【一〇】《胡適書信集》上冊，頁一七七。

的日記簡記「至新屋（今日遷居）」。【一】第二天，胡適賦詩《五月二十三夜自西城回新屋》，抒發喬遷之慨。【二】六月一日《北京大學日刊》發表《胡適、張祖訓啟事》：「我們現從緞庫搬到後門里鐘鼓寺十四號，電話仍舊是東局二四二九。」一九二二年（民國十一年）六月編的《國立北京大學職員錄》登記的胡適住址仍是「地安門內鐘鼓寺十四號」。【三】據石原皋回憶，此寓「在大學夾道附近，離北大不遠，住宅是普通四合院，房子不大，一進門為門房，兩側為廂房，正房居後，旁有耳房，廚房很小，廁所更狹。庭院也不寬大，栽有一二棵小樹，數盆夾竹桃」。【四】高一涵仍與胡適同居，直到一九二一年九月二十日才從胡適家中搬出，胡適在當天的日記中寫道：「一涵與我同居四年，今天他移至同巷七號居住。」【五】一九二二年七月十五日胡適又移居添租的隔壁，當日他的日記寫道：「新租得隔壁（鐘鼓寺十五號）房屋十幾間，打通臥室之門便是一室，房屋稍多，可以多添幾個書架了。今日移居。」【六】這樣，房屋面積似增大一倍。

一九二五年十一月三十日林長民因反奉倒戈被殺。其在北京景山大街陟山門六號的公館隨後出讓，為胡適接收，這次搬家時間是一九二六年三月十一日。搬家後的第三天（十四日）江冬秀報告了這一消息：「我們十一號搬進新房來了，房子大好，全靠丁先生邦（幫）忙。我狠（很）對他不住，這次麻煩了丁先生不少的事，我實不安的狠（很），你要謝謝他，他全愛你起見的。」【七】信中的「丁先生」即是丁文江。這次搬家可以說是丁文江全力做主促成，江冬秀在二月二十五日《致胡適》信中說到這一點：「他（丁文江）一定要同我去看林長民的房子，他葉（叫）汽車來與我一陣（起）去看。我看看房子也不太合餙（適），我又賢（嫌）大（太）貴，七八十元怎樣住的起呢？他一定勸我租下來，他說：『你租一堂好房子，適之少在外面住兩個月就有了，還有難得有這個機會，我得了這個信，他們十五號招租停止了，故葉（叫）汽車八方的找你。』我想朋友那（哪）個有這樣的熱心對與（於）我們，我不好再回他不要，不過有一辦（邊）房子是國際聯盟的，我實在有點不情忌（願）同人共住。」「我們這辦（邊）連樓房、上房、廚房有廿多間，另外有三間下房，不過住一個月；這辦（邊）住兩個月的租泉（錢）了，家用又要大一點了。我實在着急，照這樣的一天一天的下去，泉（錢）的來路靠不住，外面不知道我們苦處。丁先生說他打電報告訴你，不要我管，他替我定下來。」【八】丁文江

【一】《胡適全集》第二十九冊，頁一七四。

【二】收入《胡適文集》第九冊，頁三七六。

【三】參見王學珍、郭建榮主編：《北京大學史料》第二卷（一）（北京：北京大學出版社，二〇〇〇年），頁三九一。

【四】石原皋：《閒話胡適》，頁一〇二。

【五】《胡適全集》第二十九冊，頁四五七。

【六】《胡適全集》第二十九冊，頁六八四。

【七】陳漱渝、李致編：《一對小兔子——胡適夫婦兩地書》（長沙：湖南教育出版社，二〇〇六年），頁六五。

【八】陳漱渝、李致編：《一對小兔子——胡適夫婦兩地書》，頁五九—六〇。

與林長民原為梁啟超研究系的同人，他熱衷促成此事，可能既有為林家出租房找到一個合適的人選之意，又帶有他對胡適的關懷。新居房租是舊居的一倍。這時胡適已不在北大上課，沒有固定的薪水，江冬秀自然不情願住這樣貴的房子。但在搬入新居後，江冬秀以「房子大好」表示自己的心情，住進公館的感覺確不一樣。

一九二六年六月十日胡適致信錢玄同說：「我搬在陟山門大街六號，在景山的西面，電話仍是『東、二四二九』，你什麼時候來談，總是十分歡迎的。」【一】這是胡適回京後從新居發出的信。石原皋眼中的陟山門六號與鐘鼓寺十四號可大不一樣，「鐘鼓寺的房子是尋常老百姓的家，陟山門的房子卻是官僚政客的公館了。房子寬敞很多了，庭院也大，氣派也兩樣了，有長廊，廚房中有機井。林家原有的家具陳設及皮沙發等，出了頂費全部買過來了」。【二】

一九三〇年五月胡適辭去中國公學校長一職後，決定去北大任教。隨即請在北平的朋友幫忙找房。據一九三〇年七月二十六日丁文江《致胡適》信載：「叔永說你要到此地來住，託大家給你找房子。但是我不知道你的條件和地點，請你告訴。找房子我是老手，比旁人靠的住點。」八月十七日丁文江寫信給胡適推薦了一處房子：「今天在錢糧胡同看了一所，似乎還合適。房子是從前金聳伯自己住的，他的兒子還住在隔壁。可以住的房子有十間。還有四間也對付可以往。」「房主人是我的房主。他說要七十元一月。我給他商量可以減到六十。房捐是在他本宅之內，你可以不管。自來水錶用他的，你不用出錢。電燈自備電錶——電綫一切是全的。如此這房子的價和我住的差不多（我的是五十元房租、五元捐、三四元自來水）。我答應他半月內給回信，請你斟酌。」八月二十五日丁文江又催問胡適：「房子的事請你早點給我回信。」九月九日再告胡適：「我知道有兩所可以住的房子，一所在傅孟真的隔壁。你究竟打什麼主意？你如十月初來，自然可以等你來了再說。」【三】與此同時，傅斯年在八月三十日《致胡適》信中表示：「在君約我也給先生找房子，我自己也正在做這事，只是不在行。」【四】此時傅斯年與陳垣同住米糧庫胡同一號，丁文江說的「一所在傅孟真的隔壁」指的就是胡適後來租住的四號。十月七日胡適「去看米糧庫四號的房子，頗願居此。」【五】算是將這樁租房事宜確定下來。

一九三〇年十一月底，胡適回到北平，安居在米糧庫四號。據石原皋描述：「這座房子比陟山門的房子更大了，更好了，有一個很大的庭院，院中有樹木，有汽車間，有鍋爐和熱水

【一】《胡適書信集》上冊，頁三七五。

【二】參見石原皋：《閒話胡適》（北京：中國人民大學出版社，二〇一一年），頁一〇二—一〇三。據江冬秀說：「這一次買了林家一百七十元家用東西。」陳漱渝、李致編：《一對小兔子——胡適夫婦兩地書》，頁六一。石所謂「出了頂費」大概就是江冬秀這「一百七十元家用的東西」。

【三】歐陽哲生主編：《丁文江文集》第七卷，頁二六四、二六五—二六六、二六七。

【四】耿雲志主編：《胡適遺稿及秘藏書信》第三十七冊，頁三九九。

【五】《胡適全集》第三十一冊，頁七四二。

汀，有浴室和衛生間；房間多了，胡適可以接待好友了。」【一】羅爾綱對米糧庫四號的記述更詳細，也更精確。他從一九三〇年十一月隨胡適一家來到北平，在此陪伴胡適一家度過了五年：

米糧庫四號是一座寬綽的大洋樓。洋樓前是一座很大的庭院，有樹木，有花圃，有散步的廣場。庭院的左邊是汽車間。從大門到洋樓前是一條長長的路，從洋樓向右轉入後院，是廚房和鍋爐間，還有一帶空地，空地後面是土丘，土丘外是圍牆。走上土丘可以瞭望。洋樓共三層，一樓入門處作客人掛衣帽間，進入屋內，左邊是客廳，右邊是餐廳。客廳背後很大，作為進入大廳的過道，亞東圖書館來編胡適著作的人住和工作都在這裡，汪原放來也住在這裡。從那裡向東就進入大廳。這個大廳高大寬闊，原來大約是一個大跳舞廳，胡適用來作藏書室。大廳的南面，是一間長方形的房，是胡適的書房。書房東頭開一小門過一小過道，又開一小門出庭院，以便胡適散步。大廳北面有一間房，作為我的工作室和寢室。這間房西面開一門通後院，我工作疲倦時，常出後院走上小丘，登臨眺望。二樓向南最大的一間房是胡適師母的寢室，另有幾間房是胡祖望、胡思杜的寢室。徐志摩來住在樓上。……家中用門房一人、廚子一人、打掃雜役兩人、女傭一人、司機一人。【二】

米糧庫四號稱得上是一座大宅院，怪不得他的朋友常來投宿於此，胡適在這裡過的是比較愜意的高級知識分子生活。

胡適就任北大校長後，住在東廠胡同一號。這裡曾經是民國大總統黎元洪的住所，其規格可以想見，可惜胡適舊居早已被拆毀。

胡適在北京只租房，不購房產，這樣做可能與他對政局動盪、居所難定的認識有關，他租南池子緞庫後胡同八號即考慮到這一點。「現在時局太壞了，北京竟不成個體統，奉天張作霖的兵已到了北京城外的廊坊。馮總統已有辭職的通電。不知究竟鬧到什麼田地。但是北京決沒有戰事發生，家中人盡可放心。要是北京有戰事之慮，我決不去尋新屋了。」【三】租房計入「戰事之慮」。購置房產，當然更需考慮環境安全的問題。選擇租房的另一個理由可能是北京房租廉價，胡適與高一涵校外合租宿舍才每月六元，擁有十七間房的緞庫後胡同八號才二十元，如此低廉的租價，胡適可能覺得租房比買房更划算。

衣着　胡適不喜追趕時髦，不着華貴衣服，但因自己是公眾人物，注意自己的公眾形象，講究穿扮得體、整潔，是他一貫的表現。石原皋回憶說：「胡適喜歡穿中服。」「胡適在國內不

【一】參見石原皋：《閒話胡適》，頁一〇三。

【二】參見羅爾綱：《師門五年記・胡適瑣記》，頁一〇二、一〇三。

【三】《胡適書信集》上冊，頁一三八。

愛穿西裝，中山裝更不用談。出國時才穿西裝。衣服的料子都是一般的棉布、絲綢、呢絨、皮毛等。他沒有一件珍貴的衣服，例如貂皮一類。」「胡適夏天戴巴拿馬草帽，其他季節則戴呢帽。除天熱外，他外出時都圍一條毛綫圍領巾，以防感冒。」「他的穿着，說不上樸素，也說不上華麗，只是穿得整齊乾淨，保持他的學者派頭。」【一】去過緞庫後胡同、鐘鼓寺胡宅的亞東圖書館汪原放也說：「他仍舊只穿一件竹布長衫，像一個大學生。」【二】證之胡適留下照片的衣着裝扮，石、汪之說比較靠譜。我仔細查閱了耿雲志先生編輯的《胡適及其友人（一九〇四—一九四八）》（香港：商務印書館，一九九四年）中刊登的胡適在北大任教時的照片，不管是個人單影，還是與人合影（包括與外國友人合影），都為清一色的中式服裝，或長衣布衫，或短袍布褂。從衣着服裝看胡適，他沒有絲毫「西化」的味道，是一個地地道道的中國學者。一九三〇年代就讀北大的張中行先生回憶親眼所見的胡適：「中等以上身材，清秀、白淨。永遠是『學士頭』，就是留前不留後，中間高一些。永遠穿長袍，好像博士學位不是來自美國。總之，以貌取人，大家共有的印象，是個風流瀟灑的本土人物。」【三】「本土人物」，這就是大家對胡適的親切印象。

餐飲 胡適在五四前後活動頻繁，應酬甚多，飯局亦多，幾乎吃遍京城各大知名飯店、餐館，從他的日記提供的綫索，可勾勒出他的餐飲消費地圖。

東興樓是民國初年北京「八大樓」之首，以經營山東風味菜餚著稱，位於東安門大街路北，因臨近繁華的東安市場、王府井，生意興隆，胡適常常在此樓宴客或聚餐。一九一九年五月二十三日胡適招待周氏兄弟（魯迅、周作人）在此聚餐。當天魯迅日記寫道：「夜胡適之招飲於東興樓。」【五】周作人寫道：「大哥來，七時同至東興樓，適之請客，十一時返寓。」【四】東興樓出現在胡適日記中，最早是在一九一九年十二月二十二日。【六】以後，便常常出現胡適在此請客吃飯的記載。一九二〇年一月二十五日下午六時「請沈、瞿、羅、鄭吃飯」。【七】二月二日下午六時「東興樓。請高夢旦談《世界叢書》事」。【八】九日下午請吃飯。十二日中午十二時「請陳宗良、盧季欣二先生」。三月六日中午十二時「東興樓請林宗孟」。五月十四日下午七時「東興樓——周伯謙」。十五日中午十二時「東興樓」。二十五日晚七時「東興樓」。六月四日晚七時「伯軒約東興樓飯」。九月六日晚七至八時「東興樓請顏、任、陳與大學教授數人

【一】參見石原皋：《閒話胡適》，頁一〇五、一〇六。
【二】汪原放：《回憶亞東圖書館》，頁七二。
【三】張中行：〈胡博士〉，收入《負暄瑣話》（哈爾濱：黑龍江人民出版社，一九八六年），頁三二—三三。
【四】《魯迅全集》第十四冊（北京：人民文學出版社，一九八二年），頁三五七。
【五】《周作人日記》（影印本）中冊（鄭州：大象出版社，一九九六年），頁二八。
【六】《胡適全集》第二十九冊，頁四四。
【七】《胡適全集》第二十九冊，頁六五。
【八】《胡適全集》第二十九冊，頁七三。

餐談」。【一】一九二一年七月八日，「晚到哈丁家，與哈丁夫人、Miss Power 及幾個別人同到東興樓吃飯。中有香港大學的經濟學教授 Hinton 先生」。【二】九月十二日，「張福運邀到東興樓吃飯」。【三】九月二十一日「孟和邀了 Roxby 與 Butterfield（皆英美考察教育團中人）到東興樓吃飯，我也在座」。【四】一九二二年四月一日「午飯在東興樓，客為知行與王伯衡、張伯苓」。【五】九月四日，「到東興樓，陳達材（彥儒）邀吃飯。彥儒是代表陳炯明來的，他要我去廣東辦廣東大學，我不能去，大學中也無人肯去」。【六】九月八日「蔡先生邀爾和、夢麟、孟和和我到東興樓吃飯，談的很久」。【七】九月九日晚上「八時到東興樓，赴陸建三邀吃飯，客為穆藕初、張熔西」。【八】九月二十四日「夜到東興樓，與在君、文伯、蔡先生同餐，談 E.S 事」。【九】十月六日「十二時，在東興樓請福田博士吃飯」。【一〇】東興樓是五四時期胡適與中外學人聚餐宴飲的主要場所之一。

一九三〇年代，胡適有時還會去東興樓吃飯。據他的日記記載，一九三一年三月二十一日「晚到東興樓吃飯，主人為孫雲鑄，客人為葛利普及德日進（Pere Teihard）等」。【一一】一九三四年三月二十四日，「晚上到東興樓吃飯」。四月十日，「與陳受頤、章希呂、羅爾綱、翁席東同到東興樓吃飯談話」。【一二】這可能是胡適在東興樓吃飯的尾聲了。

中央公園是民國三年十月十日「雙十節」期間開放的公共空間，公園東南角的「來今雨軒」是一家有名的西餐館，西北角的「長美軒」供應茶點，著名的行健會亦設於園內，「會址原為社稷壇外壇之東門，會員數百，均為中上階級人士」。【一三】胡適常去公園散步健身，與北大同事、親朋好友聚餐會談、宴飲茶敘。其日記中有多處記載：一九二〇年五月四日「公園吃飯」。九日「公園朱飯」。十三日「長美軒，請虞裳」。六月七日「長美軒，請孫洪芬」。八月二十八日「公園，吃飯」。八月三十日「梁任公兄弟約，公園，議 **Russell** 事。飯後與夢麟、伯強在公園吃茶，談甚久」。【一四】一九二一年六月十四日「到公園，商務印書館孫伯恒先

【一】《胡適全集》第二十九冊，頁六五、七三、八〇、一〇六、一六七、一六八、一七七、一八四、二〇五。

【二】《胡適全集》第二十九冊，頁三五一。

【三】《胡適全集》第二十九冊，頁四五一。

【四】《胡適全集》第二十九冊，頁四五七—四五八。

【五】《胡適全集》第二十九冊，頁五六〇。

【六】《胡適全集》第二十九冊，頁七三九。

【七】《胡適全集》第二十九冊，頁七四四。

【八】《胡適全集》第二十九冊，頁七四五。

【九】《胡適全集》第二十九冊，頁七六一。

【一〇】《胡適全集》第二十九冊，頁七七五。

【一一】《胡適全集》第三十二冊，頁九七。

【一二】《胡適全集》第三十二冊，頁三三五、三四七。

【一三】馬芷庠著、張恨水審定：《老北京旅行指南》（北京燕山出版社，一九九七年），頁五〇。

【一四】《胡適全集》第二十九冊，頁一五七、一六二、一六六、一八七、一九六、一九八。

生請吃飯」。【一】七月十三日「下午七時，在長美軒吃飯，夢麟也來」。【二】一九二二年三月四日下午「六時半，到來今雨軒，與在君、文伯同吃飯」。六月十日「與孟和到公園吃飯」。六月十六日「午飯在公園，遇張君勱（嘉森），談甚久」。六月二十一日「歸途與畢善功同到公園吃飯，談稍久」。六月三十日「Miss Catherine S.Dreier 工於美術的照相，他要替我照相，我約他今天上午在公園照相，即在長美軒吃飯」。八月十三日下午「與在君、文伯在公園吃飯」。十八日「與沈兼士同到公園吃飯，談甚久」。九月六日下午「七時半，到公園吃飯。遇着學生黃日葵、劉仁靜等，大談」。九月十三日「張伯苓在京，我邀他在公園吃飯，談到夜十點始散」。【三】十月十八日「到公園，山東教育界同人邀吃飯」。【四】一九三〇年代初胡適一家重返北平後，一九三一年三月十九日胡適日記寫道，「與冬秀到中央公園走了一轉，同吃飯。她有三年多不到此地了」。【五】這時，中央公園已改名為中山公園，胡適還是習用老名。一九三〇年代幾不見胡適去中山公園散步的記錄，這可能由他住家米糧庫離北海較近所致，謝興堯稱在中山公園「很少見到胡適之、周啟明兩位的蹤跡。而北海公園間或可以看見他們。這當然是北海的景物比較自然而偉大的緣故。」【六】其實景物之比較應在其次，空間距離才是首因。羅爾綱憶起「徐志摩在胡適家」時這樣說：「徐志摩初來時，胡適吩咐我說：『徐先生工作忙，我建議他每天下午去北海公園散步休息。你陪他去。』米糧庫離北海公園後門很近。第二天下午五時，徐志摩就到我房間來約我去。此後，除非下雨，沒有一天不去。到公園就是散步，不飲茶，不划船，也不坐那些為休息預備的長椅。」【七】羅爾綱這段話足以為我的上述判斷佐證。一九三五年六月二十六日胡適日記出現他約太平洋總會幹事霍蘭德到公園一會的記錄：「往德國飯店看太平洋總會來的 W.L.Holland，同他到中山公園坐談。」【八】使用中山公園這一名稱，也許可以視為他對國民黨政權這一「重心」的認同。

胡適喜歡光顧的另一類中餐館是一批帶「春」字的飯店，他的日記中對此多有記載。如「杏花春」，一九一九年十一月二十四日下午六時在「杏花春柴飯」。【九】如「慶元春」，十二月十六日下午六時到「慶元春吃飯」。【一〇】如「浣花春」，十二月二十日下午六時「請客，為高、王餞

【一】《胡適全集》第二十九冊，頁三〇七。

【二】《胡適全集》第二十九冊，頁三五七。

【三】《胡適全集》第二十九冊，頁五二九、六五二、六六〇、六六六、七一一、七一七、七四一、七四七。

【四】《胡適全集》第二十九冊，頁七九八。

【五】《胡適全集》第三十二冊，頁九六。

【六】謝興堯：〈中山公園的茶座〉，收入王彬、崔國政編：《燕京風土錄》下卷（北京：光明日報出版社，二〇〇〇年），頁五一二。

【七】羅爾綱：《師門五年記・胡適瑣記》（增補本），頁一一〇。

【八】《胡適全集》第三十二冊，頁四八七。

【九】《胡適全集》第二十九冊，頁二十。

【一〇】《胡適全集》第二十九冊，頁三八。

行（浣花春）」；二十二日下午六時在「浣花春吃飯」。一九二〇年一月二十四日下午六時「盛紹章邀吃飯（浣花春）」。二月二十二日「請老梅吃飯（浣花春）」。四月三日「浣花春，仲〔驤〕邀」。四月二十五日中午十二時「撫五、演生、君毅請吃飯，皆在浣花春」。【一】如「第一春」，一九二〇年二月二十八日下午七時在「『第一春』吃飯」。【二】如「玉壺春」，一九二〇年五月二十四日下午四時「鮑致堂約在勸業場玉壺春談（為翼謀事）」。【三】如「廣陵春」，一九二一年五月十四日「午飯在廣陵春，客為吳又陵，主人為馬幼漁先生（裕藻）」。【四】如「濟南春」，一九二三年十月七日「夜六時，與同事十人，在濟南春公宴何吟苢，賀他續娶。同夜七時，張仲蘇邀吃飯，也在濟南春」。十一月五日「在濟南春宴請北京教育會前次給我和姚書城餞行的一班人」。【五】如「明湖春」，胡適常在此處宴請安徽老鄉。一九二一年七月六日「在明湖春請績溪同鄉吃晚飯。到者十六人。天忽大風暴雨，為今年最大的雨」。一九二二年二月十九日「到明湖春吃飯，赴皖事改進會的會，商議《改進》週刊事」。九月十一日，「夜到明湖春，同鄉諸君公宴安徽議員」。九月十六日「夜到明湖春吃飯，主人為高一涵、撫五，客為汪東木、劉先黎，是安徽派來赴學制會議的」。十七日「晚在明湖春請興周、東木、劉先黎、張希騫吃飯。近來大窘，久不請客吃飯了」。十月五日「是夜，在明湖春宴績溪同鄉」。【六】如「雨花春」，一九二二年三月十八日「晚，到雨花春吃飯，主人為黎劭西，客為玄同、汪怡庵、陸雨庵、衛挺生。我們大談『國語』問題」。【七】這些飯館酒樓，可能只存在於民國初期的十多年間，到一九二〇年代末，北京興起新的「長安十二春」，這些店名似就不見存在了。

其他胡適光臨的餐館酒樓還有：六味齋可能是胡適到京後走進的第一家餐館，據《錢玄同日記》載，一九一七年九月十二日，「胡適之君於十日到京，今日孑民先生請他在六味齋吃飯，除胡、蔡兩君外，為蔣竹莊、湯爾和、劉叔雅、陶孟和、沈尹默、沈兼士、馬幼漁及我。」【八】這應是蔡元培特意為歡迎胡適到來舉行的宴請，也可能是一次對胡適考查的「面試」，參加餐會者均為北大的實力人物。一九二〇年四月三十日中午「六味齋飯」。五月二日中午「沈溯明飯，六味齋。未去」。八月二十九日下午六時「至六味齋。議辦日報事，我不很贊成日報」。一九二二年十月二十三日「到六味齋，蔡先生邀吃飯。席上是夢麟、士遠、守常、

【一】《胡適全集》第二十九冊，頁四二、四四、六四、九三、一三四、一四八。
【二】《胡適全集》第二十九冊，頁九九。
【三】《胡適全集》第二十九冊，頁一七六。
【四】《胡適全集》第二十九冊，頁二五〇。
【五】《胡適全集》第二十九冊，頁七七五、八二九。
【六】《胡適全集》第二十九冊，頁三四八、五二一、七四六、七四八、七五三、七七四。
【七】《胡適全集》第二十九冊，頁五四五。
【八】楊天石主編：《錢玄同日記》（整理本）上冊（北京大學出版社，二〇一四年），頁三一六。

辛白、漢叔諸人，都是辭職的」。【一】顯然，六味齋是北大同人喜歡光顧的一家餐館。便宜坊位於前門外肉市，一九一九年十一月十九日在「便宜坊吃鴨子」。【二】悅賓樓為北京「八大樓」之一，一九二二年十月十八日，胡適中午「到悅賓樓吃飯」。【三】南味齋位於西珠市口，一九二〇年四月五日下午六時胡適在「南味齋請同鄉吃飯」，七時「『梁園』請鄭馥如」。【四】擷英菜館位於前外廊房頭條，可能是一家高檔餐館。一九二一年十月四日「到擷英菜館吃飯，主人為中華書局主纂戴懋哉先生」。一九二二年二月二十四日「夜到擷英吃飯」。【五】九月四日「與蔡先生同到擷英菜館，劉式南（彥）邀吃飯，未及上席，我們就走了」。【六】陶園位於西單南絨綫胡同，一九二二年二月四日「王文伯邀到陶園吃飯」。二月十四日「晚間到陶園吃飯」。【七】廣和居位於菜市口北半截胡同南口，一九二二年六月十三日下午七時，胡適「到廣和居，陳肖莊邀吃飯」。【八】泰豐樓位於煤市街，一九二二年十月十六日胡適「與段撫群到泰豐樓吃飯，談甚久」。【九】西火車站食堂位於前門外，這是一家西餐館。一九一九年十二月一日「潘力山請吃飯（西站）」。【一〇】一九二一年六月二十一日中午，胡適「到西車站吃飯，主人為曹傑、徐養原兩君，客人多是安徽同鄉，有汪叔潛君」。【一一】歐美同學會位於南河沿大街一一一號，一九三四年二月十三日胡適「午飯在歐美同學會，有兩局：一面是孟和、孟真為袁守和餞行；一面是余上沅約梁實秋吃飯，並有今甫、一多、吳世昌、陳夢家、公超、林伯遵諸人，商量辦一個月刊，為《新月》的繼承者」。一九三五年十二月八日「十二點半，到歐美同學會聚餐」。【一二】懷仁堂在中南海，一九三七年一月六日「到懷仁堂吃午飯，飯後看北平研究院考古組在陝西掘得的新石器時代遺物」。【一三】同和居位於西四牌樓，一九三七年四月二十二日「到同和居，赴趙太侔、鄧以蟄招飲，有太侔夫人俞珊、杴蓀夫婦及以蟄之兄仲純」。【一四】

出現在胡適日記中，地址不詳或不太知名的餐館還有：瑞記、桃李園、新豐、梁園、南園飯莊、百花村、春華樓、寶華樓、大美菜館、美仙園、承華園等。一九一九年十二月二日下午

【一】《胡適全集》第二十九冊，頁一五三、一五五、一九七、八一五。
【二】《胡適全集》第二十九冊，頁一五。
【三】《胡適全集》第二十九冊，頁七九八。
【四】《胡適全集》第二十九冊，頁一三六。
【五】《胡適全集》第二十九冊，頁四七六、五二四。
【六】《胡適全集》第二十九冊，頁七三九。
【七】《胡適全集》第二十九冊，頁五〇四、五一七。
【八】《胡適全集》第二十九冊，頁六五五。
【九】《胡適全集》第二十九冊，頁七九〇。
【一〇】《胡適全集》第二十九冊，頁二七。
【一一】《胡適全集》第二十九冊，頁三一五。
【一二】《胡適全集》第三十二冊，頁三〇九、五一六。
【一三】《胡適全集》第三十二冊，頁六〇四。
【一四】《胡適全集》第三十二冊，頁六四五。

六點「瑞記請陳廷錫」。十二月四日下午六點「瑞記請曾望生等」。十二月七日下午六點「Bush（桃李園）」。十二月二十一日「撫五請吃飯（新豐）」。【一】一九二〇年四月三日十一時「定座（梁園）」，下午六時「梁園」。一九二一年五月二十一日「晚到南園飯莊，赴吳君毅、吳又陵兄弟邀吃晚飯」。【二】一九二二年七月九日「晚上到百花村吃飯，主人為商務分館」。【三】一九二二年八月二十八日胡適「與玄同在春華樓吃飯，談《詩經》甚久」。【四】一九二四年一月二十一日「與夢麟、鈞任、爾和、劉松生、盧毅安同在寶華樓吃飯」。【五】一九三四年二月十九日「到大美菜館吃午飯，與張季鸞、王芸生、楊金甫、沈從文談。他們商議改良《國聞週報》」。【六】一九三四年三月二十八日「唐桂梁（蟒）邀吃飯，有張遠伯、危道豐、陳博生諸人，都能喝酒，我也喝了不少，頗有醉意。又到美仙園喝了不少啤酒」。【七】一九三六年一月一日下午「四點，到承華園，為千家駒、楊黎音證婚」。一九三七年三月十日「何柏丞（炳松）從上海來。邀他在承華園吃飯，邀了一班舊朋友陪他」。【八】胡適所吃飯館口味不一，中西、南北皆有，說明他交際甚廣，魚龍混雜。【九】

胡適結交的外國友人和上層社會人士甚多，故常常出沒具有洋味的飯店。鄧雲鄉先生說：「在當時到這種飯店去宴客或赴宴，都是有特殊的身份，不是任何人都可以去的。一是價錢大，一般人花不起；二是外國規矩多，一般人不敢去；三是菜單、交談好多都是用外語，一般人不懂外語，無法去。這類飯店，在當時的北京，與一般市民似乎是隔着一個世界，不要說進去用餐，即使想象其中的情況也是很難想到的。」【一〇】胡適去過的知名飯店有：位於香廠路的東方飯店，一九二〇年一月二十五日中午十二時「黃、郭、張邀吃飯，東方飯店」。【一一】二月十六日下午六時「東方飯店請金蔚文。此人曾為先父所賞拔，頗能念舊」。【一二】二十一日下午五時「與

【一】《胡適全集》第二十九冊，頁二八、三〇、三三、四三。

【二】《胡適全集》第二十九冊，頁一三四、二六六。

【三】《胡適全集》第二十九冊，頁六七六。

【四】《胡適全集》第二十九冊，頁七二九。

【五】《胡適全集》第三十冊，頁一五七。

【六】《胡適全集》第三十二冊，頁三一五。

【七】《胡適全集》第三十二冊，頁三四三。

【八】《胡適全集》第三十二冊，頁五三七、六三一—六三二。

【九】鄧雲鄉統計《魯迅日記》記載在北京時去過的餐館飯店有六十五家之多，並稱：「如果能從一本書中，找出五、六十家酒樓飯店的字號名稱，在近代各家的著作中，雖不能說絕無僅有，恐怕也真是稀如鳳毛麟角了。先生事事留心，在寫日記的時候，為我們留下了這麼多飯館的字號名稱，這也是一個有關一個歷史時期生活、市容、經濟、商情等方面的具體資料，而且這是一般的高文典冊中找不到的資料，應該說是十分珍貴的。」參見鄧雲鄉：《魯迅與北京風土》（石家莊：河北教育出版社，二〇〇四年），頁七三—七四。《魯迅日記》文字簡略，如以魯迅為參照，胡適日記在這方面的記載，可以說是毫不遜色。

【一〇】鄧雲鄉：《魯迅與北京風土》，頁七七—七八。

【一一】《胡適全集》第二十九冊，頁六五。

【一二】《胡適全集》第二十九冊，頁八七。

覲莊同出，東方吃飯」。【一】三月八日晚上七時「東方晚餐」。【二】四月二十一中午十二時「東方飯店，振飛邀會陳光普」。【三】位於西長安街的大陸飯店，一九二〇年三月二十四日晚上七時「大陸飯店，高夢旦」。【四】一九二一年五月二十四日「夜間有日本人清水安三邀我與一涵到大陸飯店吃飯」。【五】八月十四日「晚七時，到大陸飯店會着孫丹林。同座者有孑民、爾和、夢麟、守常」。【六】位於東長安街的北京飯店，一九二〇年三月三十日晚八時「北京飯店：Edwards 邀餐」。【七】一九二二年四月十五日下午「到北京飯店訪山格夫人（Mrs Margaret Sanger）」。【八】五月二十九日「晚間到北京飯店 Miss Catherine Dreier 處吃飯。他把他的畫品給我看」。【九】一九三五年十二月八日「到北京飯店看沈昆三，稍談」。【一〇】位於王府井大街的東華飯店，這可能是一家日本飯店，一九二二年二月二十六日胡適「在東華飯店為小柳司氣太餞行」。【一一】九月九日晚上「七時，到東華飯店，赴蔡先生邀吃飯」。九月十六日「至東華飯店，與夢麟、爾和、邵飄萍同吃飯」。【一二】位於御河橋東的六國飯店是胡適常去的飯店，一九二〇年三月三日下午六時「張一志，六國飯店」。三月四日上午十一時「六國飯店（Hunter,Chaffe）」。【一三】一九二二年三月二十二日「到六國飯店 Professor Sirén 處吃飯」。【一四】四月一日「上午十一時半，到六國飯店，為世界基督教學生大同盟的國際董事會（每一國兩人）演說 The Significance of the Chinese Renaissance Movement」。【一五】一九三〇年十二月六日「到六國飯店，赴扶輪社年宴，主賓男女二百人，歡欣笑舞」。【一六】一九三五年十二月十四日「晚上到六國飯店吃飯。主人為 W.A.White，客為Rev.D.A.Poling（Editor, Christian Herald, N.Y.City），談到深夜」。【一七】一九三四年四月二十五日胡適「到六國飯店與Carter諸人吃午飯，談太平洋國際學會事」。【一八】位於崇文門裡

【一】《胡適全集》第二十九冊，頁九二。
【二】《胡適全集》第二十九冊，頁一〇八。
【三】《胡適全集》第二十九冊，頁一四四。
【四】《胡適全集》第二十九冊，頁一二四。
【五】《胡適全集》第二十九冊，頁二六八。
【六】《胡適全集》第二十九冊，頁七一五。
【七】《胡適全集》第二十九冊，頁一三〇。
【八】《胡適全集》第二十九冊，頁五八一。
【九】《胡適全集》第二十九冊，頁六三五。
【一〇】《胡適全集》第三十二冊，頁五一五。
【一一】《胡適全集》第二十九冊，頁五二四。
【一二】《胡適全集》第二十九冊，頁七四五、七四八。
【一三】《胡適全集》第二十九冊，頁一〇三、一〇四。
【一四】《胡適全集》第二十九冊，頁五四九。
【一五】《胡適全集》第二十九冊，頁五六〇。
【一六】《胡適全集》第三十一冊，頁八二六。
【一七】《胡適全集》第三十二冊，頁五二一。
【一八】《胡適全集》第三十二冊，頁三五九。

的德國飯店【一】是胡適三十年代常去的一家飯店。一九三一年四月十日「到德國飯店，見着在君、新六、顧湛然。新六前天北來。我們大談，暢快得很」。【二】一九三五年六月二十六日「往德國飯店看太平洋總會來的W.L.Holland」。【三】位於東單牌樓大街的扶桑館是一家日本旅館，【四】一九二一年六月二十七日「八時，到扶桑館，芥川先生請我吃飯。同坐的有惺農和三四個日本新聞界中人，這是我第一次用日本式吃日本飯，做了那些脱鞋盤膝席地而坐的儀式，倒也別緻」。【五】北京的這些新式飯店見證了胡適與中外人士的密切交往。

胡適早年在上海時曾有喝得酩酊大醉的記錄。進京後，喝酒注意節制，但有時經不住朋友的勸酒失控。一九三〇年十月二十一日他日記中就記載了一次因過量喝酒導致身體不適的情形，「晚上到兩處吃飯，先到豐澤園（在君約），又到夏詒霆（挺齋）公使家，兩處皆有人鬧酒，故我也喝了不少。回寓時，胸口作惡，遂吐了幾口，始睡下。」【六】一九三一年四月五日再次發生因喝酒過度導致身體犯病，「前昨兩夜與王叔魯、周作民、羅鈞任、陳博生諸人吃飯，他們鬧酒，勸我喝酒，因席上有幾位婦人幫他們勸，我勉強喝了幾杯花雕。前夜喝七杯，昨夜喝五杯，為我戒酒（十九年十二月十三日）以來喝酒最多的了。今早起來，便覺右腳有幾小塊紅痛。戒酒以來，久不見此病了。兩次喝酒，便復發病。此次破戒，竟得酒害確證，可以使我堅守酒戒了」。【七】在酒桌上，胡適也算得上是性情中人。而丁文江作為胡適的「大哥」，似乎對胡適喝酒過度有所耳聞，兩度寫信給胡適勸他戒酒，胡適以「良言可感」表達對摯友的真誠謝

意！【八】

交通、通訊 北京市內的交通工具以人力車為主。其次為馬車、汽車。【九】胡適日常代步的交通工具是人力車。他住竹竿巷時是「叫車」而非包車，一九一八年二月十日（除夕）胡適致母親信中有「客去之後，我也叫車出門」【一〇】一語可以證明這一點。他的詩作《人力車夫》即作於這時，該詩表達了他對年少的人力車夫境遇的深切同情。【一一】一九一八年後胡適開始包車，江

【一】魯迅多次光顧德國飯店，參見鄧雲鄉：《魯迅與北京風土》（石家莊：河北教育出版社，二〇〇四年），頁一〇四。

【二】《胡適全集》第三十二冊，頁一〇五。

【三】《胡適全集》第三十二冊，頁四八七。

【四】該館介紹，參見丸山昏迷著、盧茂君譯：《北京》（北京聯合出版有限公司，二〇一六年），頁二四五。

【五】《胡適全集》第二十九冊，頁三二三。

【六】《胡適全集》第三十一冊，頁七六四。

【七】《胡適全集》第三十二冊，頁一〇三。

【八】《胡適全集》第三十一冊，頁七九四。

【九】參見北京市公路交通史編委會編：《北京交通史》（北京：北京出版社，一九八九年），頁八五。丸山昏迷著、盧茂君譯：《北京》（北京聯合出版有限公司，二〇一六年），頁七。

【一〇】《胡適書信集》上冊，頁一二六。

【一一】胡適：〈人力車夫〉，載一九一八年一月十五日《新青年》第四卷第一號。

澤涵回憶胡適到緞庫後胡同八號時「僱了一名拉人力車的包車夫」。【一】汪原放記得「適之兄到北大去上課時，自己有包車了」。【二】石原皋也說：「胡適住在鐘鼓寺和陟山門時是自備人力車，僱人拉。自從搬到米糧庫四號住後，房子大了，客人也多了，主要是經濟比較富裕了，他就丟了那陳舊的人力車，購買了汽車。」【三】一九二二年六月二十五日胡適日記出現「我們的車夫」字樣，【四】顯示他這時外出有自備的人力車。

在《胡適遺稿及秘藏書信》第十一冊裡收存有一篇《我的車和我的車夫》，故事以小說敘事般的筆調，文字生動、形象，不失詼諧、幽默，它極有可能是胡適早期包車經歷的真實寫照。這篇故事敘述的大致情節是：三年前，主人的朋友唐先生奉令派往美國，需要處理他的舊車，主人以四十五元價將這部舊車買來，沒想到車壞不能拉，晚上被人「抬」到家裡，只好花二十一元八角五分給車「洗澡」修理，隨後主人僱傭了車夫「王二」，每月十元。次年夏天，主人太太代領一個半月的欠薪，遂給定打了一部新車。主人請王二幫助處理舊車，結果以十三元賣了，主人感到「不算虧本」。主人太太因為王二懶，不肯擦車，不肯掃地，後來叫他走人，換了新車夫，沒想到王二很快就死了。【五】這篇故事所透露的當時北京車價、車夫工錢、車夫喜好，應是北京車行的真實情形。

一九三〇年代胡適已有自己的專車。錢玄同在一九三一年八月三十一日日記中寫道：「午劭來電話，約食德國飯店，晤卓君庸與胡適之，揩適之之汽車而回府。」【六】錢玄同所搭乘的這輛「適之之汽車」是中基會配給的公車還是他的私車，是新車還是二手車，不得而知，但據此可證，胡適這時應已有專車可用。【七】胡適購買汽車之事在其日記中留有記錄，一九三三年十二月二十九日「新買汽車（Ford V8 De Luxe）今天到家。計價美金乙千零九十元，合銀幣三千二百四十五，其中有乙千八百元是竹垚生君代我轉借的，月息六厘」。【八】這是一筆極大的消費投入，不過以胡適稿費上萬的收入而言，這筆錢他能夠花銷得起，竹垚生時為浙江興業銀行副經理，與胡適交往甚密，一九三〇年代的胡適日記常常出現他們在一起會餐、打牌、通

【一】江澤涵：〈回憶胡適的幾件事〉，收入顏振吾編：《胡適研究叢錄》，頁六。

【二】汪原放：〈回憶亞東圖書館〉（上海：學林出版社，一九八三年），頁七二。

【三】石原皐：《閒話胡適》（北京：中國人民大學出版社，二〇一一年），頁一〇六。

【四】《胡適全集》第二十九冊，頁六六三。

【五】〈我的車和我的車夫〉，收入耿雲志主編：《胡適遺稿及秘藏書信》第十一冊（合肥：黃山書社，一九九四年），頁一二一——一二五。江勇振推測此文作於一九二三年。參見氏著《捨我其誰：胡適》第二部〈日正當中〉下篇（浙江人民出版社，二〇一三年），頁三七。

【六】楊天石主編：《錢玄同日記》（整理本）中冊，頁八二〇。

【七】馬嘶其著中提到，「胡適住在米糧庫時，買了一輛舊車，僱着一個司機住在家中，外出時便坐上自己的車」。參見氏著《百年冷暖——二十世紀中國知識分子生活狀況》（香港：中華書局（香港）有限公司，二〇〇五年），頁一〇三。我亦曾聽鄧廣銘先生回憶胡適時，提及胡適在三十年代有過一輛德國造的二手車之事。

【八】《胡適全集》第三十二冊，頁二五二。

信的記載，【一】胡適購車很可能出自他的主意，故胡適請他幫助借貸。因有私車，胡適家中僱有「司機一人」。【二】一九三五年十二月九日學生上街遊行，胡適乘車路過長安街，剛好遇到遊行的學生，「從長安街出來，過王府井大街，見有學生一隊，似是遊行至此；車過東安門大街，見最後一部分打着北京大學旗子，約有三四十人。他們見我的車子，都紛紛私語」。【三】顯然，擁有私車，在當時是一件引人注目的事。【四】這輛汽車後來的下落很有意思，一九三八年一月三十日江冬秀《致胡適》信中詳告她離開北平時處理這輛車的情形：

> 我們的汽車賣了乙千元，是林行規夫人代賣的。賣給美國人，實在可惜，不過天津朋友都勸我賣掉，放半年後就不易買（賣）。放在那位劉太太家的，他說他們一輛汽車是五千元買的，坐了兩年有人出他三千元他不肯賣；過了半年後人只出一千八百元，他又不賣；過一年後，人只出六百元，他一有氣送了人。不過，有人說我們賣的還算好，走了兩萬九千里路賣不上一千元，不過我們的車夫修理的好，還想（像）新的。不過你這輛車的泉（錢），實不易來的，狠（很）不安。我只好把這乙千元，同那五百元日後要有泉（錢）留到一塊，等有那一日，我買一輛還你。你是知道我，東西不要就走，我都是知你的品行。【五】

江冬秀這段話簡直就是胡適《我的車與我的車夫》那篇故事結局的翻版，兩文一前一後，夫唱婦隨，娓娓道來，相映成趣。

胡適家中開始使用電話的時間不可確考。他在緞庫後胡同八號時家中已有電話，號碼：東二四二九。【六】一九二〇年他的《日程與日記》中已出現「電」的字樣。二月十三日「打電話（解散學生會事）」。三月四日「電蔣、沈，擬通告稿」。三月六日「電告士遠兄弟，辭晚餐」。

【一】抗戰前胡適與竹垚生的交往，參見《胡適全集》第三十二冊，頁三〇四、三一二、三一六、三一九、三三七、三六三、三六九、三七一、三七二、三八一、四一二、五二九、五五〇、五六二、五七〇、六一三、六一五、六一七、六四七、六四九。抗戰時期，胡適與竹氏的聯繫減少，僅有三次書信往來（一九三八年八月二十七日、十月十六日、一九三九年九月一日），參見《胡適全集》第三十三冊，頁一五九、一七九、二六六。國共內戰時期，兩人又直接往來，參見《胡適全集》第三十三冊，頁六〇四、六二八、六五九、七一二、七一七、七二六。在金融界人士中，胡適與徐新六、竹垚生、陳光甫三人關係極為密切，徐、竹二人是浙江興業銀行的經理、副經理。胡適有時將自己私人事情託竹幫辦。竹與丁文江亦交往甚密，他是丁文江指定的遺囑執行人。竹的身份帶有相當「神秘性」。有關胡、竹關係擬另文探討。

【二】參見羅爾綱：《師門五年記．胡適瑣記》，頁一〇三。

【三】《胡適全集》第三十二冊，頁五一七。

【四】當時北大教授只有馬衡與胡適有自己的私車，參見馬嘶：《百年冷暖——二十世紀中國知識分子生活狀況》，（香港：中華書局，二〇〇五年），頁一〇三。

【五】陳漱渝、李致編：《一對小兔子——胡適夫婦兩地書》，頁一四三。

【六】參見《北京大學教職員簡明一覽表》（北京大學總務處文牘課編製，一九二〇年四月）。

四月二日「電葉叔衡」。四月五日「電德爭」，「電問叔衡」。四月二十五日「電尹默」。【一】此時只有一處明確使用「打電話」，其他所用「電告」、「電問」的字眼，應是打電話，而不是打電報，也就是說至少在一九二〇年二月間胡適家已使用電話，這時他正住在緞庫後胡同八號。一九二一年胡適日記中多處出現了「打電話」的記錄，如四月二十八日「晚間夢麟打電話來」，五月十九日「《京報》主筆邵飄萍君打電話來」，六月一日「得叔永電話」，六月十二日「守常打電話來」，九月十一日「午前，易蔚儒來電話」，【二】這時胡適家中無疑已使用電話。當時北大教授中大多已使用電話，從一九二〇年四月北大總務處文牘課編製的《北京大學教職員簡明一覽表》可以見證這一點。胡適在地安門內鐘鼓寺十四號的電話號碼仍為：東局二四二九。【三】搬到景山大街陟山門六號時仍沿用此號，沒有改變。【四】一九三二年至一九三七年胡適在米糧庫四號的電話號碼為：東二五一一。【五】胡適在東廠（東昌）胡同一號時電話號碼為：五〇七四八。【六】從一九一九年到一九四六年北京花了二十多年時間，電話號碼數位才從四位數提升到五位數，這二十多年間北京電話發展之狀況可見一斑。

三、胡適的收入與支出

胡適的收入有四大來源：（一）薪俸。（二）稿費。（三）兼課、演講費。（四）兼職差費。

其中前兩項為主要來源。

先看薪俸。一九一八年九月十日胡適到北大報到，初定薪金為每月二百六十元。第二月即上調至二百八十元。十月二十五日胡適致信母親，告其加薪之事：「適在此上月所得薪俸為二百六十元，本月加至二百八十元，此為教授最高級之薪俸。適初入大學便得此數，不為不多矣。他日能兼任他處之事，所得或尚可增加。即僅有此數亦盡夠養吾兄弟全家，從此吾家分而再合，更成一家，豈非大好事乎！」【七】可見，胡適在北大所得薪水養活全家不成問題。「二百八十元」這個薪額維持到一九一九年沒有變化，這個標準係根據民國六年五月三日公佈《國立大學職員任用及俸薪規程》而定，按照這一規程，校長俸薪分三級：第一級六百元，第

【一】《胡適全集》第二十九冊，頁八四、一〇四、一〇六、一三三、一三六、一四八。
【二】《胡適全集》第二十九冊，頁二二一、二六二、二八一、三〇二、四五〇。
【三】參見《國立北京大學職員錄》（中華民國九年十一月編，北京大學檔案館收藏）。
【四】參見〈致錢玄同〉，收入耿雲志、歐陽哲生編：《胡適書信集》上冊，頁三七五。
【五】參見《國立北京大學職員錄》（民國二十一年七月秘書處出版組印），頁三〇。《國立北京大學職教員錄》（民國二十五年）。《平津國立院校教職員聯合會會員錄》（民國二十六年四月，北京大學檔案館收藏）。
【六】參見《國立北京大學教授臨時通訊錄》（民國三十五年九月二十日調查），《北京大學教職員名冊》（一九四七年），《國立北京大學三十六年度教職員錄》（民國三十七年五月編印，北京大學檔案館收藏）。
【七】《胡適書信集》上冊，頁一一一—一一二。

二級五百元，第三級四百元。北大校長蔡元培拿的是一級。學長俸薪分四級，分別是四百五十元、四百元、三百五十元、三百元。理科學長夏元瑮拿的是三級，文科學長陳獨秀拿的是四級。正教授俸薪分六級，分別為四百元、三百八十元、三百六十元、三百四十元、三百二十元、三百元。沈兼士、馬敘倫等拿的是六級。本科教授俸薪分六級，分別為二百八十元、二百六十元、二百四十元、二百二十元、二百元、一百八十元。【二】胡適為「文本科教授兼哲學門研究所主任又兼國文英文二門研究所教員」，被定為本科教授一級。在北京大學檔案館收藏的一九一九年發放薪酬存根中，還保留着一九一九年十月二十四、三十一日分兩次補發的九月份「胡適薪俸」，每次一百四十元。一九二〇年以後常常出現教育部拖欠大學教職員薪水情形，胡適實際所得薪水的數額就不得而知了。一九二〇年八月十五日江冬秀《致胡適》信告：「我今天收了大學發來現洋八百，前天收高師五十。」一次發八百大洋，這應是補發幾個月的欠薪。一九二三年六月二十一日江冬秀《致胡適》又告：「學堂裡發出一個月的泉（錢）來，他們還是送來的二百八十元。這是二月份的，我不肯全收。鄭陽和先生說，大家都是全薪，你又和（何）必呢？我說適之說過。他說，說過也等他回來再說罷，這個你先收下來，不好那（拿）回去。我只好收下來。」【三】這時胡適在南方養病，這一年他沒有在北大上課，因此招呼江冬秀不要接受北大的薪水。可能胡適的招呼沒有奏效，江冬秀只好又告：「學堂的薪水，我想一定葉（叫）他們改為半薪，你下學期決不能來京上棵（課）。我想勸你無論什麼事，你都不要管，專門養病，把病養好。」胡適赴歐洲訪問時，江冬秀還「收大學九十九元」。【三】北大對胡適體貼入微之人性化表現可見一斑。陳明遠以為胡適的「本科教授」相當於副教授，「預科教授」為後來的講師，江勇振亦援引此說。【四】此喻並不太恰當。因北大當時確定職稱，除了能力、水平因素的估衡，還包含上課鐘點的要求，在北大兼課者只能聘任講師，魯迅即是一例。

一九三〇年十一月胡適重返北大後，他先是在中基會支薪。這在他一九三一年二月七日《致蔣夢麟》信中有明確説明：「上學期百年先生與真如先生要我擔任北大的中國中古思想史，我允於這學期講兩點鐘。當時我曾説明，這兩點鐘我不願受薪俸：一來是因為我在文化基金會是專任，不應另受薪俸；二來是北大為兩點鐘而送我教授半俸，殊屬浪費，此例殊不可開，即有此例，我也不願受。所以我很誠懇的請求先生允許我不受薪俸。」【五】中基會支給胡適薪水的檔案材料沒有公佈，具體數額不詳。據一九三一年四月九日胡適日記，中基會資助北大研

【一】參見〈大學令〉，收入《國立北京大學廿週年紀念冊》，頁六—七。

【二】陳漱渝、李致編：《一對小兔子——胡適夫婦兩地書》，頁二五、三四。

【三】陳漱渝、李致編：《一對小兔子——胡適夫婦兩地書》，頁四七、八〇。

【四】參見陳明遠：《文化人的經濟生活》（西安：陝西人民出版社，二〇一三年），頁一五五—一五七。參見氏著《捨我其誰：胡適》第二部〈日正當中〉上篇（浙江人民出版社，二〇一三年），頁七三。

【五】耿雲志、歐陽哲生編：《胡適書信集》上冊，頁五三五。

究教授月俸最高六百元，最低四百元。又據一九三一年八月五日胡適日記，中基會資助北大聘請十五位研究教授。【一】胡適所得薪水應與研究教授相等。一九三四年後情況發生了變化，胡適在《一九三四年的回憶》中交代：「我自己（在中基會）的月俸停止，改為公費二百元。我從七月起，在北大支一個中國文學系教授的薪俸，每月四百元。文學院長每月公費一百元。」【二】月入達七百元（內含「公費」二百元）。胡適的這一說法可在《國立北京大學核發薪金清冊》（俸給簿，民國二十四年二月份）得到確證，當時北大校長蔣夢麟的薪額為六百元。【三】胡適月薪五百元，薪額與周作人、湯用彤、梁實秋這些「研究教授」相等。這可能也是他們此前所拿的薪額。而這時北大的一些老教授，如中文系的馬裕藻、史學系的孟森、哲學系的馬敘倫，因未進入「研究教授」行列，月薪為四百元。

胡適擔任北京大學校長時的「薪給」從一九四六年八月開始，每月七百一十元。【四】而當時教授的「薪額」（如中國語文系教授楊振聲、沈兼士）為六百元。一九四七年胡適的「薪額」為七百一十/八百元。【五】一九四八年胡適「薪額」調到八百一十元。【六】由於出現通貨膨脹的危機，這樣的收入實際上也不夠花銷。一九四七年十月二十一日胡適在考試院演講時罕見地發牢騷道：「我有三十二張博士文憑（有一張是自己用功得來，另外三十一張是名譽博士），又當了大學校長，但是我所拿的薪津，和一個銀行練習生相差不多。」【七】行業之間的待遇差異居然與學歷、考詮無關，這樣的薪金制度在胡適看來很不合理。

次看稿費。稿費可分報刊稿費和著作稿費兩類。在報刊發表文章的稿費標準不一，在報紙上（如《申報》、《大公報》）發表文字稿費較高；在同人刊物，如《新青年》、《努力週報》、《獨立評論》發表文章則不支稿費；在英文報刊發表文章，稿費相對較優，這方面非一般教授所能做到。胡適在報刊發表文章所得稿費因他自己絕少記錄，我們難以統計。

胡適著作主要在亞東圖書館和商務印書館兩處出版。在亞東圖書館出版的著作有《胡適文存》初集、二集、三集，《嘗試集》，《短篇小說》一、二集，《胡適文選》，《四十自述》，《藏暉室劄記》。一九二六年胡適赴歐洲訪問時，沒有其他固定收入，亞東定期每月給胡家送款，江冬秀「收進來亞東八、九、十、十一、十二共五個月乙千元」。【八】胡適在一九二八年十二

【一】參見《胡適全集》第三十二冊，頁一〇四、一三五。

【二】《胡適全集》第三十二冊，頁四一一。

【三】參見〈國立北京大學核發薪金清冊〉（俸給簿，民國二十四年二月份），收入參見王學珍、郭建榮主編：《北京大學史料》第二卷（一）（北京大學出版社，二〇〇〇年），頁五〇二、五一〇。

【四】參見《國立北京大學三十五年（一九四六年）職員名冊》，北京大學檔案館收藏。

【五】參見《北京大學教職員名冊》一九四七年，北京大學檔案館收藏。

【六】參見《北京大學在職教員名單》一九四八年，北京大學檔案館收藏。

【七】〈考試與教育〉，收入歐陽哲生編：《胡適文集》第十二冊（北京：北京大學出版社，二〇一三年），頁四五四。

【八】陳漱渝、李致編：《一對小兔子——胡適夫婦兩地書》，頁八〇。

月十五日日記中記錄了他從亞東所得報酬賬單：一、版稅（民國十七年十一月底止），共兩萬三千八百二十元，除去未售書版稅七百五十九點三九元，存兩萬三千零六十點六一元。二、酬勞，六千三百二十元。「付過十六年底止兩萬四千二百三十七點零四元，付過十七年十一月底止兩千零一點四七元，共付兩萬七千一百三十八點五二元。兩比存二千二百四十二元」。【一】胡適是亞東第一作者，他所獲報酬幾乎超過了同期在北大任教所得的薪酬。

胡適與亞東圖書館除了在出版業務上關係密切，經濟上也相互依賴。一九二二年胡適可能因學校欠薪，拖發薪水，手頭需錢，寫信向亞東求援，八月二十八日胡適日記寫道：「窘極了，寫信到上海叫亞東寄了一百元來，今天向銀行取出，為思永、澤涵學費。」【二】一九二三年四月二十八日胡適至亞東與汪孟鄒商洽，汪「告以每月送他一百元：一是報他以往助我們的勞績；一是託他以後介紹並審查各稿」。【三】亞東在興盛時期一度與商務、中華鼎足而三，甚至發生與商務爭辦《努力》之事。【四】到三十年代後，業務大幅度下滑，江河日下，這時，亞東反過來向胡適求助，經胡適介紹，汪孟鄒在浙江興業銀行開了一個透支戶頭，一九三〇年十二月中到期，如要續開，須要擔保。結果汪以送三千元存單作為擔保才得以繼續。胡適感嘆：「其實汪孟鄒何必在我面前裝窮！」【五】但這時亞東確已開始走下坡路了。一九三四年除夕，胡適與汪原放兄弟談亞東事，始知「他們有五千元的銀行欠款，二千四百元的零星欠款，必須歸還」。當天，胡適趕到徐新六處，「託他把亞東欠興業銀行的二千元透支再轉一期；又託他打電話給

陳光甫兄，把亞東的三千元上海銀行透支再轉一期」。【六】一九三四年、一九三五年亞東真正陷入支大於收的困境。【七】

胡適在商務印書館出版的著作有《中國哲學史大綱》、《章實齋先生年譜》、《戴東原的哲學》、《胡適論學近著》。胡適與商務印書館發生關係甚早，一九一八年二月二日張元濟日記載：「胡適之寄來東方投稿一篇，約不及萬字。前寄行嚴信，允千字六元。此連空行在內。與夢翁商送五十元。」「七/二/十五有回信，謝收到潤資五十元。」【八】這大概是胡適第一次從

【一】《胡適全集》第三十一冊，頁三〇〇—三〇一。

【二】《胡適全集》第二十九冊，頁七二八—七二九。

【三】汪原放：《回憶亞東圖書館》（上海：學林出版社，一九八三年），頁六八。

【四】據胡適一九二三年十月十六日日記：「到亞東，與孟鄒談，〈努力〉改為月刊，孟鄒、原放、鑒初、希呂諸人都要我把他交給亞東出版發行。我也願意這樣辦。但商務印書館方面知道了此事，雲五力爭此報歸商務出版。今夜我勸亞東不必爭。亞東此時在出版界已漸漸到了第三位，只因所做事業不與商務中華衝突，故他們不和他爭。此時亞東公然與商務爭此報，即使我們給了他，也不是亞東之福，因為亞東從此要遭忌了。孟鄒終不肯讓。」參見《胡適全集》第三十冊，頁七二。

【五】《胡適全集》第三十二冊，頁三九。

【六】《胡適全集》第三十二冊，頁四〇四—四〇五。

【七】參見汪原放：《回憶亞東圖書館》，頁一七三。

【八】《張元濟日記》上冊（北京：商務印書館，一九八一年），頁三五三—三五四。

商務拿稿費。三月八日胡適致母親信中提到：「昨日商務印書館又送來第二次稿費現洋四十五元，正好應用。這時候的四十五元，真抵得八十五元的票子。」【一】這是商務付給胡適的第二筆稿費。這時胡適是商務追捧的作者了。一九二一年七月十八日至九月七日胡適在上海考察商務印書館業務，離前胡適自稱：「商務送我一千元，我不願受，力勸夢旦收回，我只消五百元便可供這一個半月的費用了。我並不想做短工得錢。」【二】顯然，商務印書館對胡適的待遇從優。《中國哲學史大綱》一九一九年二月由商務初版，到一九三〇年印行十五版。一九三〇年改題《中國古代哲學史》，收入「萬有文庫」。此書給胡適帶來的版稅收入應在萬元以上。儘管如此，江冬秀一九二六年八月十五日《致胡適》信中也口吐怨言：「商務裡送來乙千塊泉（錢）稿費，我想這個稿子賣的大（太）吃虧點。」【三】實際上，在胡適出訪歐美的近一年歲月裡，胡家的經濟來源主要仰仗亞東、商務兩家供給。從胡適與江冬秀後來的通信可知，胡適在商務還購置了股票。【四】

胡適與《大公報》的張季鸞、胡政之、王芸生關係密切，《大公報》採納他的建議設置「星期論文」，集聚了一批名流作者為其撰稿，每篇稿費四十元。胡適從一九三四年一月七日開始在《大公報》「星期論文」上發表《報紙文字完全應該用白話》起，總計他在《大公報》歷年發表的時評政論，一九三四年發表了十篇，一九三五年發表了十一篇，一九三六年七篇，一九三七年五篇。《大公報》是胡適在《獨立評論》之外又一塊重要言論陣地。胡適對時局最有影響的政論常常在《獨立評論》、《大公報》（有時是在隸屬《大公報》的《國聞週報》）兩處同時刊發。一九三六年十月十六日《大公報》開設「文史」副刊，胡適應約主編此刊，並發表《「文史」的引子》一文，胡適自稱「《文史》副刊是我們幾個愛讀書的朋友們湊合的一個『讀書俱樂部』。我們想在這裡提出我們自己研究文史的一些小問題、一些小成績」。一九四六年胡適回到北平任北大校長後，《大公報》再邀胡適主編《文史》週刊，胡適因事忙，找來鄭天挺、唐蘭、張政烺、鄧廣銘、周祖謨會商，因鄧廣銘在校長室幫忙，故推由鄧先生具體負責此事。【五】

陸費逵談及一九三〇年代初期的出版界支出稿費狀況時說：「抽版稅的作家，除有特別情形如林語堂、周越然、魯迅等外，每每不過數十百元。胡適也不過二三千元，甚至有一年只得

【一】耿雲志、歐陽哲生編：《胡適書信集》上冊，頁一三七。

【二】《胡適全集》第二十九冊，頁四四三。

【三】陳漱渝、李致編：《一對小兔子——胡適夫婦兩地書》，頁六八。

【四】參見胡適〈致江冬秀〉（一九三七年十月十九日），信中說：「聽人説你的小箱子找到了。商務股票，我已有人託王雲五挂失票。如股票尚在，我想你可以通知商務一聲。」收入耿雲志、歐陽哲生編：《胡適書信集》中冊，頁七三六。

【五】參見鄧廣銘：〈我與胡適〉，載《胡適研究叢刊》第一輯（北京：北京大學出版社，一九九五年），頁二一七。

幾角幾分的。」[一]江勇振稱胡適「待遇世界第一，版稅中國第一」，[二]顯有言過其實之嫌。胡適發表文字，撰寫著作，多為學術論文、專著、政論，與通俗流行的小說、普及性的教科書不可同日而語。從版稅收入比較，林語堂撰寫的英文作品，周越然編撰的《英語模範讀本》等教科書，魯迅後期發表的雜文小品，所獲版稅都在胡適之上。這也是陸費逵為什麼在文中謂「特別情形如林語堂、周越然、魯迅等外」的根據。清末十年在學界享有盛譽的著名翻譯家、教育家嚴復，民國前期馳騁政學兩界的梁啟超，其所得各種收入也在胡適之上。

再看兼課、演講。北京是民國時期中國的大學城，這裡匯聚了一批著名的大學、專科學校。各校教授（特別是名牌教授）相互在他校兼課是京城大學的常見現象。胡適初到北大任教，教授英文學、英文修辭學和中國古代哲學，每週十二節課，「事體本不甚繁，本可兼任外間工課。但此番來京已遲了，各學堂都已聘定了教員」。[三]所以胡適初到北大的第一年，沒有在外兼課。

胡適擅長演講，加上他學有所長，北京的大學、中學很快慕名找上門來邀請他演講，這些演講除公益性的外，可能會有一定報酬。十一月二十六日他致信母親說：「兒此時太忙，兩星期內除任課外，尚有四處演說（一在農業專門學校，一高等師範，一在大學，一在天津南開學校），故不能作長書。」[四]一九一八年，胡適應邀做了數場演講，三四月間在教育部會場連講四場「墨子哲學」。[五]四月二十四日在女子師範學校演說「美國的婦女」，[六]八月八日在學術講演會演說「新文學」，【七】十一月二十二日應邀在天津南開學校演講。【八】一九一九年以後胡適的演講活動驟增，加上杜威來華講學，胡適陪侍左右，為之譯述，他簡直忙得不亦樂乎。

京城各大學校教授喜歡在外兼課，以撈取外快。胡適對撈外快並沒有太大興趣，但各校仰慕他的名聲邀請他上課是情理中事。從《日程與日記》可以看出，一九一九年十一月到十二月間，他在北大每週一上午有一節「英美詩」，下午有兩節「中國哲學史大綱」。週二、三上午有兩節「中國哲學史大綱」。週五上午有三節「西洋哲學史大綱」。此外他在三處兼課：在高師週三下午有兩節「文法」，在女高師週四上午有三節「中國哲學史」，在中國大學週四下午有三節「中國哲學史」。一週排課實在很滿。週末還常有講演活動。

一九二〇年上半年，胡適除在北大講授「中國哲學史」、「西方哲學史」兩課外，還有兩處

【一】參見陸費逵：〈六十年來中國之出版業與印刷業〉，載《申報月刊》第一卷第一號，一九三二年七月。

【二】參見江勇振：《捨我其誰：胡適》第二部〈日正當中〉下篇（杭州：浙江人民出版社，二〇一三年），頁五—一五。

【三】耿雲志、歐陽哲生編：《胡適書信集》上冊，頁一〇七。

【四】耿雲志、歐陽哲生編：《胡適書信集》上冊，頁一一九。

【五】耿雲志、歐陽哲生編：《胡適書信集》上冊，頁一五二。

【六】耿雲志、歐陽哲生編：《胡適書信集》上冊，頁一五四。

【七】耿雲志、歐陽哲生編：《胡適書信集》上冊，頁一八一。

【八】參見丁文江、趙豐田撰：《梁啟超年譜長編》（上海：上海人民出版社，一九八三年），頁八七二。

兼課：每週三下午在高師兼課「中國哲學史」，週四上午在女高師兼課「方法論」。由於繁重的教學任務，胡適終於積勞成疾。下半年在家病休。恰在這時，顧臨（Greene）來信託胡適為哥倫比亞大學「覓一中國文教授」，胡適「實在想不出人來，遂決計推薦我自己。我實在想休息兩年了」。【一】但當哥大校長來信正式邀請他赴哥大講學時，他又婉言推辭【二】。

一九二一年上半年胡適沒有上課，只在其他學校做過幾次演講：四月二十八日在燕京大學演講「詩經的研究」。五月六日在高師演講「哲學與人生的關係及研究的方法」。五月九日在清華演講「廢止國恥紀念的提議」。六月十日在燕京大學女校演講「易卜生主義」。九月，胡適在北大恢復上課，講授「中國哲學史」（週三、四、五上午）、「西方哲學史」（週二、六上午）、「英詩」（週三、五上午）。十月，他開設「杜威著作選讀」，另為鋼和泰上課譯述。

一九二二年又是胡適忙碌的一年。上半年胡適在北大講授「近世哲學」（週二、三）、「中國哲學史」（週五）、「近世哲學」，【三】每週一上午為鋼和泰「印度古宗教史」一課譯述兩小時。下半年在北大講「中國哲學史」（週二上午）、文法（週三、六上午）、論理（週三下午）、小說（週六上午）。另有多場演講：三月二十五日在法政專門演說「科學的人生觀」。【四】五月二十三日在「中國事物會」（The "Things Chinese" Club）講「中國詩中的社會問題詩」。【五】五月二十九日在女高師附屬中學講演「科學的人生觀」。【六】八月十一日「到小學女教員講習會講演『國語教學的興趣』」。【七】八月二十六日「到北京平民自治協會講演，題為『平民自治的精

神』」。【八】

一九二三年胡適沒有在北大上課，也沒有兼課和演講。從四月二十一日到十二月五日在南方養病。

一九二四年胡適在北大「教了一學期的課」，【九】但這一年胡適日記缺記，故對其教學情形不得其詳。《北京大學日刊》五月三十日發表他所擬的各班級中國哲學史論文題目，其中包括中國上古史哲學、近世哲學和近代思想史三部分。【一〇】

一九三〇年代胡適重返北大後，不再在他校兼課。北大英文系教授溫源寧在外有「身兼三

【一】《胡適全集》第二十九冊，頁二〇三。

【二】《胡適全集》第二十九冊，頁五二三。

【三】據一九二二年六月七日胡適日記，「自今日起，早七時增講近世哲學一時，每週共五時。今天講楊簡完」。《胡適全集》第二十九冊，頁六四五。

【四】《胡適全集》第二十九冊，頁五五三。

【五】《胡適全集》第二十九冊，頁六二九。

【六】《胡適全集》第二十九冊，頁六三五。

【七】《胡適全集》第二十九冊，頁七〇九。

【八】《胡適全集》第二十九冊，頁七二六。

【九】《胡適全集》第三十冊，頁一九二。

【一〇】《北京大學日刊》一九二四年五月三十日。

主任、五教授」的名聲，胡適當面「勸他不可自己毀了自己」。【一】胡適僅在其他處有過幾次演講：一九三四年二月二十日在燕京大學講演「中國的傳記文學」。【二】六月二十三日上午到匯文中學作畢業演説，下午四點到輔仁大學作畢業演講。【三】一九三五年五月九、十六、二十三日三個下午在燕京大學連講三場「顏李學派」。【四】六月二十一日到崇實、崇慈兩中學校作畢業演説「做工的人生觀」。【五】

總之，胡適兼課不多，演講不少，這方面所獲報酬相對前兩項不會太多，也就是説，它不構成胡適收入的主要來源。胡適日記幾不記演講所獲收入，唯有一次例外，一九三二年十二月四日應時任湖南省教育廳廳長朱經農之邀到長沙參觀、講學，下榻在省政府招待所。十二月六日中午時分回到招待所，省政府主席何鍵打發所中職員送胡適「四百元旅費」，胡適辭別時面告何，「此次旅費已由各方面購買車票，幾乎不費我一分錢，不能再受旅費了」。下午三點半到車站，招待所職員「仍把旅費送來」，胡適「因為在車站推來推去不像樣子，所以終於收下了」。【六】此事不知什麼原因外傳變異，第二年三月六日，《申報．自由談》刊發署名「幹」的《王道詩話》一文，後收入魯迅《偽自由書》。文中説：「鸚鵡會救火，人權可以粉飾一下反動的統治。這是不會沒有報酬的。胡博士到長沙去演講一次，何將軍就送上五千元程儀。價錢不算小，這叫做『實驗主義』」。【七】「四百元旅費」訛傳變成了「五千元程儀」，讓人產生胡適「被收買」之嫌，數目差別之大足以破損、顛覆胡適的形象。

最後是兼職。胡適的兼職有兩大類：一類是兼任其他學校董事，或其他學術機構研究員。一類是社會兼職或政治機構任職，如國大代表。一般來說，出任這些職務或參加相關會議，會有相應的報酬。

兼任校董主要有協和醫學院和輔仁大學。一九二九年七月胡適當選為協和醫學院新一屆董事會董事。一九三〇年二月八日胡適首次參加協和醫學院董事會，「Astor House，只開一點半鐘，一切皆備」。[八] 此後，胡適常常出席協和董事會的活動。一九四六年三月二十七日胡適日記載：「協和醫學校董事會今天開年會。昨天上午我（們）的 Committee 集會，（此是最後一會，我們已開了九次會）我的報告稿被通過，作為 Committee report。（為推舉校長事，董事會舉我們三人，Ballon and Standey Wilson 與我，為 Special committee，與各方面商討此問

【一】《胡適全集》第三十二冊，頁五一。
【二】《胡適全集》第三十二冊，頁三一六。
【三】《胡適全集》第三十二冊，頁三八七。
【四】《胡適全集》第三十二冊，頁四四七、四五四、四五七。
【五】《胡適全集》第三十二冊，頁四八六。
【六】參見《胡適全集》第三十二冊，頁一八四。
【七】《魯迅全集》第五卷（北京：人民文學出版社，一九八二年），頁四六。
【八】《胡適全集》第三十二冊，頁六〇七。

題。）」「董事會改選職員，推我為本年度主席。」【一】這時胡適尚在美國，他連任董事會主席這一職務直到一九四八年。胡適重返北平後，挑起了協和董事會主席這一重任，一九四七年二月二十四日，「九點半到協和醫學院，與Mr.Trevor Bower、Miss Mary Ferguson商協和校務」。三月六日，「與協和醫學院校醫董事會秘書Mary Ferguson與護士學校主任聶女士都搭美國軍用飛機南下。八點一刻起飛，十二時到上海的江灣機場。住國際大飯店一五六三號。召開協和醫學院董事會的『提名委員會』：劉瑞恆、李銘、Dunlap與我」。三月七、八日召開提名委員會第二、三次會。一九四八年三月二十四日「PUMC的董事會，我主席」。【二】胡適離開大陸後，他與協和醫學院的關係也隨之終結。

輔仁大學是一所天主教教會大學。一九二五年由美國本篤會在北京創辦，一九二九年董事會呈請教育部立案獲准，陳垣就任校長。一九三三年改由聖言會接辦。陳垣與胡適關係密切，一九三四年十二月三十日陳垣拜訪胡適，請胡適擔任校董會董事。一九三七年五月三十一日「輔仁大學開董事會。因董事會張溥泉不在」，胡適代主席。【三】胡適與陳垣的關係一直保持到一九四八年十二月他離開北平為止，胡適給陳垣的最後一信是在一九四八年十二月十三日深夜，而陳垣回敬胡適的卻是一封公諸《人民日報》（一九四九年五月十一日）的公開信，兩人關係因江山變色而反目。

中央研究院一九二八年在南京創立時，胡適即被聘為該院歷史語言研究所特約研究員。

一九三五年六月設立評議會，胡適又被選為評議員，以後常常參與院內事務的決策和諮詢。一九四八年胡適當選中研院第一屆院士。胡適與中研院的關係可謂既長且深。

胡適自一九二七年出任中基會董事，以後長期連任。胡適在一九二九年一月十日回答《金剛銘》報社刊登的一則《胡適之掃興而回》的不實新聞時明確說：「文化基金會的委員全是名譽的，不支俸給，也不支公費。只有到會時可支旅費」。【四】這是中基會前幾年的實情。一九三〇年七月二日中基會董事會舉行第六次年會，選舉胡適為「名譽秘書」；將科學教育顧問委員會改組為編譯委員會，胡適取代了王璡成為該會委員長，【五】從此他成為中基會的「專任」，領取專職薪額，直到一九三四年六月，剛好是四年。這可能是一個特殊的例外。一九三四年七月北大給胡適支薪後，因胡適在中基會還兼任秘書，他每月在中基會還保留領取「公費」二百元。直到一九三七年九月二十八日江冬秀告訴胡適：「還有會裡（指中基會，作者按）薪水，

【一】《胡適全集》第三十二冊，頁五六七。
【二】《胡適全集》第三十三冊，頁六二〇、六二二—六二三、六八二。
【三】《胡適全集》第三十二冊，頁二五四、六五七。
【四】耿雲志、歐陽哲生編：《胡適書信集》上冊，頁四七七。
【五】參見楊翠華：《中基會對科學的贊助》（「中央研究院」近代史研究所專刊六十五）（台北：「中研院」近代史所，一九九一年十月），頁三四、一二七。

還存四百元」。胡適因人在美國，自感不宜再領取中基會這筆「公費」，一九三八年七月三十日寫信告訴江冬秀：「會裡的錢，決不可再受。澤涵來信說，他已代受了大學薪水乙千五百元。」九月二十四日再次特別叮囑：「基金會的錢，請你叫孫先生不要再送了。我想會裡預算上定的是名譽秘書的公費，每月一百元。新六代理我的名譽秘書職務，他死了，誰代我，此款應歸誰收。編譯會的錢，應該請任先生收」。[一] 胡適對不配接受的「公費」還是講究原則的。據胡適晚年回憶，「在中華教育文化基金會擔任職務，從來沒有接受報酬」。「我是個有心臟病的人，保險公司沒有接受我的人壽保險。後來中基會改用『分年儲蓄保險』方法，一年兩千元，分兩次繳費。一年一年的儲蓄下去，是照複利計算的，如果滿了十年，連利息算起來有兩萬多元。我去年到此地來了，我叫中基會停止我的分年儲蓄保險，他們沒有答應，今年又給他們說，他們還要照往年照付。」[二] 這可能是一九五〇年代後胡適在美國紐約做寓公時的情形。

其他胡適擔任的職務還有：(1) 久大鹽業公司董事。一九四七年十一月十二日胡適日記載：「久大鹽業公司舉我作董事，今天到天津去開會，董事會舉我作董事長，我堅辭，但無成。」「我並無股東資格，由李燭水上塵，任致遠諸先生用公司股份掛名於我名下，始能產生我的董事。」(2) 美國在華教育基金委員會中國顧問。這是根據美國參議員福布萊特（Senator Fubllbright）提案用剩餘物資售價中提出美金二千萬元（分二十年）設立，中國顧問有胡適、薩本棟、吳貽芳和韓慶濂。胡適「初堅不肯就，因教部與外部逼迫，不得已就此職」。[三] 福布萊特計劃後來成為中美教育文化交流的一個重要渠道。不過，這兩個職務對胡適來說，都有點無奈而就的味道。

一九四八年五月二十四日胡適致信趙元任說：「我們在平津，待遇比京滬高一級。但北大的教授本月可得二千萬元，約等於黑市上十二塊美元！（燕京大學的教授，五月份最高可得八千多萬，約等於北大、清華的四倍，但也只是生活費，夠不上薪俸。）但敝校長住房子，坐汽車，都是北大供給，故覺比一般同事們『闊』多了。我有點『外快』可以貼補。此次去南方開會，除去開支，還餘三千多萬元。我這一期的商務版稅就有六千多萬元（因為我的《留學日記》現由商務印行）。我這回真把紙煙戒掉了（為了心臟有點小警報），也省了不少的錢！」【四】這樣看，胡適的收入和待遇除了他那份工資外，還應包括北大校長待遇、出差開會、版稅，綜合來看當然算是上流人士的「待遇」。

胡適剛到北大任教的第一年，其收入所得除了供自己日常開銷以外，相當一部分寄給母親貼補家用，他給母親的信中常常提及寄款之事。如一九一七年十一月二十六日《致母親》告：

【一】陳漱渝、李致編：《一對小兔子——胡適夫婦兩地書》，頁一二一、一三六、一三九。

【二】胡頌平：《胡適之先生晚年談話錄》（台北：聯經出版事業有限公司，一九八四年），頁五一。

【三】《胡適全集》第三十三冊，頁六六四—六六五、六六六—六六七。

【四】《胡適全集》第二十五冊，頁三二七。

「款子明日即匯二百元，由上海轉，想可於十日半月間匯到。兒歸時當另帶些款子來，想共得三四百元足矣。」【一】這次寄款主要是為籌辦婚禮之用，故數目較大。一九一八年二月二十八日《致母親》告：「我在家時，曾答應銘彝兄於二月中為匯寄四百元至蕪湖，以二百元還聯奎兄，以一百四十元還銘彝，餘六十元則託其寄家。現正在籌備，此四百元尚未籌齊也。」【二】三月六日《致母親》告：「昨日已由銀行匯寄現洋六十元由蕪湖轉寄家中。明知此數不夠用，且先寄此數，至下月再寄六十元。此時票價五八折，六十元合票洋一百〇五元，連匯費在內。」【三】五月三日《致母親》告：「耘圃有信來令我將款匯到蕪湖一家錢莊轉交，此法亦不錯，一二日內即當匯寄現洋五十元與票洋六十元至蕪，家用隨後另寄，但須稍過耳。過此一月後，家用一切，當按月抽寄。這幾個月以來，因有意外的開支，故令吾母受窘，心甚不安也。」【四】五月十一日《致母親》告：「今日託蕪湖胡開文寄上現洋三十元暫時應用，隨時籌寄。」六月二十七日《致母親》告：「今日由開文匯上六十元，到日望寫信告知。」九月一日《致母親》告：「今日由蕪湖匯上三十元，暫應家中急用。」九月十日《致母親》告：「昨日收到蕪湖開文來信，知所寄的三十元已收到了。不知此款已到家嗎？日內再當籌寄三十元，不久就可寄上。」【五】從這些信中可知，胡適每月匯給母親的款項大約為六十元，他算是盡到了一個孝子的責任。

胡適在緞庫後胡同八號時，僱了一名廚子閻海、一名女工王媽、一名拉人力車的車夫。日常的伙食開支為「每天付給閻海一元錢買菜，每兩天一元錢買米，每三天一元錢買麵，供給五個人的伙食就行了」。【六】每月的吃飯開銷約為五十五元。這是江冬秀不在時的開銷。江冬秀在時，特別是生子後開支自然增大。胡適的家庭開支，他本人日記、書信並不記錄，但是作為管家的江冬秀給胡適的家信，信中的主題大多是談家庭開銷。花錢、缺錢、寄錢、收錢，可能是她信中談論最多的事。例如，一九二三年八月二十三日信中告：「我付了房租一百零二元；付了戴岳先生六十元；付了澤涵廿元，醫牙齒用的；付了黨先生十五元。」「我還要家用二三百元，要買物送醫生的節禮，節下又要多開消（銷），澤涵又要九十塊泉（錢）的下半年的學費。澤涵家今年匯了一百廿元到上川。」「再還有你欠下了六七百元的書賬，八月節快到了，還是怎樣辦，請你告訴我。這賬我完全不清處（楚）。」【七】一九二三年戰禍橫被京城，致使物價騰漲，十一月二十日江冬秀向在南方養病的胡適抱怨道：「我的米麵煤油都買的多，可以吃到明

【一】耿雲志、歐陽哲生編：《胡適書信集》上冊，頁一一八。
【二】耿雲志、歐陽哲生編：《胡適書信集》上冊，頁一三三。
【三】耿雲志、歐陽哲生編：《胡適書信集》上冊，頁一三六。
【四】耿雲志、歐陽哲生編：《胡適書信集》上冊，頁一五七。
【五】耿雲志、歐陽哲生編：《胡適書信集》上冊，頁一五八、一六五、一八九、一九〇。
【六】參見江澤涵：〈回憶胡適的幾件事〉，收入顏振吾編：《胡適研究叢錄》，頁六。
【七】陳漱渝、李致編：《一對小兔子——胡適夫婦兩地書》，頁四三、四四。

年二三月裡。我買的紅煤價泉（錢）十六元五角，現在賣到二十六七元還沒有地方買去。我買了七包米，十三元二五角，兩樣的價，現在照這樣的來，賣到十六元了。」「不過我這幾個月，用泉（錢）用的狠（很）多。上兩個月付了四個月的房泉（錢）一百多，米麵一百多，煤球紅煤一百元，還有多少賬不寫了。今年北京白菜賣到九、十個子一斤，頭一個苦年沒有菜。他們都說披（被）兵買去了，故此小菜都狠（很）貴。」【一】江冬秀信中所提供的這些數據應是當年北京極有價值的生活史材料。一九二六年上半年胡適不在北大教課，因此沒有固定的薪水，他的經濟來源主要是靠商務印書館和亞東圖書館。江冬秀在信中不斷叫「窮」：

> 不過我現在窮的不得了。我的單子寄把你看，你一定知我用泉（錢）的數目。我存在郵局共有一千元，這幾個月來，我實在不就（夠）用，去取點，這一次取了三百元把秀之，再這一次買了林家一百七十元家用東西，我一看存款上面只有五十元泉（錢）了。（一九二六年三月四日《致胡適》）
>
> 希望你把那幾千塊泉（錢），分千把寄來給我們用用。我當東西應用，可是窮的不得了。我請你替我辦祭儀十元、祭幛一個，送南京伯華伯父，你替我寄去沒有？
>
> 我現在連當帶欠，差不多有六百元借了。再我們這一次搬家，有廿多家送禮物來，我不能不請酒呀，又要用卅多塊泉（錢），我實在（窮的）不得了。（一九二六年三月十四日

《致胡適》）

我這三個月家用，每月要三百元有零，我去年八月買的米，我算要吃到今年三月低（底），那（哪）知道正月廿六就吃完了。現在一包米要貴三塊多泉（錢），我們一包米只吃廿天，菜一天一塊多泉（錢），還沒有多少菜，我們一包米只吃廿天，菜一天一塊多泉（錢），還沒有多少菜吃，因鄉下來的少，故此貴的不得了，望你見信想法寄點泉（錢），要緊要緊。

房子住大點什麼費用都多出來了，我大不該搬大房子，我算算這一個月要多用一百元用費。（一九二六年四月四日《致胡適》）【二】

看了江冬秀這些信，不禁有那句老話之嘆——家家都有一本難唸的經！胡適雖在外風光，但其家中之窘況真是讓人難掩臉面。

一九二七年上半年胡適出國在外。一月十一日江冬秀《致胡適》信中詳列胡適出國後的《付出賬目表》，「家用五個月連應酬、過節、過冬、煤、水，共用乙千乙百五元，平均廿三

【一】陳漱渝、李致編：《一對小兔子——胡適夫婦兩地書》，頁五二、五三。

【二】陳漱渝、李致編：《一對小兔子——胡適夫婦兩地書》，頁六一、六三、六四、六五。

元」。家用如此之大，主要是用於日常生活開支、書費、學費、家中僱傭廚子、車夫、資助親友。二月二十六日江冬秀的信中甚至說自己靠借錢度日：「保險費五月要付乙百多元，商務裡的泉（錢）到今天也沒有寄來。我告訴你，我這陣窮的不得了，問陶太太借了二百元作為這個月的家用。」【一】一九二六年至一九二七年上半年是胡適一家生活比較困難的日子，這也可能是他一九二七年出國回來後留在上海的一大原因。

胡適開支中另一筆較大的費用是看病，包括幫親友找醫生看病。其日記中常有這方面的記載：如一九二一年五月十二日「至銀行取支票簿，至首善醫院看洛聲病」。五月二十四日「又送四件衣料去謝陸仲安醫生（此君即治癒我的病的醫生）」。【二】一九二二年十一、十二月，胡適持續犯病，懷疑是糖尿病，住進協和醫院，直到一月六日才排除出院。一九二三年從四月二十一日到十二月五日，胡適在南方養病。一九二四年對胡適來說，可謂病魔纏身。上半年醫生說他「有肺病的象徵」。女兒素斐在醫院住了半年多，「初病肺炎，轉成肺病與脊骨炎」，次年五月不幸夭折。侄兒思聰、思永兩人先後在協和病故。胡適沉痛之極，「他們跟着我許多年，如此下梢，真使我愧恨」。【三】醫藥費是胡適這一年很大的負擔。一九三七年二月一日胡適因病做手術，再次在協和醫院住院達十五天半之久。【四】協和醫院是中國當時最好的醫院，其費用相對昂貴，胡適和他的親戚主要在此處看病、治病，這裡至今保存有他的看病檔案，可以想象這是他花銷不菲的一筆開支。

胡適與傳統學人不同之處是他有很強的「保險」意識，這可能與他積勞成疾、身體常常患病有關。據其一九二一年七月六日日記載：「我於上月保了二千元的人壽險。保的是上海金星公司。今天又有宏利人壽保險公司來談，這是一個加拿大公司，稍勝金星。」【五】他所購買的人壽保險費額度是較高的。一九三〇年代以後，胡適與浙江興業銀行關係密切。在該行他擁有一個可透支的戶頭，據其一九三七年一月十一日日記，「到興業銀行，還欠賬。其實並沒有還，只是把『透支』轉了一期」。【六】石原皋稱：「浙江興業銀行的總經理是徐新六。他與胡適是老朋友，交情很深。他與金融界有經濟關係的，僅興業一家。他可以代人擔保，也可以透支。」【七】此話不虛。胡適不僅與興業銀行保持金融上的關係，抗戰爆發後，甚至將他的貴重物品和書籍存放在該行分倉庫，請他們代管。一九三七年八月二十六日胡適寫信給寄居在天津朱繼聖家的

【一】陳漱渝、李致編：《一對小兔子——胡適夫婦兩地書》，頁八〇、八三。
【二】《胡適全集》第二十九冊，頁二四五、二六七。
【三】參見〈一九二四年的年譜〉，《胡適全集》第三十冊，頁一九二、一九三。
【四】參見《胡適全集》第三十二冊，頁六一八—六二三。
【五】《胡適全集》第二十九冊，頁三四八。
【六】《胡適全集》第三十二冊，頁六〇六。
【七】石原皋：《閒話胡適》，頁一八七。

江冬秀：「你們此時最好是安心暫住天津。我當託興業設法隨時寄錢給你們。」九月六日寫信又告：「我託興業送六百元給你，你可問天津興業行長朱振之先生取。我起身時，當另留一筆錢給你。」【一】胡適與興業銀行的關係的確不同尋常。

資助友人、學生和家鄉親友是胡適一筆不小的開支，這方面已有同時代的人和後來的研究者提及，【二】在此不再贅述。需要補充的是，胡適具有深厚的鄉情意識，資助鄉友是他樂於為之。胡適家鄉興辦小學，一九二三年六月二日鄉人找上門來，胡適捐了建築費百元、常費五百元（分五年付）。【三】更多的相關事例，胡適可能沒有留下記錄，像石原皋所提胡適代胡卓林賠償興業銀行借貸二千元，代他姪女婿程治平為開設鏞成毛巾廠向興業銀行擔保幾千元，【四】在胡適的日記、書信中均未見提及。

作為一個現代型的學者，胡適有「投資」意識。一九四七年十月二十六日《致徐公肅、曾世英》的信中透露了他參股遇到的困窘：

> 華夏的股票與臨時收據，已由在京友人交到，但在弟填給收條之前，我想請問兩兄，我的股款原數美金五百元，是否可以退還給我？如蒙兩兄允許可以退還，我很想將此款收回，不作股東了。
>
> 我想退股的理由有兩樁：（一）我是貧士，頗想在這時候留點美幣作國外買書之用。

（二）我在上海三天，頗聽得朋友說華夏的閒話，使我感覺公司的前途可憂。其中一種閒話是說公司最近賣出自存印書紙幾百令，得價不及市價的一半。如果此等閒話屬實，我這個小股東有何機會可以抗議！

世英兄當日邀我們入股，對於我們一般窮朋友的血本更應該負責任。【五】

這裡的「華夏」是指上海華夏圖書出版公司，一九四六—一九四七年曾世英籌劃並出任總經理，胡適投資五百美金作為股份，在時局動盪的情況下，該公司的經營十分不易，這是一次失敗的投資。

胡適曾寫過一篇題為《拜金主義》的文章，表示贊同吳稚輝在《一個新信仰的宇宙觀與人生觀》所表達的「拜金主義」教義：「第一，要自己能掙飯吃。第二，不可搶別人的飯吃。第三，要能想出法子來，開出生路來，叫別人有掙飯吃的機會。」胡適盛讚「上海青年會裡的

【一】耿雲志、歐陽哲生編：《胡適書信集》中冊，頁七三一、七三二、七三三。

【二】參見胡成業：〈胡適捐款的「清單」〉，載《國家人文歷史》二〇一四年第十四期。

【三】《胡適全集》第三十冊，頁二三。

【四】參見石原皋：《閒話胡適》，頁一八七。

【五】耿雲志、歐陽哲生編：《胡適書信集》中冊，頁一一一四、一一一五。

朋友們現在辦了一種職業學校，要造成一些能自己掙飯吃的人才，這真是大做好事，功德無量。」[二]胡適對待金錢的態度與傳統的「君子愛財，取之有道」的原則契合。不僅「取之有道」，對於他不該或不配領受的金錢，他會有原則地拒領或退還；而且講究合理使用，他潔身自好，慷慨解囊幫助親友、學生，真正表現了理想的君子風範。

四、胡適在北京購書與藏書

胡適不置房產，他的最大不動產也許就是藏書。如果估衡他的家產，可能以藏書最有價值。古都北京書業發達，胡適嗜書如命，說他有書癖應不過分。胡適的書生本色自然體現在他讀書、著書、購書、藏書這一流程上。研究者主要關注的是他讀書、著書這兩個環節，以估衡他的思想、學術成就，其實購書、藏書作為他的學術前史或學術資源也是胡適精神世界的重要組成部分。

從胡適的書信、日記，我們可以獲知他在北京逛書店、購書籍的綫索和記錄。琉璃廠是北京馳名中外的文化街，書肆、古玩店、字畫店、筆墨店、紙店、刻章店各種文化商店雲集於此，這裡自然是胡適常去之地。一九一八年二月十七日胡適致信母親：「今天上午做了一個上午的講義。十二點鐘到城外去，有朋友請吃午飯，喝了差不多兩斤花雕酒，酒很好，有點醉意了。回來時到琉璃廠去看了幾家書攤。」【二】這是我們現能看到最早的胡適逛琉璃廠記錄，胡適來北京已半年，這應不是他第一次去琉璃廠。

一九二〇年胡適所留《日程與日記》，記載簡略，購書記錄很少，且寥寥幾字而已。一月三十一日「買書（《學海》），開文」。【三】三月一日，「剪髮，買書」。【四】三月十日，「琉璃廠看書」。【五】四月二十二日，「市場買書」。【六】此處的「市場」可能是指東安市場，位於王府井大街，是北京最為繁華的市場。四月二十四日，「琉璃廠買書」。【七】

一九二一年以後日記記載詳細，買書記錄隨之增多。五月十四日胡適「到勸業場看書攤，沒有尋着什麼書」。【八】勸業場位於北京正陽門西南側大柵欄廊房頭條，為北京第一棟大型綜合性商業建築，建於一九〇五年。五月十九日，「買得《明進士題名碑錄》七冊，《清進士題名碑

【一】《胡適文集》第十一冊，頁一三三。
【二】《胡適書信集》上冊，頁一二七、一二八。
【三】《胡適全集》第二十九冊，頁七一。
【四】《胡適全集》第二十九冊，頁一〇一。
【五】《胡適全集》第二十九冊，頁一一〇。
【六】《胡適全集》第二十九冊，頁一四五。
【七】《胡適全集》第二十九冊，頁一四七。
【八】《胡適全集》第二十九冊，頁二五〇。

錄》（至光緒丁丑）七冊，價四元。又買得明清《進士題名碑錄》八巨冊，乃早年印的，爛板極少，價僅一元半，甚可寶。買得清代《御史題名錄》，滿二冊，漢三冊，價一元半，起清初至光緒二十六年。此書極有用。」【一】五月三十日，「買得一種一百二十四回本《水滸傳》」。【二】六月六日，「買得商務影印的宋本《莊子》。此書前六卷為南宋本，有陸德明《音義》。後四卷為北宋本，無《音義》」。【三】六月九日出現了購書賒賬的記錄，「今天買得《八旗人詩鈔》」。「這兩天共還書店債乙百二十元（鏡古四十，文奎四十，帶經二十，松筠二十），現在只欠乙百塊錢的中國書債了。這個端午節，還虧三日政府發了兩個半月的錢。今天亞東又籌了乙百元給我，更不愁過節了！」【四】六月十三日，「買得儀徵汪廷儒編的《廣陵思古編》二十九卷，乃是揚州一府的名家遺文，內中頗有好材料」。【五】七月二日，「買得清宗室永[illegible]（嵩山）的《神清室詩稿》三卷」。【六】七月十一日，「到琉璃廠一走，天太熱，不能多看書店」。【七】九月十七日，「下午開會後，與叔永同去琉璃廠看書店，沒有買一部書」。【八】

一九二二年胡適日記甚詳，出現了大量購書記錄。二月五日，「四點到琉璃廠的火神廟逛書市，買得《甌北集》一部；到勸業場買得小說三部」。【九】二月九日，「買得一部萬曆板的《王龍溪集》，價三十元」。【一〇】二月十一日，「今日是舊曆元宵，為火神廟書市的末一日；我去逛了一遭，買了幾部書：《煙畫東堂小品》十二冊，似是南陵徐氏刻的」，價十二元。「《唐三藏取經詩話》殘本一冊，羅振玉影印的」，價一元。「《〈儒林外史〉評》二卷，二冊」，價一元。

「《四書或問》（朱熹著），價一元」。「《延平答問》（朱熹輯）二卷」，價一元。「《陸桴亭遺書》二十二種，二十冊」，價五元。「劉安世《盡言集》十三卷，四冊」，價一元半。「柳榮宗《說文引經考異》十六卷」，價一元半。【二】火神廟位於地安門外大街萬寧橋西北側、什剎海東岸，是一座道教正一派宮觀。五月三十一日是胡適難過的一天，據其日記載：「今天是舊端午節，放假一天。連日書店討債的人很多。學校四個半月不得錢了，節前本說有兩個月錢可發，昨日下午，蔡先生與周子廙都還說有一個月錢。今天竟分文無着。我近來買的書不少，竟欠書債至六百多元。昨天向文伯處借了三百元，今天早晨我還沒有起來，已有四五家書店夥計坐在門房

【一】《胡適全集》第二十九冊，頁二五六、二五七。
【二】《胡適全集》第二十九冊，頁二七三。
【三】《胡適全集》第二十九冊，頁二九三。
【四】《胡適全集》第二十九冊，頁二九八、三〇〇。
【五】《胡適全集》第二十九冊，頁三〇四。
【六】《胡適全集》第二十九冊，頁三四〇。
【七】《胡適全集》第二十九冊，頁三五六。
【八】《胡適全集》第二十九冊，頁四五五。
【九】《胡適全集》第二十九冊，頁五一一。
【一〇】《胡適全集》第二十九冊，頁五一三。
【一一】《胡適全集》第二十九冊，頁五一四。

裡等候了。三百元一早都發完了。」【一】北大拖發教員薪水，以致胡適出現暫時付不起書債的情形，這天成了他難過的鬼門關。六月二十七日，「前日買得一部嘉應州楊掌生的筆記四種：(1)《長安看花記》，(2)《辛壬癸甲錄》（道光辛卯—甲午，一八三一—一八三四），(3)《丁年玉筍記》（一八三七—一八四二），(4)《寐華瑣簿》。總名《京塵雜錄》，光緒丙戌（一八八六）同文局石印。四種皆記北京男娼的事，中多史料，文筆也不壞」。【二】九月九日，「到中華書局，又到商務印書館參觀新屋，孫伯恒引我參觀一遍」。「買得上海新印出的《曲苑》一部，內有《江東白苧》四卷，是明人梁辰魚的曲集，其中小令也有可看的，但不如元人小令了」。【三】中華書局、商務印書館在琉璃廠分別設有分支機構，胡適與這兩家出版社關係密切。十月五日，胡適記錄了自己的書賬，「這一個節上，開銷了四百元的書賬。南陽山房最多，共二百七十餘元，我開了他一百六十元」。【四】這是一筆不小的開銷。南陽山房具體地址不詳，胡適在《一個最低限度的國學書目》一文中稱：「《四印齋王氏所刻宋元人詞》（王鵬運編刻）原刻本，板存北京南陽山房。」【五】這無疑是一家在北京開設的書店。十月十八日，「飯後去看後宰門的書店，只買得石印的李文田的《元秘史注》及洪鈞的《元史譯文補證》，價六角」。【六】十一月五日，「飯後到商務印書館買書」。【七】十一月二十一日，「到東安市場去買棉鞋，便中買得任公的《王荊公》一冊，偶一翻閱，見他稱引蔡上翔的《王荊公年譜考略》」。【八】

一九二三年十二月十六日，「買書：李見羅《正學堂稿》四十卷，十元」。【九】十二月十八日，

「買書：陳櫟《定宇先生集》十六卷，廿五元」。【一〇】十二月十九日，「買書：石介《徂徠先生全集》二十卷，六元。此為足本」。【一一】

一九二四年一月二十五日「鋼和泰介紹一個蒙古人來。此人帶有藏文《大藏》之《論藏》（Tanjus）全部，我想代大學買下來。他索價一千四百元，我還他八百元。不成而散」。【一二】

一九三〇年十一月胡適重返北大後，因事務繁忙，平時閒逛琉璃廠的時間大為減少，購書地點多改為廠甸，購書記錄只是依稀地出現在他的日記中。一九三一年二月二十二日，「遊

【一】《胡適全集》第二十九冊，頁六三七。

【二】《胡適全集》第二十九冊，頁六六四。

【三】《胡適全集》第二十九冊，頁七四四—七四五。

【四】《胡適全集》第二十九冊，頁七七四。

【五】參見《胡適文集》第三冊（北京大學出版社，一九九八年版），頁九四。

【六】《胡適全集》第二十九冊，頁七九八。

【七】《胡適全集》第二十九冊，頁八二九。

【八】《胡適全集》第二十九冊，頁八三五。

【九】《胡適全集》第三十冊，頁一二九。

【一〇】《胡適全集》第三十冊，頁一三二。

【一一】《胡適全集》第三十冊，頁一三三。

【一二】《胡適全集》第三十冊，頁一五九。

廠甸，見初刻本《恕谷後集》，每篇有評語，是『四存』本的底本。沒有買得，頗悵悵。買得一部合信氏《全體新論》，與哈士烈（赫胥黎）的《體用十章》」。【一】三月一日，「下午，逛廠甸，買得《恕谷後集》，甚喜。還買了幾部小書。有一部是桐鄉陸以湉的《冷廬雜識》，凡八卷，成於咸豐六年。偶爾翻看，頗多有用的掌故」。【二】廠甸位於琉璃廠海王村，每年正月初一到十六在這裡舉辦新春廟會，是老北京最熱鬧的新春廟會，春節期間胡適常到這裡來逛廟會和購書。

一九三五年四月三十日，「買得《史子樸語》，作者史樸夫，名彌大，史浩的兒子」。【三】一九三七年一月八日，「與毛子水同去逛『廠甸』，天已晚了，買了幾本書」。【四】二月二十四日，「與子水同遊廠甸，只到土地祠一處，買了一些雜書：朝鮮本《朱子百選》（朱子的書劄）、《宋詞鈔》（山陽王宮壽選）、初刻本江永註《近思錄》、《諸子文粹》、《左文襄公家書》、楊守敬《晦明軒稿》、劉蕺山《人譜類記》、《千唐志齋藏石目》、《歷代法寶記》（金九經印）、廣百宋齋《封神演義》」。【五】這是胡適最後一次逛廠甸的記錄。

胡適真正花大價錢購買古籍是在一九四六年。這時他正研治《水經注》，盡力搜購《水經注》各種版本。一九四七年十二月二十六日胡適日記載，「今天偶然檢出孫子書先生（楷第）去年春夏間代我收買《水經注》的賬單一紙，抄在下面，作為物價史料」。計有邃雅齋全校本《水經注》、來熏閣《大典本》等七種版本，富晉書社譚刻、趙本（初刻）、來薰閣（項絪本）、文淵閣章刻趙本等三種版本，共十四個版本，總計二十七萬六百四十元。十二月二十七日記又載：「後來我續買到的：趙本，海源閣用沈大成本校，十五萬（？）。趙本（□上初刻，五千。全校〔初刻校改〕），八千。黃省曾刻王氏合校，三十萬。」【六】這是他離開大陸前留下的最後一份購書記錄。為紀念北大五十週年校慶，胡適利用自己搜購的這些《水經注》版本，主辦了一個《水經注》版本展覽。在展出的四十種《水經注》版本中，其中有二十一種出自胡適的收藏。【七】

綜覽胡適在北京（北平）購書的地方有：琉璃廠、廠甸、火神廟書市、勸業場、東安市場、鏡古書店、文奎書店、帶經書店、松筠書店、後宰門的書店、商務印書館、中華書局等。從胡適的藏書看，購書應遠不止上述這些記載，他更多的購書疏於記錄，故不見載。《胡適藏

【一】《胡適全集》第三十二冊，頁六三、六四。

【二】《胡適全集》第三十二冊，頁六九。

【三】《胡適全集》第三十二冊，頁四三六。

【四】《胡適全集》第三十二冊，頁六〇五。

【五】《胡適全集》第三十二冊，頁六二六。

【六】《胡適全集》第三十三冊，頁六六九、六七〇。

【七】參見胡適：《〈水經注〉版本展覽目錄》，收入《北京大學五十週年紀念特刊》（北京大學出版部，一九四九年）。

書目錄》（四冊，廣西師範大學出版社二〇一三年）將一九四八年十二月他離開北平留在家中的中文圖書分為兩部分：普通圖書、綫裝圖書。普通圖書從編號一到二九四八，相當一部分為個人、機構贈送，或為胡適參加各類活動的公務用書，真正為胡適自購的圖書並不多。從贈書數量之多可以看出胡適在學界地位之尊、結交之廣。因為是贈書，故書類繁雜，說不上什麼系統。綫裝書從編號二九四九到五九四一，除了少數民國版的綫裝書是朋友所贈外，絕大部分都是胡適自購，其中以清版古籍居多，明版古籍不過二三十種（裡面若干種係從日本購得），綫裝書的內容如按傳統分類，經、史、子、集均有。按學科分類則集中於文學、史學、哲學，均為胡適為應對自己寫作中國古代哲學史、中國古典小說史、白話文學史使用。羅爾綱和石原皋在他們的回憶中錄都談到胡適的藏書，羅先生對石的回憶雖有辯駁，但都認為胡適購書主要是為研究應用，[一]這並不為錯。

胡適購書、藏書太多，自然存在一個清理、擺放的問題。起初，胡適常常親自動手，一九二〇年五月十九日下午「整理書」。[二]一九二二年五月一日「下午，整理書籍，把哲學史料的書分類歸架。此事不易做，做了半日，還沒有完」。[三]十一月四日「整理書」。[四]後來請人幫忙。胡適在北京四次搬家，其中第二次搬到陟山門，第三次搬到米糧庫，都是由胡適族弟胡成之和石原皋整理搬運。石回憶起搬運過程時說：「胡適的圖書，大多數是在北京收購的。」「我們事先將書架的書和它們的位置都記住，裝在一木箱內，每個箱，編了號碼，搬到新居後，依次打開，照原樣放置」。【五】租房越來越大，當然是與胡適的收入增加、對生活的要求提高有關，但還有一個重要因素就是胡適的藏書快增，對書房的擴充有需求。他在一九二二年七月十五日添租鐘鼓寺十五號房屋時已提到這一點，「房屋稍多，可以多添幾個書架了」。【六】整理書籍可是一件消耗體力的工作。這年十一月九—十五日胡適完成例行的事後，「整理書籍，頗有成效」。但整理書籍時因體力不支，導致身體不適，「病來了！十五夜覺左腳酸痛，理書時竟不能久站；細看痛處在左腳踝骨裡面，面上有點腫」。【七】一九二六年六月十日，胡適致信錢玄同，說到自己喬遷新居——陟山門大街六號，藏書尚沒整理好的窘況：「隅卿借《國子先生集》，我一時竟檢不出來。你知道幾萬卷書被別人替搬動了之後檢書真有多大的困難。這部書因為我不很看得起它，所以翻得一些材料之後就擱置了，書頭也沒有寫，所以更不容易

【一】參見羅爾綱：《師門五年記·胡適瑣記》，頁一〇五—一〇八。石原皋：《閒話胡適》（北京：中國人民大學出版社，二〇一一年），頁一〇九—一一三。

【二】《胡適全集》第二十九冊，頁一七二。

【三】《胡適全集》第二十九冊，頁六一五。

【四】《胡適全集》第二十九冊，頁八二八。

【五】石原皋：《閒話胡適》（北京：中國人民大學出版社，二〇一一年），頁一一〇—一一一。

【六】《胡適全集》第二十九冊，頁六八四。

【七】《胡適全集》第二十九冊，頁八三三。

找。」【一】到北京不到十年，胡適就號稱收藏「幾萬卷書」，可見其搜書、購書之勤。

一九二六年胡適一度離開北京出訪歐美，他的大部分物品仍存放在北京，其中書籍基本上沒有搬走。胡適回到上海教書，需要提取存放在北平的書籍時全憑自己的記憶——胡適稱之為「視覺的心」：

> 我以前在中國公學當校長的時候，人在上海，書在北平，由一位在鐵路局工作的族弟代我管理的。我要什麼書，寫信告訴他這部書放在書房右首第三個書架第四格裡，是藍封面的，叫什麼書名。我的族弟就照我信上說的話，立刻拿到寄來給我。我看了的書，還是在左邊的一頁上，還是在右邊的一頁上，我可以記得。這個叫做「視覺的心」。【二】

一九三〇年十一月三十日胡適重返北平，定居米糧庫。第二天即開始清理物品。十二月一日，胡適驚喜地發現，「理北京存件中，理出任公、宗孟、廖仲愷、朱執信、沈玄廬、李守常諸死友的信，甚喜。又理出我和獨秀爭論《新青年》移北京編輯事的來往信件一束，此事甚有關近年思想史，我幾乎記不起此中曲折情形了。」【三】這是一次意外的收穫。十二月二日，「與爾綱理北京存書，至深夜始已」。【四】羅爾綱也憶及他隨胡適一家到北平後，幫助打理胡適藏書的情景：「我初到北平的工作，是整理適之師的藏書。適之師的藏書，一部分在上海，一部分存在北平。上海的運來了，北平的也要開箱。在書房前的大廳上，縱橫的陳列着約二十個書架，適之師指點我把那些書籍分類放在書架上。」【五】南北藏書合為一體，胡適坐擁書城，生活、工作漸入佳境。曾造訪過胡宅的知名記者徐凌霄對米糧庫四號做過如是描述：「紫城之北，景山之右，風物清妍，境地幽僻。有山林之佳淑，無車馬之煩喧。博士之居在焉。名園清曠，大可十餘畝，彌望皆奇石短松，饒蒼古之趣，遙望紅樓一角。」「層樓廣廈，多用以庋藏典籍，約百餘架，周密嚴整，或如墉垣，或如畫屏，古所謂『坐擁書城』，今乃親見之。西裝書分量之重與綫裝書版本之大，並足以見搜羅之富，書味之濃」。徐凌霄很詫異，這麼多書胡適如何從上海搬來？胡適答曰：「吾在滬時，只擇手頭缺用小部分向平寓索寄。及返平，又並在滬所添置者攜回，海關過磅，已一萬五千斤矣。視平寓所儲，猶什一耳。」【六】在外人看來，這是一處

【一】《胡適書集集》上冊，頁三七六。

【二】胡頌平：《胡適之先生晚年談話錄》（台北：聯經出版事業公司，一九八四年），頁二三八、二三九。

【三】《胡適全集》第三十一冊，頁八二三。

【四】《胡適全集》第三十一冊，頁八二三。

【五】羅爾綱：《師門五年記．胡適瑣記》，頁一一三。

【六】徐凌霄：〈訪胡記〉，收入北京市政協文史資料委員會編：《名人與老房子》（北京：北京出版社，二〇〇四年），頁一七八、一七九。

能夠體現胡適身份的真正理想的大師級學者豪宅兼書齋。

抗日戰爭爆發後，胡適的藏書打包裝箱，運到天津，保存在浙江興業銀行倉庫，「幸而浙江興業銀行保管得好，沒有遭受損失」。【一】有關自己藏書的保管、託運，胡適在《致江冬秀》信中多次加以交代：

> 我的書都運到了天津，我很放心。
>
> 你們最好還是暫時住天津再說。書也不必搬走，存在堃生分行庫裡最妥當。（一九三七年十一月二十九日）
>
> 你說我的書有一個書目，有三百頁之多。請你僱一個人把這書目抄一本，寄給我，我就可以用這書目了。單有一本書目是不夠用的。抄書目的事，可以同洪芬兄商量，或伯遵兄商量，不必惜費，越快越好。
>
> 書籍存在天津，沒有搬來上海嗎？如沒有搬來上海，可不必搬了，一切可聽竹堃生兄處理。（一九三八年二月二十一日）
>
> 書目的事，此時不必抄了。存在天津最好，不必去搬了。（一九三八年六月二日）
>
> 這些書，我在醫院時，看了書目，挑來挑去，總不能決定。現在費了兩個早晨的工夫，挑出這十五個書箱。

北平出來的教書先生，都沒有帶書。只有我的七十箱書全出來了。這都是你一個人的大功勞。我想來想去，總想搬出這些書來到美國。請你同竹先生商量。運費若干，不必嫌貴。竹先生可以同沈昆三商量，總有法子運出。（一九三九年四月二十三日）

現在天津的書怕沒有法子搬了。我已託竹先生的朋友 C.V.Starr 想法子。

第一要緊，把書運到上海。

第二，把我的稿子、日記，老太爺的日記、稿子，全託人帶到美國來。

第三，我要的那十五箱書，可託竹先生設法。能運來美國，也是保全的一個法子。可交轉運公司用 freight 裝來，運費不至太貴。

我不是要用這些書，只是因為你費了心血把書救出北平，我總想搬一部分到美國來，免得一齊毀了。其實我那有工夫用這些書。我的意思是，能保全多少，就是多少。

運書的方法，最好是託竹先生的朋友 Starr 的公司去辦，最可靠。千萬不可叫小二去辦。（一九三九年六月二十五日）

稿子、日記、文件裝箱寄，最好。多謝你的勞心。請你代謝竹先生等。（一九三九年七月三十一日）

【一】參見石原皋：《閒話胡適》，頁一一一。

> 我的書，沒有浸水，我很高興。（一九三九年十一月十六日）
>
> 我的書箱，也是託他（指Starr，作者按）照管的。見面時，你代我謝謝他。（一九四〇年六月二十五日）【二】

胡適雖遠隔重洋，但對自己的「心肝寶貝」（江冬秀語）卻極為關切，他幾乎對每一個細節都叮囑江冬秀如何處理。他的藏書先交竹垚生存放在興業銀行分倉庫，抄有一冊長達三百多頁的書單。一九三九年七月將其中的手稿、日記、文件裝成十五箱託Starr運往美國。而江冬秀的信則透露，胡適的藏書起初裝箱六十九箱，放在興業銀行分倉庫，每月需交二十元租錢，寄給胡適的手稿和文件裝成十五箱運往美國，花銷運費一千多元。【三】

一九四六年夏，胡適回到北大，這些圖書又跟着他搬到東廠胡同一號。一九四八年十二月十五日胡適匆匆搭機離開北平，未及帶走自己的家私，只是便攜兩本書稿：一本是他父親胡傳遺稿的清抄本，一本是乾隆甲戌本《紅樓夢》——《脂硯齋重評〈石頭記〉》。按照他一九五七年六月四日立下的遺囑，將保存在北平交由北大圖書館保存的一百零二箱書籍饋贈給北大圖書館。胡適藏書渡過重重刼波，如今安然存放在北大圖書館「北大文庫」，這樣的歸宿也算是對逝者的慰藉吧！

五、胡適的業餘娛樂和運動

胡適有一句名言：「我的一個朋友對我說過一句很深刻的話：『你看一個國家的文明，只消考察三件事：第一，看他們怎樣待小孩子；第二，看他們怎樣待女人；第三，看他們怎樣利用閒暇的時間。』」[三] 他還說：「凡一個人用他的閒暇來做的事業，都是他的業餘活動。往往他的業餘活動比他的職業更重要，因為一個人的前程往往全靠他怎樣用他的閒暇時間。」[四] 胡適重視對閒暇時間的利用，他利用閒暇所作的保健和娛樂活動有：洗浴、打球、公園散步、爬山遊覽、看戲、打牌。下面我們逐項來加以介紹。

洗浴、打球 一九二〇、三〇年代，北京澡堂業興盛，人們去澡堂洗浴以為潔身健體之用，胡適有此愛好。在工作緊張之餘，他會抽暇去泡澡堂，在他的日記中，常常留有「洗浴」的

【一】耿雲志、歐陽哲生編：《胡適書信集》中冊，頁七三九、七四六、七五〇、七七六、七八二—七八三、七八八、七九六、八一三。

【二】參見江冬秀：〈致胡適〉（一九三七年十月二十八日、一九三九年五月二十四日），收入陳漱渝、李致編：《一對小兔子——胡適夫婦兩地書》（長沙：湖南教育出版社，二〇〇六年），頁一二三、一七三。

【三】〈慈幼的問題〉，《胡適文存三集》。收入《胡適文集》第四冊，頁五八七。

【四】《胡適文集》第五冊，頁四二五。

記載。【一】一九一八年二月十八日，北大開學第一天，胡適上了一天課後出城，先到照相館取照片，然後「出城洗浴。吃了一大盤蝦仁炒麵當夜吃。又到績溪會館去坐了一刻，便回來睡了」。【二】就這樣新的學期開始了。四月十六日，他寫信告訴母親，「今天下午出城洗了一個浴。這幾天忙得很，連洗浴的工夫都沒有。」【三】洗浴似乎成為他日常的習慣行為。一九二一年三月十八日「因足傷，久不洗浴，今日洗浴，也是一件快事」。【四】六月二十九日他到升平園洗浴，【五】這是北京一家高檔澡堂，魯迅亦曾光顧此處洗浴。西升平在觀音寺，東升平在楊梅竹斜街，關有專門盆堂，價目在五角到一元。【六】如此高的價格，自然不是普通人消費的場所。有時他也與朋友結伴去洗浴健身，七月十二日他「與一涵同去洗浴，浴後同至大欲社打球」。【七】胡適有時出城洗浴，一九二二年五月二十七日他「出城買帽子、洗浴。一個月沒有出城了」。【八】根據美國社會學家甘博先生對北京澡堂業所進行的調查，「澡堂是北京人娛樂生活的一部分，人們除了在這裡洗澡休息以外，還把它當成朋友之間聯絡感情、進行社交的地方。許多男人，當他們遇到比較重要的事情需要相互商量時就去澡堂，先洗澡，然後再商量事情」。「這些澡堂的經營運作都是奉公守法的，它們與妓院毫無瓜葛」。【九】

胡適健身的主要方式之一是打球。他是行健會的會員，據朱啟鈐《中央公園建置記》載：「設行健會於外壇東門馳道之內，為公共講習體育之地。」又據《北京市志稿》，中央公園「迤東為研究古建築機關中國營造學社舊址，今為國醫職業分會；北有行健會，為講習體育之所」。【一〇】一九一九年十一月二十四日胡適日記載：「行健會為科學社事，到者十人，決定在下星期日開成立大會。」【一一】行健會會員似為科學社的骨幹。一九二一年五月十六日胡適與顏任光同去中央公園，恰遇天下大雨，他們「到行健會躲雨」，遇見楊景蘇，胡適與楊一起打球，晚上「十時半歸」。【一二】六月二十八日胡適與陶孟和一家到中央公園吃飯，飯後大雨，他們「同到行健會打球避雨，到夜深才歸去」。【一三】胡適日記中留有多處「打球」的記錄，如一九一九年

【一】《胡適全集》第二十九冊，頁三七、八二、一四七、一六三、一八五、一九九。

【二】《胡適書信集》上冊，頁一二八。

【三】《胡適書信集》上冊，頁一五三。

【四】《胡適全集》第二十九冊，頁五四五。

【五】《胡適全集》第二十九冊，頁三二七。

【六】參見馬芷庠著：《老北京旅行指南》（北京燕山出版社，一九九七年），頁二七五。

【七】《胡適全集》第二十九冊，頁三五七。

【八】《胡適全集》第二十九冊，頁六三三。

【九】Sidney D. Gamble, *Peking: A Social Survey* (New York: George H. Doran Company 1921).p232.

【一〇】《北京市志稿》第一冊（北京燕山出版社，一九九八年），頁五八七。

【一一】《胡適全集》第二十九冊，頁二〇。

【一二】《胡適全集》第二十九冊，頁二五二。

【一三】《胡適全集》第二十九冊，頁三二六。

十一月十五、十九、二十、二十四、二十七、二十九、三十日，十二月二、四、五、七、八、十四、十五、十六、十八、二十、二十二日。一九二〇年一月八、十三、二十五、二十八，二月三、十三、二十、二十一、二十二日，三月十、二十、二十四日，四月三、二十四日，五月九、十三日，六月十二日，八月二十八日，九月十四日。胡適打的是什麼球呢？檯球（桌球）、地球、高爾夫球。胡適打球的地點有時出城，更多的時候是在中央公園，公園裡闢有高爾夫球、網球場。一九二一年五月二十三日「夜與原放、一涵出城到第一樓打球」。【一】六月二日下午「飯後打球一盤」。【二】六月二十四日，「下午，與二哥到公園，遇着景蘇、梁和鈞，同吃飯。飯後與景蘇、和鈞、王兼善同打球」。【三】九月十日「與任光同去打球」。【四】十一月十二日「玩公園。晚赴夢旦邀吃飯。飯後與一涵再到公園打球」。【五】一九二二年二月七日晚「飯後與文伯打檯球兩盤，居然勝了他」。【六】二月十二日中午飯後，與費家祿、王撫五同去公園打了一點半鐘的球。【七】六月七日「與文伯遊公園，打球一點鐘」。【八】六月十二日「下午，開教務會議。與任光、孟和打球」。【九】打球既是胡適的一種健身方式，也是他與朋友消遣的一項活動。這項活動可能一度在京城的新派知識分子中比較流行，據載：「檯球、地球、高爾夫球等，皆係鍛煉身體運動之良具。教育界多喜之，球技亦較嫻熟，普通人民不與焉。近年各球房為營業競進計，多添女店員，陪同打球。顧客中亦多有醉翁之意不在酒者，故營業發達與否，恆視女侍者之優劣為轉移。」【一〇】原來打球還隱藏玄機。胡適日記中一九一八——一九二三年間常常出現這方面的活動記載，以後就沒有了。一九三一年八月十日，胡適日記又載，「同在君的七弟及瀛兒打網球，我十六年不曾打網球了。打的渾身是大汗」。【一一】由此語可推斷，胡適大概在留美時期打過網球。

除了打球，胡適還做體操、舉啞鈴。一九一八年五月十一日他致信母親：「前天出去買了一對九磅重的鐵啞鈴，回來做體操出了些汗，身體也爽快些。用心思的人若不運動身體，最易得病。這幾天但鼻孔尚不通，別的病都沒有了。」【一二】

一九二二年四月二十三日北京大學舉行運動會，胡適充當評判員。這天胡適的「精神很

【一】《胡適全集》第二十九冊，頁二六七。
【二】《胡適全集》第二十九冊，頁二八一。
【三】《胡適全集》第二十九冊，頁三二〇。
【四】《胡適全集》第二十九冊，頁四五〇。
【五】《胡適全集》第二十九冊，頁五〇〇。
【六】《胡適全集》第二十九冊，頁五一二。
【七】《胡適全集》第二十九冊，頁五一五。
【八】《胡適全集》第二十九冊，頁六四七。
【九】《胡適全集》第二十九冊，頁六五四。
【一〇】馬芷庠：《老北京旅行指南》（北京燕山出版社，一九九七年），頁二七九。
【一一】《胡適全集》第三十二冊，頁一三八。
【一二】《胡適書信集》上冊，頁一五八。

好」，後來還乘興參加了教職員的半英里賽跑。《北京大學日刊》特出增刊，胡適應約撰稿〈我對於運動會的感想〉，「希望許多同學都來這運動會場上嚐嚐少年的高興，把那斯文的老景暫時丟在講堂上或寄宿舍裡！」

看戲　看戲是胡適娛樂的主要方式。胡適早在上海求學時期，就養成了看戲的習慣，他第一次赴京趕考的一個月期間，因忙於考課沒有看戲，也不忘留下一筆。「在北京一個月，我不曾看過一次戲。」【一】這大概是他當時忍耐的限度。

胡適來北大任教之初，因工作繁忙，無暇看戲。來京後第一次看戲是在一九一八年四月二十六日，當天他致信母親：「今天有一位朋友請我看戲，看的是名角梅蘭芳的《玉堂春》，我自從回到北京直到如今，不曾看過一次戲，都因為太忙之故。勝之在京，我也沒有工夫陪他遊玩，心甚不安。」【二】也許是梅蘭芳的京戲重新點燃起胡適對戲劇的熱情，一週後他又盡興地玩了一晚。「今天六點鐘起來，忙了一天。晚上不高興在家讀書，坐了車出城，到會館裡拉了同鄉章君去遊新世界（北京新開的遊戲場），看人打桌球，又看了兩套戲法，又去聽北方的大鼓書、南方的灘簧，到半夜才回來。我最不愛玩，今天實在不耐煩，故玩了一夜，倒覺得很高興。」【三】這算是一次對京城夜晚娛樂生活的考察。

胡適是戲劇改革的提倡者，一九一八年十月十五日在《新青年》第五卷第四號上發表過《文學進化觀念與戲劇改良》。因此，每當新劇上演，他常出面捧場。他評論當時北京、天津的新劇界：

北京也沒有新劇團。天津的南開學校有一個很好的新劇團。他們所編的戲，如《一元錢一念差》之類，都是「過渡戲」的一類，新編的一本《新村正》，頗有新劇的意味。……以我個人所知，這個新劇團要算中國頂好的了。[四]

胡適回國第一次看外國戲可能是在一九二〇年二月十九日，當天胡適日記寫道：「看戲Pavilion」。「看戲 Up in Mabel's Room，是一本很好的 farce。」[五] 畢善功（L. R. O. Bevan）是胡適熟識的一位英國朋友，兩人常常約會。他在北大任教，教過英國戲劇，對戲劇頗有雅興。胡適日記載，一九二一年六月十日「夜間，畢善功先生請我看戲。北京新到一個英國戲班，名 Waring Co.，有四天的演戲。今天演的是小仲馬的《方便的結婚》（*A Marriage of*

【一】《胡適文集》第一冊，頁九一。

【二】《胡適書信集》上冊，頁一五五。

【三】《胡適書信集》上冊，頁一五六——一五七。

【四】《胡適書信集》上冊，頁一九九。

【五】《胡適全集》第二十九冊，頁九〇。

Convenience），寫法國十八世紀中葉的風俗，頗使人發笑。有幾個人做的很不壞。我自從八年除夕去看過一回英國戲，一年半沒有看外國戲了」。【二】一九二二年二月十六日，畢善功又邀胡適看北京美術會會員演劇。是夜共演兩齣獨幕劇：第一折為愛爾蘭詩人伊慈（Willam B. Yeats）的《如願之鄉》，第二折為蘇格蘭文人裴里的《羅刹林》。胡適評論第一折「戲文是韻文的，情節又帶神秘主義，不甚可觀」；第二折「戲情既佳，做工也極好」。【三】五月三十日，「畢善功邀去看 American College Womens'Club 演的新劇：（1）Suppressed Desires, a farce by Sussan Glaspell；(2)Alice Sit by the Fire, a comedy by J.M.Barrie，第二本尤好，我很高興」。【三】

克羅茲將軍（General William C.Crozier）畢業於美國西點陸軍大學，第一次世界大戰時期曾任美國兵工署署長，退休後「每年同他的夫人總來北京住幾個月」，胡適成了他們的忘年交。【四】一九三一年十一月十三日，胡適與丁文江共赴克羅茲將軍的晚餐，飯後同聽海費茲（Heifetz）的提琴獨奏。胡適大為感動，「此君在今日算是最偉大的提琴家，我今天聽他奏琴，雖不懂此道，也極傾倒」。【五】胡適偶爾對外人表演的劇目表示不滿，一九三四年四月二十四日晚上，他去看 Vinceng Hundhansen（洪濤生）譯的《琵琶記》的德文本的公演，共摘出八幕，原本四十二齣，看完後，胡適以為「真是笨的可以了！如此摘演，已很夠了」。【六】

有些外國戲劇團來京表演節目，胡適甚至出面為其做廣告。一九二三年四月十九日他致信《晨報》副刊：

平安電影戲園在這幾天之內有一個班得曼戲班要演四晚的新戲，戲目如下：

四月二十日 The Man from Toronto

四月二十一日 The Second Mrs. Tanqueray（第二個湯格雷夫人）

四月二十三日 The Bat

四月二十四日 Abraham Lincoln（林肯）

（每晚九時十五分開幕）

第二種是 Pinero 的名劇，似乎有人譯過。第四種是 Drinkwater 的名劇，沈性仁女士曾譯為世界叢書之一。

我很盼望國中提倡新戲的人多看西洋人演做的新戲。因為我不能不承認國中所謂新戲實在不很高明。然而這種缺陷不是筆墨討論能補救的，只有多讀好戲，多看好戲，或可使

【一】《胡適全集》第二十九冊，頁三〇一。

【二】《胡適全集》第二十九冊，頁五一九。

【三】《胡適全集》第二十九冊，頁六三七。

【四】參見《胡適文集》第七冊，頁四七六。

【五】《胡適全集》第三十二冊，頁一五八。

【六】《胡適全集》第三十二冊，頁三五八。

一班新劇家得點借鏡的材料和反省的機會。【一】

胡適有時觀看本國上演的新戲或電影，但大多點評不佳。一九二一年十月五日他的日記寫道：「到南園吃飯。飯後到江西會館看漢調的戲。戲也不見好，我就早走了。我現在真沒有耐性看這種鸚鵡式的戲。」【二】表現出少有的不耐煩的做派。一九二二年二月十八日，「夜到模範講演所，赴國語運動遊藝大會。我演說《國語為什麼應該研究》。是夜有中華書局編的國語獨幕戲一種，用《探親家》的調子，實在可笑得很」。【三】十月三十日晚，胡適與黃國聰去開明劇場觀看上海新亞公司新演出的《紅粉骷髏》。看後不禁失望，「此影是袁克文編的，情節絕無道理，幼稚的很」。【四】但也有一次例外，一九三一年七月十一日晚上，胡適去北平小劇院看公演趙元任譯的《軟體動物》。對此劇，胡適評價甚高：「這是小劇院的空前大成功。扮演的四人之中，馬靜蘊女士扮白太太，姿態好極了；顧曼俠女士扮羅小姐，也很好。兩位男角，鄧承勳與王麟君，稍遜，但也很賣氣力。元任譯此劇，成績最大。」【五】第三天，他撰寫劇評《「軟體動物」的公演》，大力推介此劇。

胡適有時也與戲劇界的名流切磋。梅蘭芳訪美前，曾向胡適討教過，兩人因此結下了情誼。一九三一年七月二十七日，李釋戡邀請胡適吃飯，席上有梅蘭芳、余上沅、熊佛西諸人。大家暢談戲劇。胡適建議：「北京可設一國立劇場，用新法管理，每週開演二三次，集各班之名角合演最拿手的好戲，每夜八點半到半夜止。每人有固定的月俸；其餘日子不妨各自在別處演戲賣藝，但此劇場例定開演日子他們必須來。其餘日子，劇場可借作新劇試演及公演場。」【六】為在北京開設劇場出謀劃策。

隨着兩個兒子年齡的增長，胡適盡其為父之責，陪小孩看戲也成了生活的一部分。一九三四年一月二十七日，「同祖望、思杜去看電影 Real to life，是蘇俄的影片，寫一群流浪的無賴孩子，被一個大教育家收去做工；先在工廠做工，後來這班孩子築成一條鐵路。這裡面有一種教育哲學：做工是教育，是生路。片子很動人，有力量。音樂也極好。說話很少」。【七】這是我們僅見的胡適讚揚蘇聯電影的文字。一九三五年最後一天，「實秋送了兩張戲票，我與小三看《仲夏夜之夢》（莎翁原著，Felix Mendelssohn's Music, Max Reinhardt 導演），演得甚

【一】《胡適書信集》上冊，頁三一二—三一三。
【二】《胡適全集》第二十九冊，頁四七八。
【三】《胡適全集》第二十九冊，頁五二一。
【四】《胡適全集》第二十九冊，頁八二二。
【五】《胡適全集》第三十二冊，頁一一七。
【六】《胡適全集》第三十二冊，頁一三〇。
【七】《胡適全集》第三十二冊，頁二九二。

好。這一年就在這《仲夏夜之夢》裡過去了！」【一】顯然，胡適帶小孩去看電影或看戲劇，都是選擇具有教育意義的劇目。

石原皋回憶：「北京最漂亮的電影院僅有真光電影院，院址在東長安街，主要是放映外國影片，胡適去看的，偶爾也看一看中國的影片。」【二】證之胡適日記，至少有過四次去真光看戲的記載。第一次是一九二一年十一月六日，胡適與張慰慈、王徵、金岳霖下午在張家打牌，「晚上與他們同到真光去看俄國戲班的遊戲的歌劇」。【三】第二次是一九二二年三月五日晚上，胡適與張競生去真光影院觀看達洛夫的俄國輕歌劇團（Daroff's Russian Light Opera Co）演奏 *The Sinful Vestal*。胡適評論道：「這種戲的情節與演奏，與中國舊戲有同樣的幼稚。但音樂方面，他們遠勝我們了。扮 Vestal 的 Miss Rootkovskaia 唱的最好。」【四】第三次是一九二三年四月六日，「下午到真光劇場去看女高師學生演戲，演的是《懶婚》，即是套着電影『*Way Down East*』敷演出來的。演的真壞極了；生平不知『肉麻』是怎樣的，今天真有此經驗了！第十一幕稍好，我趕快走了。近年新劇實在糟極，我們竟無法分身出來做點救濟的工夫，實在可愧。」【五】第四次是一九二四年一月十三日，「進城後，與冬秀、仰之、成之同在真光看《茶花女》（*Camille*）影戲，悲楚動人，鄉間養病一幕尤佳。全劇至馬克抱漫郎攝實戈而死，即閉幕，剪裁也還好」。【六】

石原皋還提到胡適有過去同樂園看戲的經歷：「胡適不會唱歌，也不會唱戲，但戲還是要看的，無論京戲、昆曲、話劇等等，他都看的。他不是戲迷，也不捧什麼藝人。」「到北京後，他也到同樂園看過韓世昌的《遊園驚夢》、陶顯庭的《山門》、侯益隆的《闖帳》。但他特別讚賞的是京劇名坤孟小冬的演出。」【七】胡適讚賞孟小冬的情節並不見載於他的文字，但去同樂園看戲確有其事。一九二一年五月二十九日下午三點，胡適到同樂園看戲。同樂園是當時北京僅存的三個老式戲園之一。胡適以為它有三點可記之處：「（1）不賣女座。（北京稍新之戲園，樓上包廂均賣女座。）（2）正廳只設長條單板，板之兩旁為座位，看客皆東西向坐，側身北向，方可看戲。（3）包廂劣極，只有單凳，凳面約有三寸闊！包廂如此，餘座可想。」【八】

胡適擔任北大校長期間，緊張的工作完全佔滿了他的時間，故這時期未見有他在北平看戲或進電影院的記載。一九四九年二月二十一日胡適與朱經農夫人、梅貽琦同去看電影《與父

【一】《胡適全集》第三十二冊，頁五三八。

【二】石原皐：《閒話胡適》（北京：中國人民大學出版社，二〇一一年），頁一〇八。

【三】《胡適全集》第二十九冊，頁四九六。

【四】《胡適全集》第二十九冊，頁五三一、五三二。

【五】《胡適全集》第三十冊，頁七。

【六】《胡適全集》第三十冊，頁一五三。

【七】石原皐：《閒話胡適》（北京：中國人民大學出版社，二〇一一年），頁一〇七。

【八】《胡適全集》第二十九冊，頁二七一、二七二。

親一起生活》(*Life with Father*),他自白「我三年不看電影了」。三月九日又去看電影《瘋狂》(*Possessed*),胡適與男主角 Raymond Massey 相識。[一] 這時他閒居滬上,顯然是藉此打發時光,聊作消遣。

胡適不會跳舞,但有時被朋友拉去陪觀。[二] 一九三〇年十二月六日晚上,他去德國醫院看望生命垂危的朱我農,走出醫院,「到六國飯店,赴扶輪社年宴,主賓男女二百人,歡欣笑舞,與頃聞所見朋友垂死、家人暗泣的慘狀,如同隔世。這便是人生了!」[三] 一九三一年三月二十日「在東興樓吃飯,客為 Miss M.G.Jones。飯後與志摩、鄭穎孫同到東安飯店的白宮舞場看跳舞。北京近二年中跳舞場開了不少。前門外的妓女有改業做舞女的」。[四] 一九三四年除夕胡適在上海舞廳所見的另一幕,讓他大跌眼鏡。「到百樂門,看見宋子文、顧少川、陳光甫、李銘、夏小芳諸人。在那個狂樂的跳舞場上,誰也不感覺空前的經濟大恐慌逼人而來,誰也不感覺國家的絕大危險即在眼前!」[五] 上層社會紙醉金迷般的生活,着實讓胡適感到震驚。抗日戰爭爆發前的六七年,上海、北平這些大城市的中上階層盡情地享受南北統一後短暫的「太平」日子,對即將到來的中日大戰似心不在焉。

打牌 打牌作為一般性消遣,在廣大民眾中頗為流行,胡適太太江冬秀別無他好,在牌座上算是一個行家裡手。石原皋接觸胡適時,「沒有看見他打撲克,打麻將是偶一為之」。[六] 胡適的確說不上愛好麻將,但在家裡三缺一時,陪夫人玩上幾局也是常有之事。在他的日記中,我們不乏看到打牌的記錄。一九一九年十一月二十、三十日，一九二〇年二月二十二日，三月四、二十七日都有「打牌」的記載。一九二一年六月十六日，「晚間，與冬秀等打牌」。【七】一九二二年二月六日「夜與冬秀、一涵、洛聲玩牌」。【八】十二月二十四日「下午回家，家中有客打牌，我也打了幾圈。」一九二三年六月二十八日「下午冬秀與幾位女親戚打牌，我也打了四圈」。【九】九月二日，「與芷舲、子慎、香谷打牌。久不做此事了；近來太忙，每日做十幾點鐘的工，很想休息，又不得休息」。【一〇】這種情形似乎維持到一九三〇年代，一九三四年四月三

【一】《胡適全集》第三十三冊，頁七一七、七二一。

【二】一九三四年二月八日胡適與徐新六到百樂門，自稱：「我不會跳舞，看他們跳舞。」參見《胡適全集》第三十二冊，頁三〇三。

【三】《胡適全集》第三十一冊，頁八二六。

【四】《胡適全集》第三十二冊，頁九六、九七。

【五】《胡適全集》第三十二冊，頁四〇六。

【六】石原皋：《閒話胡適》（北京：中國人民大學出版社，二〇一一年），頁一〇六。

【七】《胡適全集》第二十九冊，頁三〇九。

【八】《胡適全集》第二十九冊，頁五一一。

【九】《胡適全集》第二十九冊，頁六六六。

【一〇】《胡適全集》第二十九冊，頁七三五。

日「到張麗門家吃飯，打了幾圈牌」。【一】一九三四年六月十日「竹垚生邀在君、汪伯潛與我打牌」。【二】參加牌局，胡適多為被動加入。

胡適玩牌純為消遣娛樂，並不賭博狎妓。一九二二年二月十日，胡適應嚴敬齋之約吃飯。「席上一班都是俗不可耐的人。吃了飯，他們便大賭，推三百元的牌九，一點鐘之內，輸贏幾百！我與文伯、淮鍾又不便就走，只得看他們賭。……和這一班人作無謂的酬應，遠不如聽兩個妓女唱小曲子！」【三】一九二三年五月三十日當胡適聽說高一涵娶一個妓女做老婆，因高一涵與他同住一院，怕妻子江冬秀嫌棄，一方面特別寫信囑咐江冬秀，希望「他善待此女」；一方面「另作一信與一涵，勸他新娶之後，戒絕賭博，多讀書，繼續學問的事業」。【四】算是盡了一個知心朋友的情分。

京城的娛樂生活到民國時期已一分為二：傳統的娛樂方式有看京戲，聽說書，觀賞歌女演唱、賽馬，逛妓院，宴飲茶敘；新式的娛樂方式有打球（檯球、桌球、網球、高爾夫球），看電影、歌劇、話劇，遊覽公園，泡澡堂。由於娛樂方式不一，因此傳統與新式的娛樂空間也不一樣，娛樂群體遵循「物以類聚」的原則大體分成傳統（舊派）與新式（新派）兩類，胡適屬新派這一類。關於自己的業餘娛樂消遣，胡適有一段自白：「我的天性不能以無事為休息的；換一件好玩的事，便是休息。打球打牌，都是我的玩意兒；但『打茶圍』——坐在妓女房裡，磕瓜子、吸香煙，談極不相干的天——於我的性情最不相近。在公園裡閒坐喝茶，於我也不相宜。」【五】他的性情比較近於打球、打牌、洗浴這類活動，這些活動除了具有娛樂消遣的效果，還帶有社交、會友甚至公共交往的功用，胡適的業餘活動比人們想象的確要豐富，他過的主要是新式的娛樂生活。

六、胡適在北京的日常社交活動

胡適不是純然書齋裡的學者，他有自己關懷社會的一面，今之所謂公共知識分子。作為「公知」的胡適，除了在公共論壇的媒體，諸如報紙、雜誌發表言論外，還以其廣泛的社交活動涉足於世，發揮其對社會影響的作用。

敘鄉情、攀宗親、講祖籍，這是宗法社會的傳統規則，也是闖盪異鄉的首要可靠社會關係。佈滿京城的大小各地會館，是來京各地人士的聚會場所，也是構織社會關係的重要網絡。

【一】《胡適全集》第三十二冊，頁三四四。
【二】《胡適全集》第三十二冊，頁三八一。
【三】《胡適全集》第二十九冊，頁五一三。
【四】《胡適全集》第三十冊，頁一九、二〇。
【五】《胡適全集》第二十九冊，頁七三五。

胡適的社交圈首先是安徽同鄉。在他來北京的前幾年日記中，多處出現其出入績溪會館的記錄。一九一九年十一月十三日，「會館」。【一】一九二〇年二月十九日，在預算欄「算會館賬」。【二】二月二十一日，在預算欄「算會館賬」。【三】三月二十三日，「出城至會館」。【四】五月二十四日，「出城到績溪會館，胡開文、金仍珠（還）先生家」。【五】七月六日，「在明湖春請績溪同鄉吃飯。到者十六人。天忽大風暴雨，為今年最大的雨。」【六】績溪會館位於原宣武區椿樹上頭條一號院，由徽商出資籌建。據傳，胡適父親胡傳一八八一年赴京趕考時曾寄宿於此處，並為會館捐過款。胡適常在此處設宴招待同鄉，其日記中出現的「算會館賬」應是他償還飯局欠款的記錄。胡適與江冬秀結婚後，一九一八年三月九日胡適「在會館中請北京的同鄉吃喜酒，大約有兩桌人」，【七】隨後被推任會館董事（館長），同時兼任績溪旅平同鄉會會長，任職達二十年之久。【八】顯然，胡適之被推為董事，無非是他作為京城績溪同鄉會人中「豪傑」，擁有廣泛的人脈，具有吸納、號召、凝聚績溪同鄉的領導能力，同時還須承擔相應的經濟責任。一九二一年十一月六日，胡適與胡煦卿、章洛聲「同去看新修的績溪會館義園。地點在崇文門外，乃乾隆時所置辦」。「此次費去二百四十元左右」。【九】一九二六年三月四日江冬秀《致胡適》信中提及績溪會館的事項表露出厭煩的情緒：「你徽州會館快到交的日期了。你究竟怎樣辦，你要決定辦法。績溪會館，又要到請客日期了，你究交不交？秀之走了，到天津去了，成之不敢到會館去，我是不去。閆海母親時時來說，這個要修房子，他個要做門，這個要裱糊。你這個會館到底怎樣辦，我實在替你着急。我想我進你家的門，只故（顧）自己快樂，弄到人人忌狠（恨），自己又不明白，還要愛管不相干的事。」【一〇】顯然，應對會館的各種事宜和費用並不簡單。據一九三六年四月十八日章希呂日記載：「適之兄管績溪會館管了二十年，今年辭去，所有賬目及賬簿擬為他順序理一清單，以備移交。」四月二十六日又載：「費了十餘天工夫，把適之兄所管績溪會館賬目從六年十二月到十五年六月理出一個頭緒。他是無工夫管這種事的，賬中不免有用去而忘記登記的，所以他管會館不免要賠錢。」【一一】會館賠錢大概需要胡適自掏腰包來解

【一】《胡適全集》第二十九冊，頁九。

【二】《胡適全集》第二十九冊，頁九〇。

【三】《胡適全集》第二十九冊，頁九二。

【四】《胡適全集》第二十九冊，頁一二三。

【五】《胡適全集》第二十九冊，頁二六七。胡開文為製造、經營徽墨的墨店，胡適喜用胡開文的墨，故常往該店。

【六】《胡適全集》第二十九冊，頁三四八。

【七】參見〈致母親〉一九一八年三月八日，收入耿雲志、歐陽哲生編《胡適書信集》上冊，頁一三七。

【八】參見曹立先：〈胡適與北京績溪會館〉，載《北京青年報》二〇一三年一月三十日。

【九】《胡適全集》第二十九冊，頁四九六。

【一〇】收入陳漱渝、李致編：《一對小兔子——胡適夫婦兩地書》，頁六一、六二。

【一一】〈章希呂日記〉（摘錄），收入顏振吾編：《胡適研究叢錄》（北京：生活．讀書．新知三聯書店，一九八九年），頁二六九、二七〇。

決，這是他作為「董事」的職責。一九二四年一月十九日在安徽會館舉行了紀念戴震誕辰兩百週年演講會，胡適主席、梁啟超等六人出席並演講，【一】這是一次震動京城學界的文化活動。

胡適的第二層重要社會關係是他留學歐美的同學，在這個圈子裡，他是活躍的一員。北京是聚集歐美留學歸來學人最多的城市，來京的「海歸」將在異域養成的生活方式帶回國內，成立具有各種不同功能的社團組織或機構。如歐美同學會、科學社、文友會、中美協進社、孔德學校等，胡適是活躍在這些社團的積極分子。

文友會是一個主要由在京西方人士和留學歐美的中國學人組成的社團，胡適是這個組織的會員。一九二〇年一月十七日晚上「文友會講演。文友會餐」。【二】一九二二年五月二十七日「文友會在來今雨軒開會，到者二十七人，鋼男爵（Baron Stäel-Holstein）演說『什麼是佛陀傳說中的歷史部分』（What is historical in the Buddha legend?）。鋼先生是俄國第一流學者，專治印度史與佛教史。」【三】六月十四日，「八點，文友會會餐」。【四】九月二十四日「晚七時半，文友會開會，羅氏基金團的主任 Vincent 博士講演『Social Groups (Classes) and Their Effects』。此君為演講大家，莊諧雜出，真不易得。講畢，略有討論。」【五】一九二三年二月十五日「夜赴文友會，會員 Philip de Vargas 讀一文論 Some Aspects of the Chinese Renaissance；我也加入討論。」【六】這是一次對胡適頗有啟發的討論。六月二十八日，「七時，到公園，赴文友會。是夜的講演為德國漢學者尉禮賢（Richard Wihlelm），講《易經》的哲學，大旨用我的解釋，沒有什麼發明」。【七】十一月十七日「晚上文友會在中央公園開本年第二次會，我演說『中國小說發達史』」。【八】一九二四年一月二十三日「文友會聚餐，講演者為Prof.Janes B.Pratt，他說『暹羅的佛教』，頗有趣味」。【九】文友會稱得上是五四時期在京城最為活躍、定期開展活動較多的中外人士學會組織。

康南耳同學會是康奈爾大學在京的同學組織。一九二〇年一月十八日胡適日記載：「Cornell Dinner（桃李園）。」【一〇】這是他有關康奈爾同學聚會的最早記錄。一九二一年五月二十九日日記：「午間赴康南耳大學同學會的聚餐。我們的同學在京的很不少，今天到的約有

【一】《胡適全集》第三十冊，頁一五六。

【二】《胡適全集》第二十九冊，頁五七。

【三】《胡適全集》第二十九冊，頁二七〇、二七一。

【四】《胡適全集》第二十九冊，頁三〇八。

【五】《胡適全集》第二十九冊，頁四六三。

【六】《胡適全集》第二十九冊，頁五一八。

【七】《胡適全集》第二十九冊，頁六六六。

【八】《胡適全集》第二十九冊，頁八三四。

【九】《胡適全集》第三十冊，頁一五八。

【一〇】《胡適全集》第二十九冊，頁五八。

三十人。」【一】九月二十八日日記：「康耐爾同學會在銀行公會公宴新任美國公使許滿先生，他是康耐爾大學的前校長。我演説二十分鐘。」【二】

科學社是胡適和一群致力於發展中國科學事業的留美學生一九一五年在美成立的一個組織，隨着大批同學的歸國，他們的活動由美國轉向國內。胡適日記載：一九二一年六月十二日「下午二時，科學社開會，杜威先生演説『科學的教授』。」【三】一九二三年四月一日「下午，北京中國科學社社友會開會，袁復禮先生講演河南、奉天兩處發現的石器時代文化，到者止六人，可見北京講學之風之不振。」【四】

歐美同學會是一九一三年由留學歐美歸國的學生在京成立的一個組織，也是京城最大、最具影響力的留學生組織。胡適常常參加該會的活動，其日記載：一九二〇年九月二十五日「到歐美同學會看『中國畫學研究會』的展覽會」。【五】一九二二年三月二十六日「到歐美同學會會餐」。【六】六月一日「上午，到歐美同學會開職員會」。【七】一九二五年一月十九日「晚上顏駿人請吃飯，有一班政客。席設歐美同學會。同學會的建築已完功。此次建築由周季梅、貝季眉、顏駿人等主其事，成績極好。此會在北京要算一個最華麗的會所了」。【八】一九三七年二月二十七日「到歐美同學會的大會，主席」。【九】「主席」二字足以顯示胡適這時已是歐美同學會的頭面人物。

哥倫比亞大學同學會在京成員很多，似不太經常開展活動。一九二一年七月一日哥倫比亞大學同學會在來今雨軒為杜威一家餞行，沒想到席間「竟鬧出爭主席的笑話來！」【一〇】結果是不歡而散。一九二二年六月七日「七時，到銀行公會，赴哥倫比亞大學同學歡迎顧少川的會餐」。【一一】

扶輪國際分社是一個國際商人俱樂部。胡適日記載，一九二二年一月十日「午刻與在君、顯光同到 Rotary Club 吃飯。這是一個商人俱樂部，每職業只許有一人。各大城皆有這種會，互相聯絡，總部設在芝加哥。此地的分會中，中國人甚少。會期每星期四午會餐一次，不到者

【一】《胡適全集》第二十九冊，頁二七一。
【二】《胡適全集》第二十九冊，頁四七三。
【三】《胡適全集》第二十九冊，頁三六二。
【四】《胡適全集》第三十冊，頁一。
【五】《胡適全集》第二十九冊，頁四六四。
【六】《胡適全集》第二十九冊，頁五五四。
【七】《胡適全集》第二十九冊，頁六三八。
【八】《胡適全集》第三十冊，頁一九一。
【九】《胡適全集》第三十二冊，頁六二七。
【一〇】《胡適全集》第二十九冊，頁三三九。
【一一】《胡適全集》第二十九冊，頁六四七。

有罰。會餐時大家唱歌，時雜以笑謔。有時亦請人演説」。【一】

孔德學校是一九一七年十二月二十五日由蔡元培、李石曾與北大教授李大釗、沈尹默、馬幼漁、馬叔平等在北京東城方巾巷的華法教育會的會址創辦的一所學校，胡適是該校董事。一九二二年六月二十七日「孔德學校常務董事會，沒有什麼事」。【二】

協和醫學校是一九一七年九月由美國洛克菲勒基金會建立的一所醫學校，胡適擔任該校董事。一九二一年九月十九日「三時，到協和醫學校，代表北大，參與正式開幕典禮。是日典禮極嚴肅，頗似歐美大學行畢業式時。是日着學位制服參加列隊者，約有一百餘人，大多數皆博士服，歐洲各大學之博士服更濃麗壯觀。自有北京以來，不曾有這樣一個莊嚴儀式」。【三】以後，胡適常常出席協和醫學校董事會會議，一九三四年四月十一日「協和醫學校董事會年會，凡三點鐘開完」。一九三七年三月二十七日「下午協和醫學校校董事會開會，從兩點半到七點」，會後胡適與林斐成、方石珊合宴協和的董事、教授與副教授，「到客五十人」。【四】

中美協進社是一個致力於中美友好的民間組織。胡適日記載，一九二二年五月五日「八時，赴中美協進社的年宴，有熊秉三先生（希齡）演説『中國整理財政與新銀行團』，頗有可取之論」。【五】十月二十九日「到香山。今天中美協進社開會歡迎美公使，熊秉三先生為主人，請他一家吃飯」。【六】

美國大學同學會是一個留美同學會組織，胡適是這個組織的會長。胡適日記載，一九三四年五月十二日「美國大學同學會（American College Club）在頤和園開年會，我是會長，不能不去。邀了陳受頤、陳受康兄弟兩對夫婦同去」。應與會者的要求，胡適演說了頤和園的歷史。【七】

在胡適結交的西人中有一位特別值得一提，這就是瑞典著名漢學家喜龍仁（Osvald Sirén），此人以研究中國考古藝術史見長。一九二二年喜龍仁訪問北京時，多次與胡適會晤，雙方互動頻繁，就中西美術展開過深入的討論。胡適日記載，三月十八日，「到六國飯店訪斯託洪（Stockholm）大學教授西倫（Osvald Sirén）。此君專治美術史，很注意中國的美術；他說中國的美術品所代表的精神的意境，比西洋美術品更多，因為中國美術不拘守物質上的限制，技術更自由，故能表現抽象的觀念更深刻。我們談的很暢快，他把他的書 *Essentials in*

【一】《胡適全集》第三十冊，頁一五一。

【二】《胡適全集》第二十九冊，頁六六四。

【三】《胡適全集》第二十九冊，頁四五六。有關這次開幕典禮的詳細報道，參見中國協和醫科大學編：《中國協和醫科大學校史》（北京：北京科學技術出版社，一九八七年），頁九—一一。

【四】《胡適全集》第三十二冊，頁三四九、六三七。

【五】《胡適全集》第二十九冊，頁二三六。

【六】《胡適全集》第二十九冊，頁四九一。

【七】《胡適全集》第三十二冊，頁三六七。

Art 送給我。」[二] 三月二十二日，「到六國飯店 Professor Sirén 處吃飯。他談及蚌埠瑞典人某君及教士 Morris 與他曾議組織一個古物學會，擬在塗州發掘古物。近年此地出土古物甚多，故引起人的注意。此事尚未成，因官廳方面尚遲疑，以土匪為推託。」[二] 三月二十六日，「至鋼（和泰）先生家吃飯，Prof.O. Sirén, Mon.Kristian Schijelderup (Christiania), Mon.Robert des Rotours 皆在座」。[三] 四月十三日，「讀 *Sirén's Essentials in Art*。此君很推崇中國畫，所言亦有獨到處。書中引南齊謝赫的《古畫品錄》的『六法』，第一條『氣韻生動』便不好譯。在美術史上，中文的『氣韻』、『神韻』無法譯西文；西文的 tone, rhythm, form 也無法譯中文。晚間為 Sirén 譯述他的講演：『Characteristic of Western and Eastern Painting』」。[四] 喜龍仁此次北京之行，詳細考察了北京的城門、城牆、故宮，離京後將其研究所得撰成《北京的城門與城牆》（*The Walls and Gates of Peking*，一九二四）、《北京帝宮》（*Les Palais Imperiaux de Peking*，一九二六）。[五] 胡適是他在京接觸的最重要的中國學者，對他的研究應有一定助益。一九三五年六、七月間喜龍仁訪問北平時，六月十一日、七月二十二日兩度請胡適吃飯敘談。[六] 胡適顯然是喜龍仁看重的一位中國學者，只要來北京，他都不會放過與胡適會談的機會。

在京城的歐美文化圈裡，因留學國別背景差異，常常出現各種矛盾，胡適似與「法國文化派」心存芥蒂。一九二五年一月十七日日記載：「通伯又談北大所謂『法國文化派』結黨把持，傾軋夢麟的情形，聞之一嘆。夢麟方倚此輩為心腹朋友呢！我雖早窺破此輩的趨勢，但我終不

料他們會陰險下流到這步田地！此輩者，李石曾、顧孟餘、沈尹默一班人也」。【七】

胡適的第三層重要社會關係是他編輯刊物的同仁，胡適在北京參與編輯的刊物主要有《新青年》、《努力》、《現代評論》、《獨立評論》、《大公報．文史》等，為編輯這些刊物，同人常有聚餐和會談活動。因相關評介較多，在此不再贅述。

胡適還有一個特殊的交友圈——女友。留美時期，胡適喜歡結交女性，與韋蓮司等多位女性交往密切。來京的最初一段時期，胡適孤身一人，倍感寂寞，尋找異性朋友自然成為他排解孤獨感的心理需要。一九一八年四月六日他致信母親提到自己新近結交的幾位異性朋友：「今天有一位丁先生夫婦請我吃夜飯。丁先生是英國留學生，現在高等師範教書，他的夫人也是英國留學生（無錫人，他的母舅和我是朋友），現在女子師範教書。同席的有一位陶孟和先生是

【一】《胡適全集》第二十九冊，頁五四五。

【二】《胡適全集》第二十九冊，頁五四九。

【三】《胡適全集》第二十九冊，頁五五四。

【四】《胡適全集》第二十九冊，頁五七五、五七六。

【五】有關喜龍仁這次訪問北京情形，參見 Minna Törmä: *Enchanted by Lohans:Osvald Sirén Journey into Chinese Art* (Hong Kong:Hong Kong University Press, 2013).pp72-79.

【六】《胡適全集》第三十二冊，頁四七二、五〇六。

【七】《胡適全集》第三十冊，頁一九〇。

我的好友，還有一位嘉興的沈女士，是陶先生的朋友，現在差不多要和他訂婚了。此外還有一位上海的沈女士，是女子師範的教員，是我的同學顧君（尚在美國）的聘妻，大家都是熟人，很可談談。我在外國慣了，回國後沒有女朋友可談，覺得好像社會上缺了一種重要的分子。在北京幾個月，只認得章行嚴先生的夫人吳弱男女士。吳夫人是安徽大詩人吳君遂（北詩樓主人）先生的女兒，曾在英國住了六年，很有學問，故我常去和他談談。近來才認得上面說的幾個女朋友。可見中國男女交際還不曾十分發達。」【一】信中的「丁先生」是丁巽甫，「沈女士」是沈性仁，章士釗夫人吳弱男，都是出身名門。胡適嚮往的是一種西方中產階級羅曼蒂克似的沙龍生活，他對待男女交際的這種開放態度，對當時追求個性解放的一代新青年具有相當的影響。

頻繁的社交活動對胡適是一大消耗。一九二一年七月九日胡適在日記中寫道：「我近來做了許多很無謂的社交生活，真沒有道理。我的時間，以後若不經濟，都要糟蹋在社交上了！」【二】他甚至私下抱怨，「來客甚多，甚可厭」。【三】事實上，以後他的社交活動不僅沒有減少，反而與日俱增，平時他在家常常接待知名或不知名的來客，解答他們提出的各種問題，一九三〇年代在北平胡適自定每週日上午在家接待來客，一九三四年一月七日日記稱：「今天來客甚少。我五年來，每星期日上午九點到十二點，為公開見客時期，無論什麼客來都見。冬秀戲稱為『胡適之做禮拜！』有時候一個早晨見二三十個客，今天只有三位。」【四】如此誠摯地對待各方來客，難怪坊間流行「我的朋友胡適之」一語，大家都引胡適為自己的知心朋友。

七、胡適筆下的北京風光

胡適喜歡遊覽北京的風景名勝（特別是西山），他所到之處，日記每都留下相關記載。一九二七年十一月二十一日陳衡哲致信胡適說：「叔永屢舉北京的好處，想來打動你的心；但我知道是用不着的，因為在我們的朋友中間，你可以算是最愛北京的一個人了。」【五】陳衡哲說這話的時候，胡適尚在上海。他把任、陳夫婦引誘到了北京，而自己卻留在上海不肯北歸。這讓陳衡哲不解。胡適是在何時何地給陳衡哲留下他熱愛北京的印象，我們尚難以考證。不過，從胡適有關北京的評介文字，可以看出他的確是摯愛這座文化古城，也就是陳信中引用他所稱的「最文明的北京城」。胡適對北京的好感甚至傳染到江冬秀身上，一九二五年十二月十一日江冬秀給在上海治痔的胡適信中表示：「上海過冬不如北京，什麼地方都沒有北京好。我們到京住慣了，我想別的地方過夏天也不好是（似）北京，早晚一點不熱，都是狠（很）涼的。你

【一】《胡適書信集》上冊，頁一四八。

【二】《胡適全集》第二十九冊，頁三五四。

【三】《胡適全集》第二十九冊，頁四五五。

【四】《胡適全集》第三十二冊，頁二六四—二六五。

【五】耿雲志主編：《胡適遺稿及秘藏書信》第三十六冊（合肥：黃山書社，一九九四年），頁一七八。

天天這樣的受痛苦，怎樣好呢？」【二】正因為對北京感覺如此之好，在胡適第二年出訪歐美時，江冬秀仍留守北京。

胡適沒有留存關於北京的長篇大論，只是在他的日記、書信和其他體裁的文字中常見他有觀察遊覽北京的文字議論，從這些隻言片語的評論中可以看出他的審美情趣、文化品味和對北京的真實情感。

廠甸的廟會是京城正月最熱鬧的地方。一九二〇年二月二十日（大年初一）胡適日記寫道：「與夢麟去廠甸，玩了兩點多鐘，買了一點玩物。」【三】這可能是胡適第一次逛廠甸春節的廟會。

北海離胡家不遠，尤其是胡適搬到米糧庫四號後，相距咫尺。一九二一年六月二十七日胡适才首次光臨北海。當天他的日記寫道：「出門到北京飯店，看昨晚到的 Mr & Mrs. H.K.Murply（茂費），吃一會茶，他們邀我同去玩北海，這是我第一次玩北海。我們三個人都是很忙的；茂費先生是一位建築工程大家，他只要看一個大概，故我們只到了永安寺一處。我們走上正覺殿的頂上，四望北京的全城都在眼底，西北、東北諸山也極分明。斜日照在宮牆上，那紅牆與黃琉璃瓦好看的很！我不曾見過北京像今天這樣標緻。」【三】胡適陪同的這位茂費（今譯墨菲）可是一位了不起的美國建築家，在中國設計過許多著名的近代建築，一九二九年應南京國民政府之請主持制定首都規劃。【四】一九二二年九月十九日下午，胡適與江冬秀、胡祖望再遊北海。【五】一九三〇年十月七日晚上，胡適在北海仿膳等候任鴻雋夫婦，「看月亮起來，清光逼人，南方只有西湖偶有此種氣象」。【六】他在上海生活了三年，從北海聯想到杭州的西湖，可謂浮想聯翩。

城南有先農壇和新闢的城南公園。一九二二年九月三日，胡適與鄧芝園找蔡元培談教育經費事，恰逢蔡先生帶兒女去先農壇遊玩，胡適借教育部車追蹤到先農壇，找到蔡先生。隨即「遊覽一周」，「又到城南公園遊一次」，此地自重開以來，胡適還未曾來過。【七】

西山是北京西邊的風景名勝，胡適在北京的歲月裡，去得最多的風景區就是西山。他去西山的日期並不一定，春夏秋冬四季都留下了他遊覽西山的足跡。不管是什麼季節去西山，胡適對之都有一種愉悅的感受。

【一】陳漱渝、李致編：《一對小兔子——胡適夫婦兩地書》，頁五六。
【二】《胡適全集》第二十九冊，頁九一。
【三】《胡適全集》第二十九冊，頁三二三。
【四】有關墨菲在華建築事業，參見 Jeffrey W.Cody, *Building in China:Henry K.Morphy's "Adaptive Architecture"*。*1914-1935* (Hong Kong: The Chines University Press), 2001.
【五】《胡適全集》第二十九冊，頁七五五。
【六】《胡適全集》第三十一冊，頁七四二。
【七】《胡適全集》第二十九冊，頁七三八。

一九一八年初秋，胡適打算利用未開學前的空暇，到西山作一休整。九月十四日他致信母親說：「我因今年以來，不有一天休息，故覺得精神有點疲倦。現定明日出京，到京城西邊的西山去養息七八天。那邊空氣很好，風景也好，可以每天上山去玩玩，也不會客，也不辦事，也不操心。養了幾天回來，定然身體更好了，精神也更好了。」【一】九月十七日胡適去香山遊玩，住在靜宜園。午飯後先看碧雲寺。「此寺乃是乾隆時重建的，今雖倒壞，還有很壯大的規模。有一座塔，工程極偉大」。傍晚去遊靜宜園。「此園很大，一時走不完。我們走到一座很高的茅亭上，月亮剛出來，那時的景致真美」。十八日早晨騎驢去遊「八大處」。「『八大處』乃是八個有名的寺院、廟宇，離此地約有三十多里路。我騎驢到山下，獨自上山。從上午十點多鐘起，爬山過嶺，直到下午三點鐘，方才回到山下，尋着騎來的驢子，又騎着回來。我十幾年不曾騎驢子，今回頗有點痛苦。我們瘦的人騎驢騎馬都要吃虧的。山上吃的水頗好，遠勝城裡的水。」【二】在西山一住就是五天，天天爬山，面色曬黑，精神大好。【三】一個星期後胡適還寫信告訴母親：「我從西山回來已有一個禮拜了。身體很好，精神也還好。」【四】可見這次西山之行對他的調養之效。以後，幾乎每年都能看到胡適去暢遊西山的記錄。《論語》曰：「知者樂水，仁者樂山；知者動，仁者靜；知者樂，仁者壽。」如以胡適喜歡爬山的這一取向來看，他應屬仁者一類。

一九二〇年三月十四日「青年會會齊，赴西山開討論會」。【五】正是在這次會上，胡適、蔡

元培、蔣夢麟、李大釗在臥佛寺留下了珍貴的合影。【六】

一九二一年六月十日，這天是端午節。蔣夢麟邀胡適、王徵到西山散步，帶有排憂解悶之意。胡適當日寫道，「夢麟此次處境最難，憔悴也最甚。今天我們同到八大處腳下的西山旅館坐談三個多鐘頭，也可算是偷閒尋快活了」。【七】六月十九日胡適與陶孟和、Merz「同遊西山，先遊頤和園，次至靜宜園吃飯，飯後遊香山幾走遍全園，又參觀香山慈幼園。後到八大處腳下第一旅館少歇」。胡適自去年病後，這天「走路最多，故頗覺疲乏，遂獨留在旅館裡看書」。【八】十月九日上午九時，胡適「與文伯、擘黃、叔永、莎菲同坐汽車往西山『八大處』，上秘魔崖一遊，回至西山旅館吃中飯。飯後，同至香山園。今日為香山慈幼院開週年紀念大會的日子，故往參觀。」「遊了一些地方，到昭廟時，始知這個破敗的廟已在幾個月之中變成一個很好的

【一】耿雲志、歐陽哲生編：《胡適書信集》上冊（北京：北京大學出版社，一九九五年），頁一九一。
【二】《胡適書信集》上冊，頁一九一—一九二。
【三】《胡適書信集》上冊，頁一九二。
【四】《胡適書信集》上冊，頁一九二—一九三。
【五】《胡適全集》第二十九冊，頁一一四。
【六】參見《胡適文集》第二冊照片。
【七】《胡適全集》第二十九冊，頁三〇一。
【八】《胡適全集》第二十九冊，頁三一四。

女紅十字會的新會所了。此種成績確可驚異」。【一】胡適與熊希齡關係密切，他是香山慈幼院的評議員。【二】十月二十九日，胡適與朱經農去西山，在香山住了一晚，與剛剛來京的美國舊金山商會遊歷團一起參觀熊希齡的香山慈幼院，遊覽碧雲寺，「甚樂」。秋天的香山層林盡染，滿山楓林，風景迷人。胡適睹此景物，不勝感慨：「香山秋色此時最好。山上有紅葉，但不甚多。最好的是白果樹，樹葉嫩黃，其美無比。我想做一首詩，竟不能成。」【三】

十月三十日，與朱經農遊香山，參觀慈幼院圖書館熊氏藏書。胡適感覺「這兩天的遊玩，於我甚有益，腳上的腫也消了」。【四】

一九二二年三月十二日，胡適與張慰慈、黃國聰、顏任光同遊香山。這天的日記寫道，「久不遊山，今日暢遊，甚樂。出香山後，又到西山腳下的西山旅館吃茶」。【五】四月四日，胡適一家與高一涵、江澤涵、章洛聲同遊西山。第二天，他「與經農、任光同去尋遼皇墳，竟尋不着」。【六】他的遊玩還伴隨着考古的任務。七月二十九日下午，王徵（文伯）、嚴敬齋（莊）、朱繼聖這些老朋友邀胡適坐汽車同去遊覽西山。「先到甘露旅館，次到西山旅館，晚九時半始進城。今年雨多，西山無一處不綠，為往年所未有」。【七】

一九二三年十二月二十二日，胡適去西山看丁文江、徐新六為他借得的劉厚生在秘魔崖的房子，【八】隨行的有胡祖望、王徵、張慰慈，傍晚在西山飯店吃飯。晚上胡適獨自「步行回山。是夜為陰曆十五日，月色佳絕，頗得詩意」。前天他曾收到曹誠英的信，兩人這年在杭州煙霞洞過了幾個月的「神僊生活」，觸景生情，胡適寫下了淒婉的詩句：「山風吹亂了窗紙上的松痕，吹不散我心頭的人影。」【九】這次出遊西山，可能與丁文江的建議有關，一九二三年十月十九日胡適與丁文江在滬會談，內容涉及《努力週報》與北大事，丁為胡獻策：「移家南方，專事著作，為上策。北回後，住西山，專事著書，為中策。北回後回北大，加入漩渦，為下策。」胡適以為，「上策勢有所不能，而下策心有所不欲，大概中策能實行已算很僥倖的

【一】《胡適全集》第二十九冊，頁四七九—四八〇。

【二】參見《胡適全集》第二十九冊，頁二一五。

【三】《胡適全集》第二十九冊，頁四九二。

【四】《胡適全集》第二十九冊，頁四九二。

【五】《胡適全集》第二十九冊，頁五三七。

【六】《胡適全集》第二十九冊，頁五六六。

【七】《胡適全集》第二十九冊，頁六九八。

【八】丁文江為胡適在西山借房子之事，在一九二三年十一月一日丁文江致胡適信中有說明：「西山的房子，仍舊是秘魔岩劉宅最為合宜，因為不但房間較多、較大，於帶書、帶家眷方便，而且離黃村車站很近，來往不必定要汽車。夢麟說碧雲寺李石貞（曾）的房子可以借，文伯說房子不好，不如劉宅。等你回來自己決定罷。」收入歐陽哲生主編：《丁文江文集》第七卷（長沙：湖南教育出版社，二〇〇八年），頁二一五。此事為魯迅聞知。一九二三年十二月三十一日魯迅致信胡適：「聞先生已看定西山某處的養息之地，不知現在何處？我現搬在『西四磚塔胡同六十一號』，明年春天還要搬。」此信收入《胡適全集》第三十冊，頁一四一。

【九】《胡適全集》第三十冊，頁一三四—一三五。

了」。【一】胡適此次西山之行，實為考察在西山租借房子之可行性。

一九三〇年十月六日（中秋節），胡適與任鴻雋、陳衡哲一家去遊西山。「從西山腳下，上到老虎山頂。此山在西山八大處之最西，前後無遮攔，故能望的最遠。前面可見北京城及萬壽、玉泉諸山，後面可見渾河、十景山及戒台寺」。【二】胡適一到北平，就作此秋遊，舊地重遊，沉浸在西山的大好美景之中。當晚他們又作「久談。月色極好」。胡適留有殘詩一首，似是抒發自己當時的情懷：

許久沒有看見星兒這麼大，
也沒有覺得他們離我這麼近。
秋風吹過山坡上七八棵白楊，
在滿天星光裡做出雨聲一陣。【三】

一九三一年三月十五日，胡適與任鴻雋、陳衡哲夫婦再遊西山。他的日記寫道：「先到玉泉山，剛上山，忽大雨，我們在玉泉傍一個亭子上避雨，雨中景致絕好，在北方春天不可多得。雨後同遊秘魔崖。」【四】

一九三二年八月，胡適賦詩《讀了鷲峰寺的新舊碑記，敬題小詩，呈主人林行規先生》，結合一九三四年四月十五日胡適日記所記：「前年我與丁在君住秀峰寺，林君囑題山上新舊各碑拓本冊子，我與在君各有詩，皆未脫稿。今日見原題冊子，爾綱代抄一份，附在此。」【五】可知，胡適與丁文江一九三二年有西山之行。胡適同丁文江、翁文灝與新成立的鷲峰地震研究室成員合影可能亦攝於此行。

一九三四年一月二日，胡適陪張蜀川、章希呂、胡鐵嚴去遊西山。先到西山飯店，上山到靈光寺，遊至秘魔崖，下山到飯店中吃午飯。飯後再去遊香山，到雙清、甘露旅館、十八盤三處。據胡適日記所載，在回程路途他們專門去憑弔了李大釗墓，「路上過萬安公墓，我們進去看李守常（大釗）的墳。去年他葬時，我不曾去送。今天是第一次來憑弔。他葬後不久，他的夫人又死了，也葬在此。兩墳俱無碑碣。當囑夢麟補立一碑」。「今日之遊甚暢快」。【六】當天隨行的章希呂也留有日記，據載，這天九點半他們一行乘了胡適新買的汽車出阜城門，十點二十

【一】《胡適全集》第三十冊，頁七四—七五。
【二】《胡適全集》第三十一冊，頁七四一。
【三】〈十月九夜在西山〉，收入《胡適文集》第九冊，頁二五八。此詩將日期係於「十月九夜」，疑有誤。
【四】《胡適全集》第三十二冊，頁九四。
【五】《胡適全集》第三十二冊，頁三五二。
【六】《胡適全集》第三十二冊，頁二六一。

分到西山，下午六時半回到胡適家。章氏也提到李大釗墓，「香山左近有個萬安公墓，規模很大，是三四年前幾個開通人士新創，已葬下去的有百餘棺，李大釗夫婦亦葬在裡面」。此行「計適兄今天約花二十餘元，汽車費用尚未算在內。來回約百里以外」。【一】這次西山之行，胡適特意去「憑弔」李守常，足見他對這位犧牲亡友的情感。

四月十五日林行規夫婦邀請胡適一家遊覽西山，羅爾綱、章希呂隨行。林行規曾任北大法科學長，與丁文江交誼甚深，胡適與他的結交可能係丁促成。胡適一行先訪黑龍潭，次到大覺寺，然後上秀峰寺就餐。「此寺為明朝一個交南和尚智深創立的。林君買得此山，改名為鷲峰山莊，種樹造林，修路甚多，山色一新。他又捐地捐款，由地質調查所在山上設地震研究室，成績甚好。現在山上多花樹果樹。今天我們來時杏花正開，比大覺寺多的多」。飯後，胡適一行從寺中出發去山頂，「山頂眺望甚遠；山下有大村，名白陽河。有河道，無水，遠望去只見白沙一帶」。四點下山，六點到家。【二】

一九三五年五月二十六日胡適與霍爾考比教授、福斯特教授、蔣夢麟、陳受頤同遊西山。先後遊覽玉泉山、白松林、秘魔崖，中午在西山飯店吃飯，飯後再到香山，遊雙清，沿十八盤下山，到碧雲寺。此次出遊西山，胡適感慨，「遊山有可談的伴侶是很可喜的事。玉泉山上的石塔，碧雲寺的石塔，雕刻都還工緻，但不是很生動的藝術。中國雕塑都是匠人工作，不是士大夫工作，故程度不高」。【三】

胡適最後一次去香山可能是一九三七年一月三十一日。當天「與冬秀、小三、郭緯侯夫人、郭麗蘭同去遊香山，天太冷，遊的不舒服，就沒有到別處去了」。【四】

胡適實地遊覽長城的時間較晚。據其一九三四年五月二十六日日記：「與丁在君、徐新六、竹垚生、楊珠山同遊長城，前年我曾坐飛機遊覽長城與明陵，但我不曾走上長城過，今天是第一次。火車到青龍橋，有坐轎子的，有步行的，都上八達嶺去。」在城上時，恰遇天下冰雹，胡適一行遍體淋濕。「嶺上長城，我試用腳步橫走，量得七步半。約兩丈。工程自是浩大。但我們真有點不解當日何以需用這樣笨的防禦工作，遇到重要時期，長城始終不曾有大得力處。」【五】從軍事防禦的角度，胡適並不看好長城的作用。這與他一九三二年十二月六日在長沙參觀「要塞」後所發的議論如出一轍：「要塞凡六十八里，共費九十萬元。設計者為法國留學生劉運乾，實則德國軍事顧問也很參有意見。」「我們今天所看，不過『要塞』的一部分。

【一】參見〈章希呂日記〉（摘錄），收入顏振吾編：《胡適研究叢錄》，頁二四九—二五〇。
【二】《胡適全集》第三十二冊，頁三五一—三五二。
【三】《胡適全集》第三十二冊，頁四五九。
【四】《胡適全集》第三十二冊，頁六一七。
【五】《胡適全集》第三十二冊，頁三七一。

此種建築，用以抵禦共產黨軍及匪軍，自然就夠了。用於禦現代強敵，則絲毫無用」。【一】

北戴河雖不屬北京，但它是北京人暑假常去度假的海邊浴場。胡適曾兩次赴北戴河休整，這都出自他的密友丁文江的安排。第一次是一九二四年八月他在北戴河度過一月，住在丁文江夫婦寓裡，常常與丁結伴遊山下海。胡適感嘆「這一個月要算是今年最快活的日子」。【二】第二次是從一九三一年八月六日到十七日，胡適後來在《丁文江的傳記》裡深情地回憶起他與丁文江度過的這段美好時光：「這十天裡，我們常赤腳在沙灘上散步，有時也下水去洗海水浴或浮在水上談天，有時我們坐在沙灘上談天看孩子們游泳。晚上我們總在海邊坐着談天，有時候老友顧湛然（震）也來加入談天。這十天是我們最快樂的十天。——一個月之後，就是『九一八』的日本暴行了！」【三】北戴河作為度假勝地，給胡適帶來了極其愉悅的享受。

胡適是南方人，來到北京，對這裡的氣候自然相當敏感。北京的天氣之變幻常常顯露在他的筆下。初到北京，胡適並沒有太多不適的感覺。一九一七年十月十五日他致信母親說：「北京雖冷，然與紐約與綺色佳均差不多。兒當自己留意，望吾母勿念也。」【四】北京與紐約、綺色佳的緯度相差無幾，這也許足以解釋胡適為何能適應北京氣候。胡適寫作此語時是在秋季，這是北京一年四季最宜人、最舒適的時節。

北京的冬天氣候寒冷，常降大雪，胡適特別欣賞北京的雪景。一九三三年十二月二十八日他在日記中表現了這一心態：

前夜大雪，昨日又下了大半天的雪，故一路雪景很美。昨夜有大霧，今日樹枝皆成玉樹，此即崔東壁所謂「霧樹」也。此景為北方冬天最美的，古人唯東壁特別注意到它，並說明其理。

今夜到福開森家吃飯。他的女兒Mary談到雪景，說昨夜大霧，故今天樹枝皆成奇景。我心裡不禁嘆服西洋人的觀察力。崔東壁說「霧樹」，破舊說而立新說，我們都佩服他的細心。不料西洋人早已認此現狀為大霧冰凝的結果了。【五】

春、夏天的北京可是另一番模樣：春天多雨，夏天太熱，胡適對此感到特別不爽。「北京有幾個月沒下雨了，今晚忽然下雨，終夜不歇。」（一九一八年三月二十三日《致母親》）【六】「昨

【一】《胡適全集》第三十二冊，頁一八二——一八三。

【二】《胡適全集》第三十冊，頁一九三。

【三】《胡適文集》第七冊，頁四九八。

【四】《胡適書信集》上冊，頁一一〇。

【五】《胡適全集》第三十二冊，頁二五二。

【六】《胡適書信集》上冊，頁一四二。

日今日天雨可厭，北京最怕雨。一下雨，路便不可行了，車價貴至一倍多」。【一】（一九一八年五月十一日《致母親》）「大雨了兩天，可厭之至。」【二】（一九一八年五月二十四日《致母親》）下雨給出行帶來極大不便。「這時天氣已有點熱了。此間太寂寞，悶得很，精神也不好。我又不喜歡出門看朋友，故格外無聊。北京的春天，天氣真有點討厭，我從來沒過過這種討厭的春天。」【三】（一九一八年五月十五日《致母親》）夏天的北京時雨時熱，亦讓胡適不適。「這幾天天氣極熱，不能做什麼事，可厭得很。」【四】（一九一八年七月十三日《致母親》）「連日北京有大雨，天氣驟涼，容易傷風。冬秀近有小傷風，頭痛終日，但無他病，想不日可癒也。」【五】（一九一八年七月二十一日《致母親》）「連日大熱，今日更甚，什麼事都不能做。上午草一函與顧季高，竟汗下遍體。」【六】（一九二一年七月二十八日）從胡適這些記錄北京天氣的文字裡，人們可以發現，那時的北京雨水並不少，夏天的氣溫也不低。在當時的條件下，胡適確實克服了一定的困難，以適應北京的氣候。

五四時期是民俗研究興起的時期。胡適極力扶植民間文學，對流行北京的民間歌謠頗為推崇。一九一九年常惠送他一冊意大利駐華使館文化參贊衛太爾男爵（Baron Guido Vitale）搜集的《北京歌謠》（*Peking Rhymes*），兩年後他特別撰文《北京的平民文學》加以推介。「此書收了一百七十首，真是一部寶書。他的註釋頗有趣的，如釋葫蘆為 Pumpkin。但他的大功勞是不可沒的。中如『槐樹槐』（頁三七）、『小小子兒』（頁四一），都是我家中的老媽子們教給祖兒們唱的，字句幾乎完全相同，可見當日搜集時記載的正確。」【七】一九二二年七月三十日北京《益世報》刊載了一篇歌謠，胡適特別以「一篇絕妙的平民文學」為題加以推薦，將之刊登在《努力週報》上。

一九二七年上海商務印書館出版了美國攝影師赫伯特C.懷特（Herbert C White）拍攝的《燕京勝跡》（*Peking. The Beautiful*）影集。書內收集了作者拍攝的七十多張黑白和彩色照片，照片四周配有絲綢刺繡的圖案。扉頁題詞「獻給所有熱愛中國光輝燦爛的藝術遺產的人們」。一九二七年十一月十日身在上海的胡適應約為該書引介，這篇文字表現了胡適的審美情趣和對中國建築藝術的獨特見解，因未收入《胡適全集》，屢見人引錯，現試譯全文如下：

【一】《胡適書信集》上冊，頁一五八。

【二】《胡適書信集》上冊，頁一六一。

【三】《胡適書信集》上冊，頁一五九—一六〇。

【四】《胡適書信集》上冊，頁一六七。

【五】《胡適書信集》上冊，頁一七二。

【六】《胡適全集》第三十二冊，頁一三〇。

【七】《胡適全集》第二十九冊，頁七五六—七五七。

在她那本極具價值的關於北京的著作中，裴麗珠女士（Juliet Bredon）在序言裡有一段非常謙遜的評述：「對北京進行恰到好處的欣賞並不是一個西方人力所能及的。……若想做到這一點，就必須對中國的過往有通透的瞭解；對中國人的特性和宗教具有無限同情；不只要了解文人階層的精神氣質和統治者們的治國之道，還要對中國的至理名言、百姓俚語、街談巷議都非常親切和相當熟悉。」

我完全贊同這段精到的評語，而且還願為裴麗珠女士的觀察做些補充。相比於本地居民，來北京的西方遊客常常能更好地欣賞北京的藝術魅力和建築之美。當然這不是說中國人愛北京不如西方人，而是究其心營目注，中國人往往關注的是北京溫和的氣候、晴朗的天空，或者是她的悠閒自在、濃郁的文化氛圍，很少有人注意到在這些之上的藝術之美和建築之富麗堂皇。

有幾點顯見的理由可以説明中國人在藝術和建築方面缺乏欣賞力。中國的帝王宮殿和皇家園囿幾百年來都是一般人、甚至高級官員所不能涉足的禁地。到處是連綿的高牆，它給人們帶來諸多不便，以至人們不得不走出北門再繞回南門。人們朝夕相望的只不過是一些頹園碎瓦和紅牆黃頂，這對他們早已喪失了吸引力。帝制時代的詩人墨客除去在偏僻的城南一座荒寂孤零的涼亭——陶然亭外，在城裡沒有地方遊覽和聚會。無怪乎長居北京的人們喪失了對建築之美的欣賞力，從來沒有認識到這一點。

但是真正的原因還深藏在這個國家的哲學、藝術背景之中。中國人是一個講求實用性的民族，過度沉湎於功利主義，看重事物的實用價值而非內在的美學價值。孔子因為崇尚音樂與舞蹈而被墨家大加譏議，然而即使是孔子，也難逃短視的功利主義。在他頌揚偉大、傳奇的大禹時，孔子對禹「卑宮室，而盡力乎溝洫」的懿行給予了特別的讚頌。由此也生出了很多傳說，說堯、舜在「茅茨不剪，采椽不斫」的宮室中治理國家。每當後世的文人士大夫要反抗專制君主的奢侈時，就會頻繁徵引這些關於節儉美德的例證。

自然派的哲學家們（通稱道家），也反對發展精緻的藝術。老子走得如此之遠，以至非難所有文化，認為文化是引導人們背離自然。在這些哲學家眼中，萬事萬物皆應道法自然，藝術是反自然，就是不善。的確，這種推崇自然，反對藝術的哲學觀也產生了其自身的藝術形式。「田園詩人」的產生即受此很大影響，他們歌頌靜默的花朵、奔湧的溪流、壯麗的河山以及男耕女織的田園生活。這些詩人又引發產生了自然畫家——「山水自然」派畫家——這些畫家寄情於泉石松林，通過藝術化地描繪那些不期而遇的自然片斷表達他們自己的情感和理想。

正如自然派哲學家時常居住在草蓬柴門的陋室，自然派藝術家也只從亂石、泣柳和蒼松當中去吸取靈感。建築之美並不能喚起他們的興趣，因此建築也不置於好的藝術行列。他們認為，建築只不過是工匠迎合富豪和權貴們窮奢極欲的技藝而已。

這種本土的哲學和藝術傳統，似乎在有意抹殺建築藝術的輝煌和偉大。正是因為藝術和知識階層（不包括山水畫派）這種漠不關心的態度，使得中國的建築至今仍然保留着傳統的工藝和式樣。《營造法式》初版於一一〇三年，是一本講述建築方法和設計的書籍，研究這部書就會發現，中國的建築幾百年來沒有任何改進，沒有超越工匠的經驗傳統而有所突破。藝術家們輕視建築，功利主義的儒學家更認為這種靡費就是虛耗民脂民膏。今日北京的偉大建築，不正是承受着這種傳統觀念的裁判嗎？

舉例來說，提起頤和園，許多人就會想起昏庸的西太后曾經挪用了本來用於興建新海軍的兩百四十萬兩白銀。真正壯觀的班禪喇嘛紀念碑，被裴麗珠女士認為是北京周邊最具代表性的現代石刻藝術典範（本書第四十九頁），而在中國人眼中則認為這不過是外族建築中一件最豪侈的碑碣，用以紀念一個粗俗宗教的野蠻領袖而已。中國的長城是世界七大奇跡之一，而在中國多少年來還不是產生了千百支哀怨反抗的民歌，哀痛那些無名奴隸勞工的悲慘命運；或是用來譴責統治者的黷武和領土野心，他們因此為長城的建造和重建尋找理由。

對於西方旅行者而言，因為沒有這種藝術和道德的成見，他一踏入北京就會立刻愛上這裡。他會為北京城的紅牆、斑駁的匾額、秀美的荷池、聳立的松柏，尤其是建築的雄偉壯麗而欣悅不已。他會迫不及待地向本國使館申請去訪問寺廟和宮殿，這些地方直到最近幾年還不曾向公眾開放。他會馬上去探訪北海和頤和園、狩獵園、西山內外的寺廟，然後他踏上去長城和明陵的路上。他尋找一處可以棲居的住所，他已在北京逛夠，因此沉醉北京之美而不能自拔。他必須深入研究這些宏偉建築所具的宗教、權力和富貴的意含。

這本《燕京勝跡》影集的作者赫伯特C. 懷特就是這樣一位北京的狂熱愛好者，他是上海時代出版社的景觀藝術負責人，一九二二年來到這個城市，很快就跟隨他在北京的哥哥學習語言。兄弟倆都承認他們從到北京的第一天起就深深地熱愛北京。在他們一年的語言學習期間，他們花費了每一個假日和每一點空餘時間去探究宏偉的紀念碑和藝術、建築勝地。那一年，他們拍攝了七百張北京及其風景照片。

在上海做完工作後，懷特先生每年夏天都會返回北京。他拍攝的照片已累積到三千張，從這一鉅大的積累中選擇了七十張照片編入此影集。一九二五年他有兩張照片被哈德遜攝影競賽（Henderson photographic competetion）授予一等獎，這兩張照片收入本書的首頁和最後一頁。

從使用 Graflex 相機起，懷特先生就不斷地研究普通相機在拍攝物體時面對光綫不足、距離太遠或場景太寬時的難題。通過對藝術的刻苦鑽研，他逐漸使自己能夠處理所遇到的各種緊急的狀況。傑出的美麗照片是在第八十七頁，它顯示宮殿與大理石如果不藉助一個特別鏡頭的幫助，將不可能拍出來。從高聳的白塔拍攝鼓樓景象（第四十一頁），幾乎是奇跡般的效果，只有使用特殊的器材才有可能。

在這本影集裡有些景觀已經變成歷史的記錄。例如，圓明園裡保留蔣友仁（Benoist）描繪的噴泉大理石展示在第三十三頁，現在已經從他們照相的景點消失了。圓明園——耶穌會士蔣友仁神父在一七六七年寫道：「沒有能與這座花園媲美，它確實是一座地上的天堂。」——在一八六〇年被銷毀。它的榮耀現在只是存在蔣友仁、王致誠（Attiret）和其他訪問過她的人們遺留給我們的記錄之中。這是多麼遺憾啊！它是最早的東西建築結合紀念碑。如此小的一塊歷史殘垣被一幅現代藝術照片記錄下來。

我確信，像這樣呈現在這冊影集裡所收集的北京照片將不僅是為了向西方的朋友介紹或深入地玩味北京。而且也是幫助和教育中國人將他們的傳統偏見放在一邊，學習欣賞北京作為他們最有價值的藝術遺產的紀念品。

讓我們忘記隱藏在這些宮殿裡的罪惡，讓我們忘記那些杖死在錦衣衛的棍棒之下的明朝大臣和御史大夫們，讓我們忘記慈禧太后為了營建度假勝地而挪用的海軍軍費，慶幸在海軍戰敗，清朝歸為歷史陳跡之後，還能有些美景得以留存；讓我們以平靜的心情登上白塔，讓思緒超越密宗宗教的魔力，追憶韃靼皇帝（即遼道宗耶律洪基——譯者註）為蕭皇后（亦或李夫人？）在瓊華島之上建築妝洗樓的美麗動人傳說。讓我們忘記，至少在此刻，所有環繞我們周圍的人們的苦痛和哭泣，沉浸在欣賞《燕京勝跡》的遐想之中！

北京——美麗的北京，這個題材沒想到也能勾起胡適一連串哲學的、歷史的、藝術的思考。胡適對中國傳統排斥宏大建築和精緻藝術的批評，作為一家之言，有其深刻的一面。

一九三六年五月胡適作詩《題北京皇城全景》，詩曰：

殿宇崔嵬一望中，依然金碧映晴空，
才人秀筆描摹得，六百年來大國風。
赫威史女士為克羅希夫人作此皇城全景，筆意壯麗細密，作此題之。【一】

可惜胡適所言這幅「皇城全景」不得而見，可能已不存於世。赫威史女士為何許人也？亦不得而知。僅從「壯麗細密」四字可以揣摩，這應是一幅金碧輝煌、氣勢壯麗的北京畫卷。

胡適在北京的遊覽空間，城裡主要是中央公園、北海，城外則是西山，北京的風景名勝分佈內外城和京郊各處，胡適在北京十八年，光顧的景點並不太多。以胡適的才性和考據癖，本應有機會撰寫《西山遊記》一類的遊記。令人惋惜的是，他沒有留下類似《廬山遊記》、《南遊雜憶》那樣的有關北京風景名勝的長篇遊記散文。究其原因，胡適雖多次在中央公園、北

【一】《胡適全集》第三十二冊，頁五六八。

海「閒庭散步」，或攀登西山遊覽，大多為健身消遣之用。他偶有乘遊興賦詩抒發胸臆之作，但終無心鋪陳長篇遊記散文，畢竟他可能是為教學、研究所困，這是胡適的遺憾！也是北京的遺憾！

結語

在胡適七十一年的人生中，上海十二年（一八九一年十二月十七日—一八九三年四月、一八九四年春—一九一〇年六月、一九二七年五月—一九三〇年十一月）、台灣六年（一八九三年四月—一八九五年二月、一九五八年四月—一九六二年二月）、安徽九年（一八九五年—一九〇四年春）、北京十八年、歐美二十六年。胡適出生於上海，祖籍安徽，留學美國，成名北京，顛簸台灣。如就胡適的生活時間而言，北京是他居住時間最長的城市，他一生最重要的創作時光大都在這裡度過。

胡適在各地生活的經驗，給他帶來的影響因素可不一樣。上海賦予他細膩、精緻、靈巧的個性，安徽造就他實幹、勤勉、精明的一面，北京涵養他的包容、厚重、大氣。一九三〇年代京滬兩地有所謂「京派」與「海派」之爭，胡適未置一詞。也許在他內心世界裡，他就不想將自己歸屬於京派與海派的某一方。胡適的文化世界確實包含多重地緣元素。胡適晚年談起自己的語言時說：「徽州話是我的第一語言，當然還會說。上海話是我的第二語言。官話是我的第三語言。現在如果和上海人在一起，聽他們談了半小時之後，我也可以很流利地談了。」【一】從語言來看，胡適也可以說是「南腔北調」的結晶。

不過，若就地緣背景、文化風格而言，北京與上海的確是兩座截然不同的城市。也許我們以與胡適歸宿不同的魯迅為例，可能看得更為清楚。魯迅的主要創作生涯是在北京和上海度過，這兩座城市因為城市文化風格不一，對魯迅的影響是不一樣的。北京的魯迅是冷峻、深沉、憂鬱的，上海的魯迅是辛辣、奮激、狂放的。如果魯迅留在北京不去上海，他就不會成為左翼文化的旗手。就像陳獨秀如果不離開北大南下上海，他也許就不會走上共產主義之路。胡適在閱讀湯爾和日記時曾經感慨地指出這一點。【二】一九三一年面對北平與上海兩地的文化差異，胡適與徐志摩商量搬遷《新月》到北平來時慨嘆地說：「《新月》的事，將來總須把重心移到北方來。南方人才太缺乏，所餘都是不能與人合作的人。志摩很有見地，託邵洵美與光旦照料《新月》，稍可放心。」【三】應該說不是南方缺乏人才，而是在滬難找「與人合作的人」，這

【一】胡頌平：《胡適之先生晚年談話錄》，頁一〇七—一〇八。

【二】胡適〈致湯爾和〉信中說：「獨秀在北大，頗受我與孟和（英美派）的影響，故不致十分左傾。獨秀離開北大之後，漸漸脫離自由主義者的立場，就更左傾了。」收入《胡適書信集》中冊，頁六六七。

【三】《胡適全集》第三十二冊，頁六六六—六六七。

是胡適面臨的窘境。兩城的文化風格迥然相異，的確也造就了生活在這兩座城市的學人們不同的生活軌跡。

民國時期，北京作為文化名城，除了憑依它所傳承豐厚的歷史遺產和古典資源外，還與它具有近代意義的文化拓展密切相關。如果說，上海依靠其通商口岸和大片租界地的地利，主要獲取外來文化資源，創建了大批近代新興文化產業，諸如出版、報刊、娛樂、電影、教堂等，北京與上海不同，它主要是靠創辦大學，以大學為依託，重建其作為文化名城的地位。

北京擁有北京大學、清華大學、北京高等師範學校、燕京大學、中國大學、輔仁大學、中法大學、協和醫學校、法政專科學校等一批著名高等學校。胡適除了在北大任教外，還在其他大學演講（如清華、燕京、北京高師、中國大學、輔仁），或擔任校董（協和、輔仁）。大學是民國時期北京作為文化名城，或擁有文化名城的新興文化產業。正是通過大學，北京吸收、積聚全國的學術人材，成為文化的重心所在。也正是因為大學文化是北京的文化支柱產業，所以北京的文化氣息帶有濃厚的學術氣氛，這與上海的文化風氣瀰漫商業、娛樂的氣息不同。京、滬兩城若如民國時期的雙子星座，導演了一場曲目不同的「雙城記」。

北京賦予胡適的是歷史使命感——引領一國風氣，推動新文化事業向前發展，從《新青年》，到《努力週刊》，再到《獨立評論》，身在北京的胡適始終自覺於肩負這一使命。北京帶給胡適的是文化承載感，北京作為千年古都，遺存豐厚的歷史文化資源，當它與新的、外來的文化發生對接時，重新激發出新的活力，胡適在北京獲取各種文化動力資源，他長久浸婬於京城文化之中，體驗那種「會當凌絕頂，一覽眾山小」似的巔峰感，以自己豐厚的學養和中西合璧的優勢，創造了新文化的輝煌。

〔引子、第一、三、五、六、八節載《中國文化》第四十五輯，二〇一七年春季號；中國人民大學複印報刊資料《中國現代史》二〇一七年第十期複印。第七節載《魯迅研究月刊》二〇一七年第三期。收入沈湘平、常書紅主編《都市與鄉愁》（北京：中國社會科學出版社，二〇一七年六月）。第四節載《讀書》二〇一七年第五期。第二節載《新文學史料》二〇一七年第三期〕

胡適與五四時期中西文化交流

「我的朋友胡適之」這句在二十世紀二三十年代社交場所流行的口頭禪，足以顯示當時胡適的人氣之旺。胡適擅與國人交友的事跡在知識界和社會上廣泛傳揚。胡適的另一個社交圈——與西方人士的交往，由於語言、材料的特殊性，多少顯得有些神秘，在汗牛充棟的胡適研究文獻中，迄今有關這一主題的論文仍然少得可憐。【一】通覽胡適本人日記、來往書信，可以看出與歐美人士的交往在他的日常社交活動中所佔分量頗重，五四前後的十年間尤其如此。這時，北京作為一國之都，扮演着中西文化交流的主角，在中西關係中處於中心地位。在北京有一個由歐美外交官、文人學者、旅行人員組成的人數不少的西人群體。胡適是國人中少有的幾個與這個歐美人士群體保持密切聯繫的知識分子之一。胡適作為國際知名的學者、作家，首先是與他本人的文化成就及其影響有關，但他與歐美人士的密切交往也大大提升了他在歐美文化界的知名度。五四時期既是新文化運動凱歌行進的歷史時期，也是近代以來中西文化交流最為活躍的階段。本文以胡適為中心，截取一九一七——一九二六年這一時段，展現胡適與西人的社交活動，他們之間的互動、交往可謂五四時期中西文化交流的一個縮影。

一、頻繁的交流活動

五四時期的北京，中西文化交流與此前任何一個時期相比，都要顯得活躍。西方文化名流接踵來京，中西方知識分子聚會商榷，形成了近代以來前所未有的中西文化交流高潮。西方人士來京訪問，會見胡適常常成為他們旅程的一環，胡適因此忙碌不堪，外事活動在他的日常社交活動中所佔比重甚大。將胡適會見過的西方客人名單一一列出，我們會發現它比想象的要長，超出我們的意料之外。胡適接見的西方訪客，有知名的學者，也有沒有名氣的一般訪客。因此，要摸清他所見全部西方客人的底細並非易事。從胡適的《日程與日記》看，一九二〇年是他外事活動頻繁的一年。但因其所記過於簡略，有些西人的身份難以確認。

二月二十五日，「約 Murphy 君。與 Murphy 同見夢麟」。【二】

二月二十七日「與 Murphy、Morlin 會商大學計劃」。【三】此處的 Murphy 可能是美國著名建築師亨利．墨菲（Henry Killam Murphy，一八七七年—一九五四年），一九一九—一九二一

【一】鄒新明：《从胡適藏書看胡適與海外漢學家的交往》，載《胡適研究通訊》，二〇一二年第一期，頁一九—三〇；邱志紅：〈我的外國朋友胡適之——北京大學英文系早期外教與胡適交遊考（一九一七—一九二六）〉，載《胡適研究通訊》二〇一二年第二期，頁一四—二八。

【二】《胡適全集》第二十九冊，頁九六。

【三】《胡適全集》第二十九冊，頁九八。

年間他主持設計金陵女子學院、燕京大學校園建築，【一】此前他規劃、設計了清華大學校園建築。胡適、蔣夢麟與墨菲「會商大學計劃」，極有可能是徵求墨菲對北京大學規劃的意見。

二月二十九日中午「葉叔衡飯，遇 Hunt & Timmons」。下午五時「六國飯店訪 Timmons，遇 Hunter & Chaffe」。【二】

三月一日晚上「Hunt 夫婦、Dewey 一家 Porter & C. 談甚久。」【三】Porter 是在燕京大學執教的博晨光（Lucius Chapin Porter，一八八〇年—一九五八年）。

三月二日下午四點「訪 Hunt，談甚久」。【四】

三月四日上午十一時「六國飯店（Hunter,Chaffe）」【五】。

三月十一日晚上「七點三十 C.Speergcon Medhurst」。【六】

三月十八日中午「丁文江請吃飯。Dr. A. Hrdlicka，Physical Anthropologist」。【七】此處的「Dr.A.Hrdlicka」即亞歷克斯·赫爾德利奇卡（Ales Hrdlicka，一八六九年—一九四三年），他是美國著名的體質人類學家。

三月三十日晚八時「北京飯店：Edwards 邀餐」。【八】

四月十七日「預算」下午五時「Lamont，與學生代表同去。」「談甚久，他的談話，很使我大失望」。【九】

四月十八日下午四時「發帖子請 Lamont Party」。【一〇】

四月二十二日下午四時「訪 Dewey，為 Pashing Chang 事」。【一一】

四月二十三日下午二時「Edwards 家，訪 Miss Carpenter」。【一二】

四月二十七日下午六時「Lamont」。

四月二十八日下午二三時「Miss Carpenter。Meet Lucy Dewey，與他同看圖書館」。【一三】

五月十七日下午七時「Miller 飯（瑞記）」。

【一】有關一九一九—一九二一年間墨菲在華建築事業，參見 Jeffrey W.Cody, *Building in China: Henry K.Morphy's "Adaptive Architecture" 1914—1935*, Hong Kong: The Chines University Press,2001, pp. 61-106.

【二】《胡適全集》第二十九冊，頁一〇〇。

【三】《胡適全集》第二十九冊，頁一〇一。

【四】《胡適全集》第二十九冊，頁一〇二。

【五】《胡適全集》第二十九冊，頁一〇四。

【六】《胡適全集》第二十九冊，頁一一一。

【七】《胡適全集》第二十九冊，頁一一九。

【八】《胡適全集》第二十九冊，頁一三〇。

【九】《胡適全集》第二十九冊，頁一四〇。

【一〇】《胡適全集》第二十九冊，頁一四一。

【一一】《胡適全集》第二十九冊，頁一四五。

【一二】《胡適全集》第二十九冊，頁一四六。

【一三】《胡適全集》第二十九冊，頁一五〇—一五一。

五月十八日中午「Miller 來見」。【一】

五月二十五日下午八時「Edwards—meets Mr. & Mrs.Stemaild」。【二】

六月十四日下午四時「London Mission Girl's School 演説」。【三】

一九二一年這一年因四月二十七日以前日記未存，胡適這幾個月的外事活動不得而知。五月以後與外事相關的記錄在日記中頻繁出現。

五月四日，「上午十時，去看 Miss Louise Barker and Mr. William Barker，他們都是從美國來遊歷的，有林語堂的介紹信」。【四】

五月十四日「五時半，訪 General William Crozier 於北京飯店，紐倫（Newland）先生亦來會。七時，我們三人同至清華學校作英文辯論會的評判員」。【五】紐倫（A. E. Newland）先生為一九一七年來北京大學任教的英國教師，教授化學、物理。一九一八年十月二十七日北京大學數理學會成立時，紐倫曾莅會。【六】

五月二十日「夜到北京飯店赴 General William Crozier 夫婦的邀餐。同席者為丁在君。Crozier 責怪我們知識階級的人何以不鼓吹輿論，使政府不能不利用新銀行團來築造鐵路」。【七】據胡適後來的回憶，克羅茲將軍（General William Crozier，一八五五年—一九四二年）畢業於美國西點陸軍大學，第一次世界大戰時期曾任美國兵工署署長，退休後「每年同他的夫人總來北京住幾個月」，胡適成了他們的忘年交。【八】

六月八日「到一位 Barbour 先生家吃晚飯，前次來談的 Hodgkin 先生住在他家。談了一會」。[九]霍進德（H. T. Hodgkin）是一位「貴克會」（Quacker，也稱貴格會）教徒。

六月十八日，「到夢麟處，會見加州大學教授 Stratton 先生。杜威先生與杜威夫人，陶孟和也來。同吃飯。Stratton 先生說近來美國報紙頗注意中國文字的革新，如上月之《世紀》（*Century*）有專論論此事。」[一〇]

六月二十六日，「晚八時，我與孟和在公園請美國社會學會會長 Professor James Quayle Dealey 先生吃飯。狄雷先生曾在上海講演三個月，甚有熱誠，但亦不免武斷。他很不贊成現在

【一】《胡適全集》第二十九冊，頁一七〇——一七一。

【二】《胡適全集》第二十九冊，頁一七七。

【三】《胡適全集》第二十九冊，頁一九四。

【四】《胡適全集》第二十九冊，頁二三五——二三六。

【五】《胡適全集》第二十九冊，頁二五〇。

【六】參見〈數理學會成立會記事〉，載《北京大學數理雜誌》一九一九年一卷一期，頁八二。

【七】《胡適全集》第二十九冊，頁二六四。

【八】《胡適文集》第七冊（北京：北京大學出版社，一九九八年），頁四七六。

【九】《胡適全集》第二十九冊，頁二九七——二九八。

【一〇】《胡適全集》第二十九冊，頁三一三。

中國分權的趨勢，他說中國今日所需的是一個『國家的有力政府』。他很責備我們留學生不作領袖的人才，不能作有力的運動。」【一】詹姆士·奎爾·狄雷（James Quayle Dealey，一八六一年—一九三七年）為美國著名社會學家，一九二一年來華講學，可惜有關他在華講學活動尚欠專文介紹。

六月三十日，「晚八時，我與丁在君為杜威一家、羅素先生與勃拉克女士餞行。因為羅素先生病後不能遠行，故在他寓處設席。陪客的是莊士敦先生、Miss Power（康橋大學教授）、趙元任夫婦。羅素先生精神很好，已能扶杖慢行」。【二】

七月十一日，「杜威先生今天走了。車站上送別的人甚多。我帶了祖兒去送他們。我心裡很有惜別的情感。杜威先生這個人的人格真可做我們的模範！他生平不說一句不由衷的話，不說一句沒有思索過的話，只此一端，我生平未見第二人可比他」。【三】杜威（John Dewey，一八五九—一九五二）來華講學達兩年之久，在京演講數場，胡適均到現場翻譯，《晨報》將其結集為《杜威五大講演》出版。

九月十日，「孟羅先生今晚到北京，我十時去接他。車站上的人說須十二點始到」。

九月十一日，「一點，到北京飯店，赴歡迎孟羅博士的宴會」。【四】孟羅今譯孟祿（Paul Monroe，一八六九年—一九四七年），美國著名教育家，哥倫比亞大學師範學院教授。

九月中旬至十月上旬，英美赴華教育考察團一行在北京訪問，胡適參與了對該團的接待。

九月十六日，「到 Taylor 家吃飯，會見英美教育考察團之英國團員 Roxby 先生，他是英國 Liverpool 大學經濟學之教授，談甚久」。【五】

九月二十一日「孟和邀 Roxby 與 Butterfield（皆英美教育考察團中人）到東興樓吃飯，我也在座。他們這一次是專為調查在華的『教會教育』來的，他們問我們的意見；在座諸人如莊士敦先生、任光、擘黃都是不贊成教會教育的，故討論甚激烈」。【六】

九月二十六日，「九時，到六國飯店，帶了英美教育考察團團員八人到大學參觀，先看圖書館，次看第二院的儀器室與試驗室。」【七】

十月三日，「夜到柯樂文家，會着英美教育考察團的團長 Burton 先生。此君的見解遠勝團中諸人，甚可敬。我把前次對 Roxby and Butterfield 的話的大意告訴了他，他很贊成。談到夜

【一】《胡適全集》第二十九冊，頁三二二。
【二】《胡適全集》第二十九冊，頁三三五—三三六。
【三】《胡適全集》第二十九冊，頁三五五。
【四】《胡適全集》第二十九冊，頁四五〇。
【五】《胡適全集》第二十九冊，頁四五四。
【六】《胡適全集》第二十九冊，頁四五七—四五八。
【七】《胡適全集》第二十九冊，頁四七一。

深始歸。」[一]白頓（Burton）、羅克斯比（Roxby）、布特菲爾德（Butterfield）皆為英美教育考察團成員。

十月二十一日，「美國人 Sailer（T. H. Powes Sailer）來談，問我對於中國教育制度的意見，我同他談了一點半鐘。我的大意是主張先從高等教育下手。高等教育辦不好，低等教育也辦不好。」[二]

一九二二年的外事活動未曾稍減，胡適日記載，二月十三日，「英國滙豐銀行總理 Sir Charles Addis 現在京。他是一個很有勢力的英國人，又是英國賠款研究委員會一個會員。畢善功先生（Bevan）前天同他談了一次，今天他又約我去面談一次。此君善談論，頗能容納別人的話。我談了一點鐘，結果似甚好。」[三]查理．艾迪斯（Sir Charles Addis，一八六一年—一九四五年）是英國銀行家、政府顧問，出生於蘇格蘭愛丁堡。

二月二十七日，「八時，到 Stevens 家吃飯，會見 Dr.Boynton，他是美國的一個有名牧師，長於文學。他的女兒 Grace 現在燕京大學女校教書。」[四]

三月二日，「夜赴 Dr.Black 家吃飯，遇地質學者 Dr.Berky。」[五]

這時期胡適因接受蔡元培的安排，為盲詩人愛羅先珂（B. Я. Ерошенко，一八八九年—一九五二年）做翻譯，與愛羅先珂有過幾次互動。二月二十七日，「到周啟明家看盲詩人愛羅先訶〔珂〕。蔡先生請他星期日講演，要我翻譯，故我去和他談談。他的英語還可聽。……他雙眼於四歲時都瞎了，現在年約三十。他的詩與短篇小說都不壞。」【六】三月四日，「三時，去訪盲詩人愛羅先珂，請他把明天的演說先說一遍。他說世界語現在有幾個詩人，Zamenhof之外，如Grabovaski、Deyatrin、Kabe、Edmond Privat，皆能用世界語創作新詩」。【七】

三月五日，「十時，替愛羅先珂翻譯講演，題為『世界語是什麼和有什麼』，我是一個不贊成世界語的人，在台上口口聲聲的說：『我們世界語學者……』，豈不是唱戲嗎？此事我本不願意幹，但因為蔡先生再三囑託，一時又尋不着替人，只好老着面皮唱一台戲。但是我自信這一回總算很忠實於演說的人」。【八】從這裡可以看出，胡適為愛羅先珂演講雖做了自己力所能及

【一】《胡適全集》第二十九冊，頁四七五。
【二】《胡適全集》第二十九冊，頁四八三。
【三】《胡適全集》第二十九冊，頁五一六。
【四】《胡適全集》第二十九冊，頁五二五。
【五】《胡適全集》第二十九冊，頁五二七。
【六】《胡適全集》第二十九冊，頁五二五。
【七】《胡適全集》第二十九冊，頁五二八。
【八】《胡適全集》第二十九冊，頁五二九。

的翻譯，但對愛氏推廣世界語的主張卻持保留的態度。【一】

四月十二日，「訪律師 Kent，把 Beach 的事了了。」【二】

美國新銀行團代表史梯芬（Steven）這時在北京訪問，胡適因擔任翻譯，與史梯芬多次接觸。四月十四日，「明天約了美國新銀行團代表史梯芬（Steven）在大學講演《鐵路借款的監督》，今天為他譯出演稿付印，四小時譯成三千字。」「此次請史梯芬講演，是要他正式發表一個宣言，故我把他譯出，作為討論的基礎。」【三】史梯芬在北京大學的這次演講，《北京大學日刊》四月十三日專門刊登啟事宣傳。

四月十五日「下午四時，為史梯芬譯述講演。講演完後，到北京飯店訪山格夫人（Mrs. Margaret Sanger）」。【四】史梯芬在北京的同時，山格夫人（Mrs. Margaret Sanger，一八七九年—一九六六年）也來到北京，胡適亦接受為其做翻譯的任務。山格夫人係四月十二日到達北京，抵京後致信謂：「我將在此間逗留至本月二十一日。我很願和此間對生育控制具有興趣的人士多接觸，希你在這方面給予助力。」【五】四月十九日「下午，山格夫人（Mrs Sanger）在大學講演『生育制度』，我替他譯述，聽者約二千人。他的演說力甚好，女子演說甚少他這樣的有條理層次」。【六】山格夫人的講演引起了極大反響，她提倡的生育節制主張成為社會熱議的話題。【七】

五月六日，「下午去聽 Steven 講演，他辯白『新銀行團』不是壟斷的性質。馬寅初為他翻譯。」【八】

五月十一日，「下午一時，張公權請吃飯，是為 F.W. Stevens 餞行的。」【九】

五月十七日，「法國的漢文學者 Robert des Routours 邀我吃飯，與鋼先生同席，談稍久。」【一〇】

五月二十日，「十二時，到 Mr.Keyte 家吃飯，會見 Hughes、Bentlay、Bevan、Sirèn 等

【一】一九一八年八月十五日《新青年》五卷二號就 Esperanto（世界語）展開過通信討論，陳獨秀、陶孟和、錢玄同、區聲白參與其中，胡適在陳獨秀信後有附言表態：「我對於世界語和 Esperanto 兩個問題，始終守中立的態度。」（《新青年》五卷二號，頁一八五）。而錢玄同在其信開首即曰：「適之先生對於 Esperanto，也是不甚贊成的（此非億必之言，適之先生自己曾經向我說過），所以不願大家爭辯此事。」（《新青年》五卷二號，頁一八六）。

【二】《胡適全集》第二十九冊，頁五七四。

【三】《胡適全集》第二十九冊，頁五七六。

【四】《胡適全集》第二十九冊，頁五八一。

【五】耿雲志主編：《胡適遺稿及秘藏書信》第三十五冊（合肥：黃山書社，一九九四年），頁五四。

【六】《胡適全集》第二十九冊，頁五八八。

【七】參見相關報道陳東原：《中國婦女生活史》（北京：商務印書館，一九九八年），頁四一三、四一四。〈美國女士講演生育制裁〉，載《晨報》一九二二年四月十九日七版。胡適口譯，小峰、矛塵：〈桑格爾夫人北大講演稿：生育制裁的什麼與怎樣〉，載《晨報》一九二二年四月二十五日二版。

【八】《胡適全集》第二十九冊，頁六一八。

【九】《胡適全集》第二十九冊，頁六二二。

【一〇】《胡適全集》第二十九冊，頁六二五。

人。」[一]

五月二十二日，「作一文《中國詩中的社會問題詩》（『Poetry Social Protest』），因為去年答應了北京外國婦人的『中國事物研究會』（The『Things Chinese』Club）一次講演，他們的題目是《中國詩》，我嫌他太大，故改用此題。會期在明天。」[二]

五月二十九日，「晚間到北京飯店，Miss Catherine Dreier 處吃飯。他把他的畫品給我看。這位婦人從前作舊派畫，很不壞；有一次他作了一幅 Renbrandt，竟可亂真，近年他專研究新派繪畫，畫的東西我就不懂了。今晚看的有一張畫，為立方派大家 Duchamp 的小照，中畫一金色圓物，表『生命之輪』；又畫一尖圓錐斜貫此輪，表其人之孤行；上方畫一平直綫，表其人之孤立；其外畫幾個三角形，表其人之才藝多方；其在左之一個三角形上出一長柄，至金輪上屈折而入，作黑白兩色，表示畫家之光影二事，由此斜上，出輪而放光焰，表其技術之成績開一生面。此種象徵，在我們門外漢看來，實在淺薄的很。但這種人確是很誠摯的做試驗，我們不能不承認他們的嘗試自由。」[三] 胡適與這位美國女畫家後來還有往來，六月三十日，「Miss Catherine S. Dreier（即前記的美國畫家）工於美術的照相，他要替我照相，我約他今天上午在公園照相，即在長美軒吃飯。他照了七八張，預備挑選一兩張出來。」[四] 七月二十一日「美國 Catherine Dreier 女士送來替我照的相片三種，有兩種很好」。[五] 從胡適的日記看，這位美國女畫家在京至少住了兩個多月時間。

九月二十七日，「下午到 Prof.Gamer 住處，談了一會，陪他到大學，請他講演『聯邦制度的得失』，我為他翻譯。他講的話淺近極了，毫無精理警句」。【六】

十月五日，「Edwards 因為傳教大家 Sherwood Eddy 來了，邀我們幾位不信宗教的人和他吃飯談談。蔡先生和我都到了，Eddy 談的是一種極淺薄的實驗主義。」【七】舍伍德·艾迪（Sherwood Eddy，一八七一年—一九六三年）是美國著名的新教傳教士領袖。一九一一年他被國際委員會指定為負責亞洲事務的秘書，他在中國、日本、菲律賓、土耳其、巴勒斯坦、伊朗、埃及等國度過了十五年時間為學生傳播福音。正是在這個期間他來京訪問。

十月二十七日，「去看 Dr.Phister，談招待恩斯坦博士的事。」「晚上邀 Sokolsky 夫人、Mrs.Rupert Hughes、Donald 一班人吃飯。」【八】

【一】《胡適全集》第二十九冊，頁六二八。

【二】《胡適全集》第二十九冊，頁六二九。

【三】《胡適全集》第二十九冊，頁六三五。

【四】《胡適全集》第二十九冊，頁六六七。

【五】《胡適全集》第二十九冊，頁六八七。

【六】《胡適全集》第二十九冊，頁七六五。

【七】《胡適全集》第二十九冊，頁七七四。

【八】《胡適全集》第二十九冊，頁八二一。

一九二三年四月一日以前日記未存。四月二十一日胡適離京南下養病，十二月才回到北京，故這一年胡適在北京幾無外事活動。到了年底回到北京後，十二月十八日胡適「訪鋼和泰先生，談甚久」。十二月二十六日「上午，友華銀行前總理 Emery 來談」。[一]

一九二四年胡適的外事活動甚少，這顯現出當時因南北對峙，局勢緊張，來京的西人大為減少。一月二十二日，「到北京飯店，訪 Wasserman、Emery，皆不遇」。[二] 一月二十四日，「Emery 來談，要我批評他的一文 My Chinese Teacher」。[三] 以後因日記缺記，直到一九二六年七月十七日出京，均未見胡適的外事活動記錄。

從胡適日記可見當時來京的西方人士，基本上都下榻在北京飯店、六國飯店。他們在北京仍保持西方的飲食習慣，很少光顧中餐館，他們招待客人或在家中，或在所住飯店。胡適與他們會面，時常負有翻譯任務，胡適可謂當時京城第一英語翻譯，凡屬重要人物的英語演講翻譯首選人物都是他。胡適會見西人的成分較雜，但國籍多為美國人、英國人，顯示出胡適的西方文化背景主要是美國文化。五四時期的中西文化交流主要集中在一九一九—一九二二年這一時段，一九二三年以後銳減，這一方面與胡適日記漏缺有關，一方面也是後來中西文化交流疏於活動的實際情形所致。從這一點來看，中西文化交流在北京的變化曲綫與新文化運動在北京的命運、國內局勢的演變有着密切的內在關聯。

二、出入歐美駐華使館的常客

北京前門右側的東交民巷是歐美外交使團駐地，俗稱「使館區」。此地與坐落在沙灘的北京大學並不太遠，使館人員除了與在京的民國政要發生關係外，他們平常交往的人員大概就要數那些曾在歐美留學、精通外語的高級知識分子。胡適在新文化運動中聲名鵲起，加上善於交際和一口流利的英語，常應邀出入歐美國家的公使館，參加使館的活動或餐會，成為他們的座上客。

胡適為留美學生，與美國的關係自然最為密切，他常常出入美國使館，在其日記中有數處可證。胡適首次接觸的美國公使是克蘭（Charles R.Crane，一八五八—一九三九年），一九二〇年三月二十日至一九二一年七月二日克蘭被美國總統威爾遜（Thomas Woodrow Wilson，一八五六—一九二四年）任命為駐華公使，他來華時已是一位外交經驗豐富、對華事務嫻熟的資深外交官。據一九二一年五月二十六日胡適日記：「到俄使館，與 Bevan、Zucker、Gravi

---

【一】《胡適全集》第三十冊，頁一三二、一三八。
【二】《胡適全集》第三十冊，頁一五八。
【三】《胡適全集》第三十冊，頁一五九。

同到美使館，見美公使克蘭（Crane）先生。上月文友會（北京各國人喜歡文學的，前年組織此會）議決倡辦『東方學圖書館』，舉五人委員會，去見克蘭先生，請他幫助。鋼男爵與卓克先生擬了一篇長的說帖，今天我們四人帶了說帖去見他。卓克讀說帖，格拉偉說話，克蘭留下說帖，說要細看。」【一】此處的鋼男爵即鋼和泰（Alexander von Stael-Holstein，一八七七年—一九三七年），這時在北京大學任教。

克蘭的教養、見識似乎贏得了胡適的好感，從他倆以後的接觸可以證明這一點。六月十三日胡適日記載，「午後一時，到杜威先生家吃飯，並會見美國公使克蘭先生（Crane）。克蘭任滿，不日將歸；繼任者已定為康南耳前校長休曼先生（Schumann）」。【二】六月十四日，「與夢麟同訪克蘭公使。克蘭說，他最佩服杜威先生，杜威是一個真急進派（A true radical），他深信進步是一步一步得來的，而不主張平地推翻一切。這是真正的美國主義。」「克蘭公使又表示他對於鋼男爵的特別禮重，他說，中國應該為世界愛惜此人。他如有可以為力之處，他當盡力。」【三】當天「十點，克蘭公使約談，我以為他有什麼要事，原來他要我們見美國《新共和》報（*The New Republic*）的一個主筆（Merz）君。他後日出京，居然還肯於百忙中作這種紹介，這也是很難得的了」。【四】六月十六日，克蘭出京回國，胡適並「沒有去送行」。【五】克蘭離京第二天，胡適按照克蘭的指示會見了墨茨（Charles Merz，一八九三年—一九七七年；一九一六年—一九一七年為《新共和》的通訊員，一九二〇年升為助理編輯，一九三八年至一九六一年為《紐約時報》的編輯）。六月十七日，胡適「夜訪Merz先生，談至半夜始歸」。【六】《新共和》是美國著名的政治時事刊物，一九一六年一月二十二日杜威曾在此刊發表《力量、暴力與法律》（Force. Violence and Law）一文，該文對胡適思想影響極大，大概也是在這時，胡適對《新共和》比較留意。【七】六月二十四日，胡適到北京飯店去看Merz先生，他正要出店離京，胡適親送他去車站，極盡地主之誼。【八】

接任的美國公使是休曼先生（Jacob Gould Schuman，一八五四年—一九四二年），一九二一年—一九二五年出任中華民國公使。據一九二二年五月三十一日胡適日記，「十時半，去看美國公使許滿先生。他雖是我的校長，但我總避嫌疑，不常去看他；今天為美國賠款

【一】《胡適全集》第二十九冊，頁二六九。
【二】《胡適全集》第二十九冊，頁三〇三。
【三】《胡適全集》第二十九冊，頁三〇六。
【四】《胡適全集》第二十九冊，頁三〇八。
【五】《胡適全集》第二十九冊，頁三〇九。
【六】《胡適全集》第二十九冊，頁三一一。
【七】參見唐德剛譯註：《胡適口述自傳》四章〈青年期的政治訓練〉，收入歐陽哲生編：《胡適文集》第一冊（北京：北京大學出版社，一九九八年），頁二三八。
【八】《胡適全集》第二十九冊，頁三一九。

事，我去訪他談了一個鐘頭。」【一】可見胡適對這位母校的校長是取敬而遠之的態度。其實，胡適早在留美時與休曼已有交道，一九一七年一月二十七日，哈佛學院女校友協會（Haverford College Alumni Association）舉行「年宴」。該院新校長康福（William W. Confort，一八七四年—一九五五年）曾在康奈爾大學（Cornell University）任教，本來康福邀請美國前總統塔夫脱（William Howard Taft，一八五七年—一九三〇年）和康奈爾大學校長休曼，「休曼校長辭不能來，康福薦適代之。適以其為異常優寵，卻之不恭，故往赴之。此次所說為『美國能如何協助中國之發達』，稿另有刊本。」【二】從康福推薦胡適代替休曼演講這一事例看，胡適已是美國人看好的培養對象。

美國公使芮恩施（Paul S. Reinsch，一八六九年—一九二三年）曾於一九一三年—一九一九年擔任駐華公使。卸任後仍參與各種國際會議的活動，胡適常替他翻譯。一九二二年九月芮恩施在北京，胡適與他有過接觸。一九二二年九月八日胡適日記載，「茶會時，美國公使芮恩施（Reinsch）演說《中國財政》，說的話淺不可耐。此人真沒有道理。我與在君問他幾句，他竟不知答了些什麼鬼話。」【三】九月十五日，「國際聯盟同志會開會歡迎芮恩施，我被葉叔衡打電話邀去。芮有演說，說歐戰後中國的國際地位。他要我替他翻譯，我要避去演說，所以就替他翻譯了。他今天說的話遠勝前日的借款演說。」【四】胡適曾答應芮恩施寫作一本《中國人的和平理想》，九月十七日日記述及此事：「到喜雀胡同訪芮恩施，他重申前年做一部 *Chinese*

Ideals of Peace 之約，問二千元美金敷用否。我說，盡夠了。他取出我前年擬的目錄交給我，今附在後頁。他談及政治問題，我把前天擬的計劃的大意說給他聽，他很贊成。」【五】從所附的提綱看，其中「老子與不抵抗」、孔子、墨子、孟子等內容應在其《中國哲學史大綱》可見蹤影。但「中國的統一及其對和平理想的影響」、「佛教與和平」、「中國文學中的戰爭與和平」、「對好戰民族的教化（綏靖？）」則顯為新續的內容。此前一九一四年（孔子二四六五年）二月七日美國駐華公使芮恩施在北京代表卡內基國際和平基金會（Carnegie Endowment for International Peace）約請陳煥章撰寫「中國人對於和戰之學說」，陳煥章應命撰寫了《孔教經世法》。【六】此次芮恩施再次約請胡適撰寫《中國人的和平理想》一書，可能仍是代表卡內基國際和平基金會約稿，可惜這一計劃後來並未見諸真正實施。十月二日，「夜七時半，社會政治

【一】《胡適全集》第二十九冊，頁六三七—六三八。

【二】《胡適全集》第二十八冊，頁五一三。

【三】《胡適全集》第二十九冊，頁七四三。

【四】《胡適全集》第二十九冊，頁七四九。

【五】《胡適全集》第二十九冊，頁七五三。

【六】參見陳煥章：《孔教經世法》（上海書店出版社，二〇一六年）。陳煥章原稿收藏於美國哥倫比亞大學史帶東亞圖書館（C. V. Starr East Asian Library），上海書店出版社據原稿影印。

學會幹事部開會，在畢善功家晚餐。九時半，開大會，芮恩施演說『新銀行團』，也是淺薄的很。略有討論」。[一] 胡適與芮恩施的互動不少，但胡適似對他沒有好感，與此相對照，芮恩施在他的《一個美國外交官使華記》（*An American Diplomat in China*）中對胡適也隻字未提。[二]

胡適與英國使館參贊哈丁（H. M. Handing）交往較多。據其日記載，一九二〇年五月三日晚上七時「請英使館中人吃飯」。[三] 一九二一年七月三日，「哈丁先生（英使館參贊）請我、夢麟、孟和、在君、畢善功，到他住的倒影廟內吃飯，Miss Power也在座。哈丁談兩事，甚可注意：一是湖北督軍王占元對於領事團質問兵變事的答覆書，書中王占元自誇他一天槍斃千七百五十人的計劃，恬然不知此為慘無人道的行為；書中還有許多荒謬可笑的話。一是上海新出版的一部上海逆倫案驗屍的詳細照片。」「哈丁是一個很爽直的人，他說，你們中國人現在高談收回領事裁判權，但上海是一個最文明的地方，上海的司法官是一些最新的司法人物，居然有這樣的『中古』的驗屍案，用這樣的非科學的方法，不但社會不以為奇，那些最新式的大人物也不以為怪，這個未免太使人失望了。」[四] 在這次會談中，胡適與哈丁最有意思的爭論是在對中國歷史進步的理解上，雙方圍繞「中國這幾千年來何以退步到這個樣子？」這一問題展開辯論。哈丁、畢善功（Louis Rhys Oxley Bevan，一八七四年－一九四五年）認為唐朝以後中國沒有什麼進步，這在西方是一種頗為流行的觀點。而胡適、丁文江則以為「這兩千年來，中國的進步實在很多，退步很少」。[五] 胡適列舉了文學、經學和印刷術方面的演變來說明自己的觀點。這是一次激烈的文化碰撞。也許因為哈丁的觀點在西方世界具有代表性和普遍性，一九二二年五月十九日夜八時半，胡適在協和醫院大講堂演講，因聽者多為在京之外國人，講題遂選擇「中國究竟進步了沒有？」【六】一九二六年十一月十一日胡適在英國劍橋大學演講時，再次選擇「中國近一千年是停滯不進步嗎？」這個題目來闡述自己的觀點。

胡適與香港大學關係頗深，這一關係最早可追溯到一九二一年，也與哈丁的牽綫有關。據胡適日記載，這年七月八日，「晚到哈丁家，與哈丁夫人、Miss Power 及幾個別人同到東興樓吃飯。中有香港大學的經濟學教授 Hinton 先生。」【七】兩個月以後，九月二十四日下午，胡適隨畢善功「去訪香港大學校長 Sir William Brunyate。此人乃是英國舊式官僚的絕好代表。他曾在埃及作財政顧問二十年，談話極守舊。」【八】卜蘭溢爵士（Sir William Brunyate，一八三四

【一】《胡適全集》第二十九冊，頁七七一。

【二】Paul S. Reinsch, *An American Diplomat in China.* New York: Doubleday, Page & Company, 1922.

【三】《胡適全集》第二十九冊，頁一五六。

【四】《胡適全集》第二十九冊，頁三四〇—三四一。

【五】《胡適全集》第二十九冊，頁三四二。

【六】《胡適全集》第二十九冊，頁六二七。

【七】《胡適全集》第二十九冊，頁三五一。

【八】《胡適全集》第二十九冊，頁四六三。

年—?）一九二一年—一九二四年任香港大學校長，他的續任康寧爵士（Sir Hornell，一八七八年—一九五〇年）一九二四年—一九三七年任港大校長，一九三五年曾授予胡適榮譽博士學位，這是胡適所得第一個榮譽博士學位。而一九二七年五月胡適從美國訪問歸國時，途經日本奈良，香港大學創始人儀禮爵士（Sir Charles Eliot，一八三四年—一九二六年，胡適譯其名為「愛里鄂」）曾邀胡適聚餐，儀禮精通梵文和巴利文，著有《印度教與佛教》（*Hundusm and Budhism*）。鋼和泰來北京大學任教，即出自儀禮的推薦。胡適認為，「香港大學對中國學術上的貢獻，大概要算這件事最大。可惜愛里鄂以後，這樣的學術上的交通就不曾繼續了」。[一]

一九二二年三月三十一日，「到哈丁家，哈丁將往遊新疆，預備住一年，途中近一年，故他把一架英文書借給我。我今天去取書，與他同到我家中小坐。」[二] 四月六日，「晚上與孟和同餞哈丁，客有 Johnston、Bevon、Sirén、任光等。我們談的很痛快。」[三] 此處 Johnston、Bevon、Sirén 分別為莊士敦（R. F. Johnston，一八七四年—一九三八年）、畢善功、喜龍仁（Osvald Sirén，一八七九年—一九六六年。又譯作喜仁龍）。顏任光時任北京大學物理系主任，一九一二年—一九一八年曾先後在美國康奈爾、芝加哥大學留學。這是胡適與陶孟和為哈丁餞行舉行的別宴。從哈丁寄書於胡處和這次餞宴看得出來，胡適與哈丁的情誼不同尋常。

胡適與德國公使館亦有來往。據其一九二二年五月三日日記載，「晚上到德國使館吃飯。新公使說英語很好。頭等參贊尉禮賢博士（Dr. Rrchard Wilhelm）精通漢文，曾把十幾部中國古書譯成可讀的德文。去年他動手譯我的《哲學史》，今年因事忙擱起了。使館參贊卜爾熙（Von Borsch）說，漢學者傅爾克（A.Forke，曾譯《論衡》的）曾託他代買我的《哲學史》，也是想翻譯成德文的。不知這兩個譯本之中，哪一本先成功。」【四】此處的尉禮賢博士為德國著名的漢學家，今譯衛禮賢。至於傅爾克（Alfred Forke，一八六七年——一九四四年，今譯佛爾克）在中國古代哲學史研究方面造詣頗深，後來出版了三卷本的《中國哲學史》（一九二七、一九三四、一九三八年）。【五】不過，不管是衛禮賢，還是佛爾克，我們都沒有見到他們翻譯的胡著《中國哲學史大綱》德譯本出版，他倆對胡適《中國哲學史大綱》的示好，不能說是忽悠，

【一】參見胡適：《南遊雜憶》，收入歐陽哲生編：《胡適文集》第五冊（北京：北京大學出版社，一九九八年），頁六一三。

【二】《胡適全集》第二十九冊，頁五五七。

【三】《胡適全集》第二十九冊，頁五六七。

【四】《胡適全集》第二十九冊，頁六一六。

【五】參見張國剛：《德國的漢學研究》（北京：中華書局，一九九四年），頁五三——五四。

但可能鼓勵的成分居多。[一]在胡適的英文檔案裡保留着衛禮賢一九二四年一月二十二日從北京、一九二六年八月十六日、十月三十一日從法蘭克福發出的三封信，後兩封信正是胡適在歐洲訪問之時，當時衛禮賢擔任法蘭克福大學（Johann Wolfgang Goethe-Universität Frankfurt am Main）中國學社社長，胡適應衛氏之邀在該社秋季學期（Autumn Session）發表了「中國小說」（「Chinese Novels」）的英文演講，衛氏對胡適的來訪和演講致以謝意。[二]

胡適與舊、新俄國外交人員均有接觸。[三]胡適日記載，一九二二年五月二十四日，「到俄舊使館，赴M.Gravi邀吃飯，見着他的母親與妹子。同席的為鋼男爵（Baron Stäel-Holstein）與丁在君」。[四]六月十五日，「到遠東共和國代表宅吃飯，赤塔政府中人的生活甚簡陋，而此間代表宅乃極華麗，餚菜也極豐盛，絕不是俄國國內人所享生活。此可見舊俄國的外交手腕仍然存在。」[五]胡適對新俄外交人員的特殊待遇顯無好感。一九二二年八月十八日，「夜七時，守常請俄國新代表約佛（Yoffe）吃飯，同來的有莫斯科大學中國學者I-vanoff及參贊二人。陪客的有孑民、孟和、石曾、夢麟。孑民有演說，我也演說了幾句，約佛作答」。[六]這裡的約佛（Yoffe）即為蘇聯駐華代表越飛（Adolf A.Joffe，一八八三年—一九二七年），I-vanoff為著名漢學家伊鳳閣（Иванов Алексей Иванович，一八七七年—一九三七年）。胡適後來與蘇聯大使館的來往一直保持到二十世紀三十年代，蘇聯方面給予胡適相當的禮遇。

胡適與法國使館的來往很少，僅在一九二〇年三月二十七日一處有日記見載，當天下午「法使館邀餐，會 Lévy Bruhl」。【七】路先・列維—布留爾（Lucien Lévy Bruhl，一八五七年—一九三九年。又譯萊維—布律爾、列維—布呂爾）為巴黎大學教授，著有《低級社會中的智力機能》（*Les fonctions mentales dans les sociétés inférieures*）、《原始思維》（*La mentalité primitive*）等。三月二十五日下午在北京大學有一次演說，演說完後，蔡元培邀陪列維—布留爾，胡適「未去」。【八】一九二三年十月二十八日蔡元培在法國巴黎訪問時曾會見過此人。【九】

【一】一九三〇年衛禮賢去世，翻譯胡著《中國古代哲學史》的任務似落到其子衛德明（Hellmut Wilhelm，一九〇五—一九九〇）肩上。據一九三三年十二月三十一日胡適日記載：「尉禮賢先生之子衛德明（Hellmut Wilhelm）來談，他把我的《哲學史》上卷譯完了，已付印。他要我作一序文。」（《胡適全集》第三十二冊，頁二五四）但我們並未見此德譯本問世。

【二】參見中國社會科學院近代史所收藏《胡適檔案》，卷宗號E三七六—三。

【三】俄國駐中國大使館在一九二〇年九月最後一任沙俄使臣庫達攝夫王子離開後就一直閒置，一九二四年五月蘇聯首任駐華大使列夫・加拉罕進駐原沙俄駐華使館。參見（英）朱麗婭・博伊德著，向麗娟譯：《消逝在東交民巷的那些日子》（北京：商務印書館，二〇一六年），頁一九三。

【四】《胡適全集》第二十九冊，頁二六八。

【五】《胡適全集》第二十九冊，頁三〇八。

【六】《胡適全集》第二十九冊，頁七一七。

【七】《胡適全集》第二十九冊，頁一二七。

【八】《胡適全集》第二十九冊，頁一二五。

【九】參見高平叔：《蔡元培年譜長編》中冊（北京：人民教育出版社，一九九六年），頁六六三。

胡適參加過西班牙公使館舉行的一次盛會，事因西班牙著名作家布拉斯科·伊巴涅斯（Vicente Blasco Ibáñez，一八六七年—一九二八年）訪華來京。一九二四年一月四日胡適日記載，「下午與夢麟同至西班牙使館，赴公使Darfluentes侯爵茶會，會見西班牙文學大家Blasco Ibáñez。此君著作甚多，其*Four Horaemen of the Apokalypse*，曾演為影風，風行一時，是日與會者多北京各國知名之士，鋼男爵、辛博森、文納、日本公使芳澤謙吉皆在。」[一]顯然，這是在京歐美高階層文化人士的一次聚會。其中的辛博森（Bertram Lenox Simpson，一八七七年—一九三〇年）為英國人，中國海關稅務司辛盛（C. L. Simpson,?—一九〇九年）之次子，著有《來自北京的有欠審慎的信》（*Indiscreet Letters from Peking*，一譯《庚子使館被圍記》），一九二二年—九二五年被張作霖聘為顧問。《啟示錄的四騎士》（*Four Horsemen of the Apocalypse*）為伊巴涅斯代表作，民國時期有李青崖的漢譯本。[二]這次盛會可能是五四時期在京中外文化名流聚會的尾聲了。

此外，胡適與在京的西方教會學校、新聞媒體也保持良好的關係，他們之間的書信往來主要涉及約請演講、約稿、約會等交流活動。華北協和華語學校（The North China Union Language School，Peking）成立於一九一〇年，校址位於東城區朝陽門內大街。這是一所傳教士漢語培訓學校。學校的教學工作主要由英國倫敦傳教會主持。一九二〇年十月二十一日、一九二三年一月二十三日、四月一日該校負責人佩特斯（W.B.Pettus，一八八〇年—一九五九年）三次致信胡適，邀請他去演講。[三]一九二四年該校與燕京大學合併，更名為燕京中國學學院（Yenching School of Chinese Studies，Peking），博晨光負責校務，他與胡適關係極為密切，胡適檔案裡保留着他給胡適的數封書信。[四]北通縣潞河中學也是一所教會學校，該校一九二五年五月十五日致信胡適，邀請他六月十日上午十點三十分到該校發表演講。[五]北京的一些基督教組織，如北京基督教青年會（The Peking Young Men's Christian Association）、北京基督教學校事業聯合會（The Peking Christian Student Work Union）與胡適亦有往來。[六]胡適並非教徒，但教會學校、教會組織的活動卻需藉助胡適的聲望和知識背景為他們造勢。胡適與基督教之間既合作又矛盾的關係可以說伴隨他的一生。

【一】《胡適全集》第三十冊，頁一四五。《全集》作 Blasco Ibáñez 為 Blazes Ilanes，現改。

【二】伊巴茲著，李青崖譯：《啟示錄的四騎士》（北新書局，一九二九年）。後改名《四騎士》（上海：商務印書館，一九三九年）。

【三】參見中國社會科學院近代史所收藏《胡適檔案》，卷宗號E三一六—十。

【四】參見中國社會科學院近代史所收藏《胡適檔案》，卷宗號E三一九—三。

【五】參見中國社會科學院近代史所收藏《胡適檔案》，卷宗號E二九〇—一。

【六】參見中國社會科學院近代史所收藏《胡適檔案》，卷宗號號E一二七—一、E一四〇—八、E一五五—六。

三、北京西方學者圈內的「地保」

長駐北京的西方人士除了外交官以外，大概就要數傳教士和在大學任教的洋教授。胡適不信基督教，故雖與傳教士有過接觸，但結交頗為有限，他真正打交道比較多的是在大學任教的洋教授，或來京作長期訪問的學者、漢學家。五四時期來京訪問最具影響力的西方學者當推杜威和羅素，他倆在華訪問的行程已有專著論及，在此不贅。[一]這裡我想介紹的主要是兩類人：一類是在北京大學任教、工作的洋教員，一類是來京訪問的漢學家或學者。胡適與西方人士的深入交流主要是在這兩個圈子裡展開。

北京大學因為講求中西並重，從其前身京師大學堂以來即有聘請外國知名學者任教的傳統。據統計，一九〇一—一九一一年京師大學堂聘請外國教習三十餘位，分別擔任英、法、俄、德、日、醫學、物理、植物、動物、生理、數學、化學、倫理、心理、歷史、法政、商科、經科、農科等科目的教習，其中日籍教員佔了相當大的比重。[二]又據一九二四年五月份製《聘用洋教員年期事項一覽表》，當時聘用的洋教員計有：葛利普（Amadeus William Grabau，一八七〇年—一九四六年）、畢善功、柯樂文、歐爾克（Waldemar Oehlke，一八七九年—一九四九年）、衛禮賢、鐵捷克（C.M.Третяков）、額爾德、鋼和泰、柴思義（Lewis Chase，一八七三年—一九三七年）、文訥（Edward. T. C. Werner，一八六四年—一九五四年）、柯樂文夫人、鐸爾孟、沙利榮、海理威、紀雅各、伊法爾、柏烈偉（S. A. Poleoy）、賈尼格女士、加茲等十九人，【三】校內形成了一個特殊的群體——洋教員。胡適初到北京大學，即擔任英文學部教授會主任，一九二一年以後胡適出任英文學系主任。因為工作的關係，他與這個群體交往較多的人士主要是在英文學系任教的畢善功、柯樂文、卓克（Adolph. E. Zucker，一八九〇年—一九七〇年）、文訥、柴思義和講授「古代印度宗教史」的鋼和泰。在《胡適檔案》中保留一份胡適草擬的英文學系開設科目及內容，內記畢善功、柯樂文、柯夫人、文訥等洋教授所授科目及內容，這應是胡適擔任系主任期間留下的手筆。【四】通過集合中外教授的努力，胡適對北京大學英文學系的教學面貌確實做了重要改進。

畢善功是胡適在北京大學接觸最多的英籍教師。一九一一年（宣統三年）閏六月畢氏即

【一】中文方面的相關論著參見馮崇義：《羅素與中國——西方思想在中國的一次經歷》（北京：三聯書店，一九九四年）。丁子江：《羅素與中華文化：東西方思想的一場直接對話》（北京大學出版社，二〇一五年）。元青：《杜威與中國》（北京：人民出版社，二〇〇一年）。

【二】王學珍、郭建榮主編：《北京大學史料》第一卷（北京：北京大學出版社，一九九三年），頁三二八—三四六。

【三】王學珍、郭建榮主編：《北京大學史料》第二卷（一）（北京：北京大學出版社，二〇〇〇年），頁四四七—四四八。

【四】參見胡適：《英文學系科目之內容》（一九二一—一九二二），中國社會科學院近代史所收藏《胡適檔案》，卷宗號二一四四—四。

任教於京師大學堂，初在北京大學開設「英國法」「英美法特別講演」「拉丁文」等課程，[一]一九二〇年後在英文系開設「名家散文」「現代戲劇」「作文」「歐洲古代文學」等課程，月薪四百五十元，是薪俸較高的外籍教員。胡適與之過從甚密，常常與之一起觀賞在京上演的西洋戲劇，或出席各種歐美人士的聚會，或兩人到公園去散步交談。胡適日記載，一九二一年六月十日「夜間，畢善功先生請我看戲。北京新到一個英國戲班，名 Waring Co.，有四天的演戲。今天演的是小仲馬的《方便的結婚》（*A Marriage of Convenience*），寫法國十八世紀中葉的風俗，頗使人發笑。有幾個人做的很不壞。我自從八年除夕去看過一回英國戲，一年半沒有看外國戲了」。[二]六月二十一日，「晚到夢麟家，我與他及孟和三人公餞畢善功先生，畢先生帶來英國教育家 R.F.Scott 擬的英國輔助中國教育發展計劃書，要我們討論。Scott 先生前次（冬間）來遊，我們同他談過幾次。他想運動英國退還賠款，故有此計劃，由英使館參贊哈丁先生轉來，徵求我們的意見，故今晚討論此事。」[三]六月二十四日，胡適「去看杜威先生，把 Dr.Scott 的計劃書給他看了，請問他的意見如何。他很不贊成這種計劃，他的意見有許多和我相同。」[四]胡適的意見後來似並不見採納。一九二二年二月十六日，畢善功又邀胡適看北京美術會會員演劇。是夜共演兩齣獨幕劇：第一折為愛爾蘭詩人伊慈的《如願之鄉》，第二折為蘇格蘭文人裴里的《羅剎林》。胡適評論第一折「戲文是韻文的，情節又帶神秘主義，不甚可觀」；第二折「戲情既佳，做工也極好」。[五]五月三十日，「畢善功邀去看 American College

Womens' Club 演的新劇：（1）Suppressed Desires, a farce by Sussan Glaspell; (2) Alice Sit by the Fire,a comedy by J. M. Barrie，第二本尤好，我很高興」。[六] 六月二十一日，「十時到萃文學校（倫敦會辦的），作畢業式的演説，題為『教會學校與中國文化』。歸途與畢善功同到公園吃飯，談甚久。」[七] 一九二四年一月八日，「Bevan、Grover Clark、楊丙辰來談」。[八] Grover Clark 為時在北京大學英文系任教的柯樂文，楊丙辰為德文系教授。畢善功在北京大學任教一直持續到一九二六年，在此期間他一度兼任《中國社會政治評論》（*The Chinese Social and Political Science*）主編，[九] 胡適應約在該刊常常發表英文文章，畢氏可謂這個時期與胡適關係

【一】參見《北京大學史料》第二卷（一），頁三七九。

【二】《胡適全集》第二十九冊，頁三〇一。

【三】《胡適全集》第二十九冊，頁三一五。

【四】《胡適全集》第二十九冊，頁三一九。

【五】《胡適全集》第二十九冊，頁五一九。

【六】《胡適全集》第二十九冊，頁六三七。

【七】《胡適全集》第二十九冊，頁六六〇。

【八】《胡適全集》第三十冊，頁一五〇。

【九】Louis Rhys Oxley Bevan to Hu Shih (1 May,1926)，中國社會科學院近代史所收藏《胡適檔案》，卷宗號一二九—二。該信畢善功使用信箋抬頭 Library of the Chinese Social and Political Science Peking China.

最為密切的英國朋友。

柯樂文（Grover Clark，一八九一年—一九三八年）一九一八年圍繞柯樂文來北京大學任教一事，曾三次與胡適往返通信（六月三日、九月十八日、十月七日），細商有關事宜。在十月七日給胡適的信中，他就所教科目、學期合同、薪酬、住房提出具體要求，表示要在他回芝加哥拿到博士學位以後才能來北京大學任教，而這可能需要一年或兩年的時間，並開出每月三百二十五美元（相當於美國鄰國墨西哥）的薪酬數目。【一】一九二〇年八月被北京大學英文系聘任為教授，講授「現代小說」「英美文學史」「比較文學」「西方文化之觀點」等課程，他的夫人（Kathryn B. Clark）也於一九二一年一月被北京大學英文系聘任為講師，講授「近代歐洲之戲劇」「作文」。【二】他們住在東堂子胡同二十九號。【三】據《民國十五年六月份外國教員調查表》，他倆的薪酬分別是每週一百零五、九十元。【四】柯樂文夫婦的教學效果受到英文學系學生的好評，學生們給胡適的信中表示：「柯先生在本系服務四年，學生甚為滿意，並於授課之外對於學生事業，如演說、辯論等，匡助實多，而華北專門以上學校聯合演說辯論會，實由先生所手創。」「柯夫人熱忱授課，尤為學生所敬愛」。【五】柯樂文同時擔任英文《北京導報》（*Peking Leader*）的主筆並理事長，胡適應約在該報發表過文章。【六】胡適與柯氏夫婦常有往來。一九二〇年九月八日上午九時「檢書送Clark」。【七】一九二一年五月十五日「九時半，訪柯樂文（Grover Clark）先生，會見捷克斯拉夫駐日公使Carl Pergler先生。此君來遊中國，要想於短時間內知道中國政治的大勢，柯君邀我與他一談。這個題目太大了，我只能說一個大概，他頗覺得我的短談話比他讀的許多關於中國的書還要明白些」。【八】一九二二年六月二十四日，胡適「晚間到柯樂文家吃飯，談宗教問題；席上多愛談論的人，如 Houghton、Embree、Clark，談此事各有各所主張」。【九】直到一九二六年柯樂文還在北京大學任教，胡適與柯樂文的相交時間幾乎與畢善功重疊。柯樂文離開北京期間，因奉系軍閥張作霖衝進蘇聯大使館搜捕李大釗等共產黨人，

【一】Grover Clark to Hu Shih (October 7,1918)，中國社會科學院近代史所收藏《胡適檔案》，卷宗號二一四四—四。

【二】參見胡適：〈英文學系科目之內容〉（一九二一—一九二二），中國社會科學院近代史所收藏《胡適檔案》，卷宗號二一四四—四。

【三】參見王學珍、郭建榮主編：《北京大學史料》二卷（一），頁四〇〇、四四七—四四九。

【四】參見王學珍、郭建榮主編：《北京大學史料》二卷（一），頁四四九。

【五】〈英文學系學生致胡適〉，中國社會科學院近代史所收藏《胡適檔案》，卷宗號二一四七—九。

【六】胡適在該報發表的文章有：1. A literary Revolution in China, ed.by M.T. Z. Tyan, being the Special Anniversary Supplement of the Peking Leader, February 12,1919. pp.116-118；2. Sinological Research at the Present Time. *Peking Leader* reprints No11. Peking: Peking Leader Press.1925.p. 7.

【七】《胡適全集》第二十九冊，頁二〇七。

【八】《胡適全集》第二十九冊，頁二五〇—二五一。

【九】《胡適全集》第二十九冊，頁六六二。

發現英文《北京導報》接受馮玉祥補助的材料，一時成為所謂「問題」人物。【一】

卓克為一九一九年十月來北京大學英文系執教的美籍教師，教授「戲劇」「散文」等課程。【二】早在一九一八年十月十七日，卓克應蔡元培之邀，在北京大學做了一場題為「文學家陶斯道」（Tolstoy: the Artist）的演講，胡適曾在現場擔任翻譯。【三】據胡適日記載，一九二一年六月三日「赴卓克（Zucker）的午飯。飯後閒談甚久。卓克說，易卜生的《娜拉》一劇寫娜拉頗不近人情，太頭腦簡單了。此說有理，但天下古今多少社會革新家大概多有頭腦簡單的特性；頭腦太細密的人，顧前顧後，顧此顧彼，決不配做革命家。娜拉因為頭腦簡單，故能決然跑了；阿爾文夫人因為頭腦細密，故一次跑出復回之後，只能作虛偽的塗飾，不能再有跑去的勇氣了。易卜生的《娜拉》，以戲本論，缺點甚多，遠不如《國民之敵》、《海妲》等劇。」「我們又泛論到三百年來——自蕭士比亞到蕭伯訥——的戲劇的進步。」【四】顯然這是胡適與卓克兩人就西洋戲劇頗有深度的一次交流。一九二二年卓克編選的《西洋文學選》（*Western Literature, Greece and Rome*, Vol.1）教材在上海商務印書館出版時，胡適應約在六月二十六日為之作序。胡序詳提他回國時國內英文教學和英文戲劇出版物的難堪情形，對卓克為編選該書所付出的心血，及該書的文本價值做了推介。【五】

文訥，英國文官學校畢業，曾任福州領事。一九一七年十月開始在北京大學英文系任教，講授「英國史」課程。住在皇城東北拐角三號。【六】著有《描敘社會學：中國篇》

（*Descriptive Sociology:China*，一九一九），《中國的神話和傳說》（*Myths and Legends of China*，一九二二）。一九二二年胡適原打算將自己的英文演說論文結集在一塊付印，編成 *Cultural China*。其中包括《中國的國語》（「The National Language of China」）、《文學革命：一九一九年中國的知識分子》（「The Literary Revolution, Intellectual China in 1919」）諸文。另外還有文訥翻譯的《對於喪禮的改革》（「Reform in Chinese Mouring Rites」）。【七】這一計劃後來並未見實施。不過，文訥倒是將這篇譯文收入其所作自傳《秋葉》（*Autumn Leaves*，一九二八）一書。

柴思義一九二一年十月來北京大學任教，住在大佛寺四十三號。【八】教授「散文名著選」、

【一】此事之經過及影響，參見（美）哈雷．阿班著，楊植峰譯：《民國採訪戰——〈紐約時報〉駐華首席記者阿班回憶錄》（桂林：廣西師範大學出版社，二〇〇五年），頁四五—四七。

【二】參見《教務處佈告》，載《北京大學日刊》一九一九年十月七日，二版。

【三】參見《本校告白》，載《北京大學日刊》一九一八年三月十六日，一版。

【四】《胡適全集》第二十九冊，頁二八二。

【五】參見《胡適全集》第三十五冊，頁二八七—二九七。

【六】參見王學珍、郭建榮主編：《北京大學史料》第二卷（一）（北京：北京大學出版社，二〇〇〇年），頁四〇〇。

【七】《胡適全集》第二十九冊，頁六三一 六三二。

【八】王學珍、郭建榮主編：《北京大學史料》第二卷（一），頁四四八、四〇〇。

「詩與詩歌」等課程。同時在燕京大學任教。不知何故，胡適日記中總以「柴思」稱之。如一九二二年五月二十三日，「六時半，到柴思（Lewis Chase）家吃飯，飯後到燕京大學向他們的教職員談話，討論『教會學校在中國教育制度上的位置』」。[一]八月三十日，「到柴思家吃飯，談甚久。」[二]柴思義所編《散文名著選》（*Prose selections or English essays for Chinese students*，一九二二）出版時，胡適為之作序推介，稱讚柴思義擅長的文學研究有：「（1）十七世紀英國的『英雄劇』（English Heroic Play）；（2）英國詩人 Swinburne 的研究；（3）美國文豪 Poe 的研究；（4）近代詩的研究。在這四方面，他都曾有一些有價值的貢獻」。這個選本「一方面很着重思想」，「一方面又不肯忽略文學上的風範」。[三]

鋼和泰一九一八年經香港大學原校長儀禮推薦來北大擔任梵文教授，胡適即開始從其學習梵文。[四]一九二〇年一月他開始在北京大學哲學系講授「古印度宗教史」課程。胡適為該課擔任譯述。胡適日記載，一九二〇年六月八日「為 Baron Stäel-Holstein 演說作翻譯：『玄奘』」。[五]一九二一年五月十一日「下午，與 Baron Stäel-Holstein、Prof.Bevan、Mr.Gravi 同去參觀京師圖書館。」[六]十月三十一日「上課，為鋼先生譯述二時。鋼先生因為我替他翻譯，故他很高興。此次的講義皆重新寫過。我也得許多益處。」[七]一九二二年二月，鋼和泰上「古印度宗教史」一課，胡適仍隨堂翻譯。五月九日，「鋼先生來談。他說，北京飯店到了一批書，需二百六十元左右，他無錢購買，很可惜的。我看了他的單子，答應替他設法。」[八]事後，胡適借款將這批書購回。因鋼和泰在北京大學任教時間長，胡適與他的來往也超過了其他外教，可能因為專業接近的緣故，這是一位在學問上真正令胡適敬佩的國際大師級學者。一九三七年三月十六日鋼和泰在北京德國醫院病逝，胡適當天的日記寫道：

> 鋼先生是一個純粹學人，終身尋求知識，老而不倦。他從前是 Esthonie 的貴族，廣有財產。他專治梵文藏文，往年為考迦膩色迦王的年代，他想從中國史料裡尋證據，故到東方來。俄國革命後，他的財產被沒收，不能不靠教書生活。民國七年，我因 Sir Charles Eliot 的介紹，請他到北京大學來教梵文，並教印度古宗教史。他的古宗教史是我替他口譯

【一】《胡適全集》第二十九冊，頁六二九。

【二】《胡適全集》第二十九冊，頁七三〇。

【三】Lewis Chase, *Prose selections or English essays for Chinese students.* Peking: Peking Educational Supply, 1924.

【四】有關鋼和泰來北大任教及被推薦情形，參見王啟龍、鄧小詠：《鋼和泰學術評傳》（北京：北京大學出版社，二〇〇九年），頁二一三—二一四。

【五】《胡適全集》第二十九冊，頁一八〇。

【六】《胡適全集》第二十九冊，頁二四三。

【七】《胡適全集》第二十九冊，頁四九二。

【八】《胡適全集》第二十九冊，頁六二〇。

的，我們合作兩年，我得益不少。我最初學梵文，也是跟他學的。他今年僅六十歲，有一妻二子。【一】

胡適自謙從鋼和泰那裡「得益不少」，其實鋼氏從胡適處所得又何嘗不多！

除英美籍的洋教員外，胡適與在北京大學任教的法國、德國教師也有接觸。如一九二一年六月二十七日，「法國人白萊士（E. Blaise）把弗羅貝（Flaubert）的短篇 *La Noce Normande* 譯成英文及中文，印的很講究，要我做一篇序。我略校了幾頁，錯的很多。」【二】白萊士為在北京大學任教的法籍教師，一九一七年即已在北京大學法科預科任教。【三】七月一日胡適在看完白萊士翻譯的福樓拜著《一個諾曼底人的婚禮》後，「校出許多錯誤，一一改正。寫信還他，但不肯作序」。【四】胡適對作序的態度可見一斑。

一九二二年五月二十八日，「下午去訪德文學教授歐爾克（Oelke）夫婦，吃茶。這兩位都不大會說英語，故朋友極少，很寂寞的。」【五】胡適所會的這對德籍夫婦，係一九二〇年十二月到達北京大學，聘任到一九二五年六月六日。【六】一九二二年九月十二日「十二時，會見新聘來的教員 Dr. Fotte，德國人，習經濟。此人極推崇美國，頗不似德國人。」【七】額爾德在經濟系任教，講授「私經濟學」「會計學」「工廠管理」「審計」等課程。【八】

胡適與燕京大學的司徒雷登、博晨光等人來往也不少，或應邀前往該校演講，或應約聚談，因已有專文論述，在此不贅。【九】胡適兼任協和醫學校的校董，常去協和醫院看病，故與該校常有來往。胡適日記載，一九二二年六月二十六日「一時，到協和醫院，赴校長 Houghton 的飯約，客為 E. R. Embree，是羅氏醫社的秘書。席後此君報告醫社的計劃與進行，他們有三大計劃：(1) 研究，求醫學上的發明；(2) 教育，訓練警覺人才；(3) 傳播醫學知識。」【一〇】胡恆德（Henry S. Houghton）一九二〇年—一九二八年、一九三八年—一九四二年兩度出任北京協和醫學院校長。

【一】《胡適全集》第三十二冊，頁六三四。

【二】《胡適全集》第二十九冊，頁三二三。

【三】參見王學珍、郭建榮主編：《北京大學史料》第二卷（一）（北京：北京大學出版社，二〇〇〇年），頁三五四、四四三。一九一七年十一月所編北京大學《現任職員錄》可見其簡介：法預科教授，白來士，三十七歲，法國，東安門外菜廠胡同。

【四】《胡適全集》第二十九冊，頁三三九。

【五】《胡適全集》第二十九冊，頁六三四。

【六】參見王學珍、郭建榮主編：《北京大學史料》第二卷（一）（北京大學出版社，二〇〇〇年），頁四四七。

【七】《胡適全集》第二十九冊，頁七四七。原作 Fr. Otte，現改。

【八】王學珍、郭建榮主編：《北京大學史料》第二卷（一），頁四四八、四四九。

【九】參見歐陽哲生：〈胡適與司徒雷登——兩個跨文化人的命運〉，載《史學月刊》二〇一四年一期。

【一〇】《胡適全集》第二十九冊，頁六六三。

五四時期，胡適經常接觸的歐美來京或在京的漢學家、東方學家有：英國的莊士敦，德國的雷興（Ferdinand Lessing，一八八二年—一九六一年），瑞士的王克私（Philipe. de.Vargas，一八八八年—一九五六年），俄國的柏烈偉（S. A. Polevoy），法國的戴密微（M. Paul Demiéville，一八九四年—一九七九年），瑞典的喜龍仁、安特生（J. G. Anderson，一八七四年—一九六〇年）等。

莊士敦是廢帝溥儀的老師，胡適與他在文友會中經常相會，雙方頗為投契，因此結下友誼。胡適日記載，一九二二年五月十三日「十時，訪莊士敦先生（R. F. Johnston），參觀他的藏書。他藏書極多，關於中國美術及『神秘主義』（Mysticism）的書尤多。他最愛山水，故遊歷的地方遍於中國。他是一個很有學問的人，最恨傳教士，他著的書之中，有兩種是批評在中國的傳教運動的。」[一] 六月六日，「莊士敦先生送我兩本 *The New China Review* 二卷十二號，中有他的一篇 The Romance of an Emperor，辯證順治帝的董鄂妃為董小宛之謬說，引徵甚博。」[二] 一九二二年五月二十四、三十日胡適兩度應約進紫禁城與溥儀會面，莊士敦雖不在現場，但胡適仍不忘誇獎他，稱「莊士敦是很穩健的人，他教授宣統，成績頗好；他頗能在暗中護持他，故宣統也很感激他。」[三] 六月十二日，「莊士敦邀吃飯，談甚久」。[四] 這次莊氏的約請，可能是對胡適會見溥儀的回報。在胡適英文檔案裡，保留着莊士敦一九二〇年二月十五日、四月二十六日，一九二一年一月六日、一月二十日，一九二四年十一月九日、十一月十一日六封致胡適的信，其中在一九二〇年四月二十六日一信評及楊鍾健在《新潮》發表的作品《一個好百姓》，一九二一年一月六日的信中涉及到他的《董小宛考》。【五】胡適與莊士敦的私人情誼的確不錯。

雷興為德國語言學家，在北京大學教授德文、梵文。雷興的名字最早出現在胡適日記中是在一九一九年十二月十八日下午四五點「Lessing—筆管胡同七」。【六】可能是胡適前往雷興住處筆管胡同七號拜訪，一說胡適曾隨從雷興學習梵文，以便為研究中國佛教史做必要的準備。【七】一九二〇年胡適與雷興有過兩次聚餐。五月三十一日晚上八時「Lessing 請吃飯」。六月十三日晚上七時「Lessing 家飯，會晤 Wilhelm」。【八】Wilhelm 即為衛禮賢（Rrchard Wilhelm），

【一】《胡適全集》第二十九冊，頁二四五。

【二】《胡適全集》第二十九冊，頁二九三。

【三】《胡適全集》第二十九冊，頁六三一。

【四】《胡適全集》第二十九冊，頁六五四。

【五】參見中國社會科學院近代史所收藏《胡適檔案》，卷宗號 E 二四八—三。

【六】《胡適全集》第二十九冊，頁四〇。

【七】胡適學習梵文在其日記中有記載，時間大約在一九二〇年二三月間。胡適自稱他最初學梵文是跟鋼和泰學的，他可能在這時還聽過雷興的梵文課。

【八】《胡適全集》第二十九冊，頁一八〇、一九三。

這是我們最早在胡適日記中見到衛氏的名字。一九二二年八月二十九日「邀鋼先生和雷興（F. Lessing）先生到公園吃茶，偶談學術上個人才性的不同。尉禮賢對於中國學術，有一種心悅誠服的熱誠，故能十分奮勇，譯出十幾部古書，風行德國。」[一] 由此可見，雷興在北京的時間至少在三年以上。在胡適的英文檔案裡保留着雷興給胡適的三封英文信，一封係一九二二年四月九日從奉天富士町八番地發出，其它兩封日期不詳（內有一封是從柏林發出的明信片），顯然雷興與胡適的交往一直保持到他回國以後。[二]

王克私為瑞士漢學家，也是文友會會員，他倆在文友會可時常相見。據胡適日記載，王克私還兩度造訪胡適，一九二一年六月十五日，「瑞士人 Philipe de Vargas 來談了半天。他勸我用英文著書」。[三] 一九二二年三月七日，「P. de Vargas 來談，訪問文學革命運動」。[四]

柏烈偉為俄國漢學家。胡適的《中國哲學史大綱》出版後，在學術界產生了極大影響。西方漢學界對此書也抱有濃厚的興趣，除了前面提到的德國漢學家表示要翻譯以外，至少柏烈偉和法國漢學家戴密微也有過類似的表示。據胡適日記載，一九二一年七月四日「七點半，到燕壽堂，會見印度人（入美國籍）Sudhindra Bose 博士、俄國人 B. Pankratoff 先生及 Prof. S. A. Polevoy 先生。」「Polevoy 專治中國哲學，他要把我的《古代哲學史》譯成俄文，我允許了。Pankratoff 專治蒙古西藏文，也懂一點中文。他們都很使我慚愧。Pankratoff 現方譯《元秘史》為俄文。」[五] Sudhindra Bose（一八八三年——一九四六年）是在美國教授亞洲政治與文明的開拓者。潘克拉托夫（B. Pankratoff）專治蒙古文、西藏文，在北京大學教授俄文。柏烈偉此時也在北京大學任教。不過，柏烈偉所提翻譯胡適的《中國古代哲學史》一書，卻未見下文。

戴密微為法國漢學家，曾在法文報紙《政聞報》任主筆。胡適日記載，一九二一年九月一日「Monestiere 家飯」，「Monestiere 問我一個大問題：中國沒有科學，是否由於國民性與西洋人不同？我痛駁他。他要我寫出來，譯成法文發表，我答應了。」【六】莫內斯蒂埃（Alphonse Monestier）是一位長住北京的法國人。十月十日，「法國人 A.Monestier 請我吃飯，並會見 M. Paul Demiéville。D. 君能讀中文書，曾讀我的《哲學史》，有翻譯成法文的志願，但尚未能自信。M. 君為法文《政聞報》主筆，我提起獨秀事，頗切責法國人的行為，他亦無以答辯。」【七】M. Paul Demiéville 的漢名即為戴密微（一八九四年——一九七九年），後來成為著名漢

【一】《胡適全集》第二十九冊，頁七二九。

【二】中國社會科學院近代史所收藏《胡適檔案》，卷宗號 E 二四七——一。

【三】《胡適全集》第二十九冊，頁三〇八。

【四】《胡適全集》第二十九冊，頁五三四。

【五】《胡適全集》第二十九冊，頁三四三——三四四。

【六】《胡適全集》第二十九冊，頁二〇〇。

【七】《胡適全集》第二十九冊，頁四八一。

學家。一九二一年六月至一九二二年一月間，戴密微由法蘭西遠東學院派遣赴中國考察，在北京居住了一段時間。這裡所謂「獨秀事」，係指十月五日夜晚陳獨秀在上海法租界被捕。六日胡適獲悉此事，隨後與蔡元培展開營救行動。七日與在北京大學任教的法籍教授鐸爾孟商量，主張不和法國使館交涉，而直接致電上海法國領事館，或可設法。【二】一九二二年胡適與戴密微還有過一次會面，十月十二日，「夜間王彥祖先生邀吃飯，同席的有 Deniéville and Monestier 及辜鴻銘先生。」【三】一九二七年五月胡適訪美歸來途經日本時，在奈良曾應英國駐日本大使儀禮（Sir Charles Eliot）之邀聚餐，戴密微參加了這次聚餐。【三】戴密微後來著譯甚多，堪稱著作等身，在法國漢學界頗有影響，但在他的一長串著譯目錄中，也不見胡適的《中國哲學史大綱》。

喜龍仁為瑞典著名漢學家，以研究中國考古藝術史見長。一九二二年喜龍仁訪問北京時，多次與胡適會晤，雙方互動頻繁，就中西美術展開過深入的討論。胡適日記載，三月十八日，「到六國飯店訪斯托洪（Stockholm）大學教授西倫（Osvald Sirén）。此君專治美術史，很注意中國的美術；他說中國的美術品所代表的精神的意境，比西洋美術品更多，因為中國美術不拘守物質上的限制，技術更自由，故能表現抽象的觀念更深刻。我們談的很暢快，他把他的書 *Essentials in Art* 送給我。」【四】三月二十二日，「到六國飯店 Professor Sirén 處吃飯。他談及蚌埠瑞典人某君及教士 Morris 與他曾議組織一個古物學會，擬在塗州發掘古物。近年此地出土古物甚多，故引起人的注意。此事尚未成，因官廳方面尚遲疑，以土匪為推託。」【五】三月二十六日，「至鋼（和泰）先生家吃飯，Prof. O. Sirén、Mon.Kristian Schjelderup (Christiania)、Mon. Robert des Rotours 皆在座」。【六】四月十三日，「讀 Sirén's *Essentials in Art*。此君很推崇中國畫，所言亦有獨到處。書中引南齊謝赫的《古畫品錄》的『六法』，第一條『氣韻生動』便不好譯。在美術史上，中文的『氣韻』、『神韻』無法譯西文；西文的 tone，rhythm，form 也無法譯中文。晚間為 Sirén 譯述他的講演：『Characteristic of Western and Eastern Painting』」。【七】喜龍仁此次北京之行，詳細考察了北京的城門、城牆、故宮，離京後將其研究所得撰成《北京的城門與城牆》（*The Walls and Gates of Peking*，一九二四）、《北京帝宮》（*Les Palais Imperiaux de*

【一】《胡適全集》第二十九冊，頁四七八—四七九。
【二】《胡適全集》第二十九冊，頁四八二。
【三】參見歐陽哲生編：《胡適文集》第五冊，頁六一三。
【四】《胡適全集》第二十九冊，頁五四五。
【五】《胡適全集》第二十九冊，頁五四九。
【六】《胡適全集》第二十九冊，頁五五四。
【七】《胡適全集》第二十九冊，頁五七五—五七六。

Peking，一九二六）。【一】胡適是他在京接觸的最重要的中國學者，對他的研究應有一定助益。

安特生為瑞典地質學家。他來北京訪問時，胡適與他有過來往。胡適日記載，一九二二年三月二十七日「夜九時，到協和醫院聽 J. G. Anderson 講演《石器時代的中國文化》。他在河南澠池縣仰韶村發掘得許多石器，有石斧、石刀、骨針，及初期的陶器。他用幻燈助講，講了二小時」。【二】四月一日，「與孟和同去看 J. G. Anderson。他引我們看他在仰韶村掘出的古石器與古陶器。」胡適對安特生評價很高，「安君是地質學者，他的方法很精密，他的斷案也很慎重，又得袁復禮君的幫助，故成績很好」。【三】

唐德剛談及一九五〇年代胡適在紐約社交的盛況時稱：「胡適之在紐約做寓公期間，好多人都笑他是紐約的中國『地保』。紐約又是世界旅遊必經之地。途過紐約的中國名流、學者、官僚、政客、立、監、國大代表……一定要到胡家登門拜訪。過紐約未看到胡適，那就等於遊西湖未看到『三潭印月』、『雷峰夕照』一樣，西湖算是白遊了。胡適之也就是紐約市的『三潭印月』、『雷峰夕照』……是紐約的八景之一。路過紐約的中國名流，如果未見到胡適，那回家去，真要妻不下織，嫂不為飲，無面目見江東父老了！」「所以他底紐約寓所，簡直是個熊貓館，終日『觀光之客』不絕。」【四】在胡適的人生軌跡中，一九五〇年代其實已是落日餘暉或晚暮的霞光，五四時期的胡適才是如日中天。日本漢學家高瀨武次郎在為井出季和太所編譯《胡適著〈先秦名學史〉》（《胡適の支那哲學論》）一書作序時表示：「井出君曰：『胡氏名聲顯赫，近時我邦出遊支那之人，多去拜訪胡氏，聽其新說，均引以為榮。』」【五】日本人尚且如此，歐美人士更是趨之若鶩，外人來京，多以會見胡適為榮，胡適參與了接待所有來京西方漢學家或人文社會科學學者的工作，說他是在京西方學人圈內的「地保」並不過分。人所皆知，胡適是新文化運動的主要代表，從本文引述的史實可以見證，他在五四時期的中西文化交流中所佔的分量當然更重，幾乎扮演了獨一無二的領導角色。

（原載《國際漢學》二〇一九年第三期秋之卷）

【一】有關喜龍仁這次訪問北京情形，參見 Minna Törmä: *Enchanted by Lohans: Osvald Sirén Journey into Chinese Art*. (Hong Kong: Hong Kong University Press, 2013.) pp.72-79.

【二】《胡適全集》第二十九冊，頁五五五。

【三】《胡適全集》第二十九冊，頁五六一。

【四】唐德剛：《胡適雜憶》（台北：傳記文學出版社，一九八一年一月二版），頁一五八。

【五】高瀨武次郎：〈序〉，收入井出季和太著：《胡適の支那哲學論》（東京：大阪屋號書店，昭和二年四月一日），頁三。

胡適與司徒雷登

——兩個跨文化人的歷史命運

司徒雷登（John Leighton Stuart，一八七六年——一九六二年）這位出生在中國杭州的美國人，他一生在華生活、工作達五十年之久，以創辦燕京大學和擔任美國駐華大使（一九四六年——一九五二年）著稱於世，其所創辦的燕京大學規模之大、影響之深遠，在中國教會大學史上恐怕無出其右。胡適（一八九一年——一九六二年）一生曾九度赴美國，在美留學、訪問、工作達二十五年，其時長佔據他成年一半的時間，他是美國文化、美國思想在華的宣傳者和大力推廣者，故我稱胡適為「近世傳播美國文化第一人」。同時他又是中國文化在美國的代言人，是中國利益的辯護者。司徒雷登與胡適都在一九六二年告別人世，他們的辭世宣告了一個時代的結束——中美早期文化交流史落下帷幕。毫無疑問，這兩個人物是中美文化交流史上的重量級人物，司徒雷登是美方最重要的人物，在美國與中國發生關係的前二百年，我們可能想起一系列重要歷史人物的名字，如最早來華的傳教士裨治文（Elijah Coleman Bridgman，一八〇一年——一八六一年），最早在中國行醫的傳教士伯駕（Peter Parker，一八〇四年——一八八八年），編撰《筆算數學》、《代數備旨》、《官話課本》的狄考文（Calvin Wilson Mateer，一八三六年——一九〇八年），在同文館、京師大學堂擔任過總教習的丁韙良（William Alexander Parsons Martin，一八二七年——一九一六年），但他們的歷史作用似不能與司徒雷登相提並論。司徒雷登留下了一筆歷史遺產，以他創辦的燕京大學和哈佛燕京學社而論，他的功業就非其他入華的美國人所能比肩，哈佛燕京學社至今仍是中美文化交流的重要紐帶。胡適宣傳的個人主義、實驗主義、自由主義和他畢生追求的民主政治，傳授的是他的「美國經驗」，在他生活的年代，曾引起強烈的震撼，並被國人所爭議和批判，胡適的名字因此蒙上了陰影。將司徒雷登與胡適兩人聯在一起的是司徒雷登的回憶錄《在華五十年》（*Fifty Years in China —— The Memoirs of John Leighton Stuart, Missionary and Ambassador*），胡適為之撰寫了長篇介紹。最近十多年，司徒雷登重新進入中國知識界的視野，學者們開始起動對他的研究。【一】這裡我們將司徒雷登與胡適聯繫起來討論，其實就是討論中美文化交流史。通過對這兩個人物的歷史考察和文化比較，我們可以達到三個目的：微觀是瞭解兩位跨文化人物的交往過程及其歷史命運。中觀是通過敘述司徒雷登與胡適的關係，進而展現燕京大學與北京大學的歷史關係。宏觀是從司徒雷登與胡適的交誼，看當時中美文化交流史和中美關係。顯然，這不是

【一】最近十多年來出版的專題研究司徒雷登著作有：史靜寰：《狄考文與司徒雷登：西方新教傳教士在華教育活動研究》（珠海出版社，一九九九年版）。郝平：《無奈的結局——司徒雷登與中國》（北京大學出版社，二〇〇二年版）。林孟熹：《司徒雷登與中國政局》（北京：新華出版社，二〇〇二年版）。邵玉銘：《傳教士、教育家、大使：司徒雷登與中美關係》（台北：九歌出版有限公司，二〇〇三年版）。李躍森：《司徒雷登傳》（北京：中國廣播電視出版社，二〇〇四年版）。羅義賢：《司徒雷登與燕京大學》（貴陽：貴州人民出版社，二〇〇五年版）。羅義賢：《司徒雷登與美國（戰後—一九四九年）對華政策》（北京：中國文史出版社，二〇〇八年版）。沈建中：《司徒雷登與西湖》（杭州出版社，二〇〇七年版）。沈建中：《走近司徒雷登》（濟南：山東畫報出版社，二〇〇九年版）。沈建中：《司徒雷登畫傳》（杭州：浙江大學出版社，二〇一三年版）。

一個一般的問題，它是可以「以小見大」、關涉中美關係的重要問題。

一、胡適與司徒雷登、燕京大學的來往

胡適與司徒雷登和燕京大學相交甚早，且長久保持聯繫，胡適本人的日記為我們瞭解這一過程提供了諸多綫索。

早在一九二〇年三月十六日胡適應邀到燕京大學以「不朽」為題做過一次演講。【一】一九二一年四月二十八日胡適再次應邀在燕京大學發表以「詩經的研究」為題的演講。關於這一天的行程，胡適當天日記寫道：

> 晨十時，到燕京大學演講《詩經的研究》。博晨光先生（L.C.Porter）屢邀往演講，今天始能去。演講略如昨日記的大意，但結論有云：古來研究《詩經》的人，或能下死工夫（如陳奐、胡承珙等），或能有活見解（如方玉潤等）。可惜無人能兼有死工夫與活見解兩事。朱熹頗近於此，可惜他不曾生晚七百年！我們將來必須下死工夫去研究音韻、訓詁、文法，然後從死工夫裡求出活見解來。——這個意思似頗警切。
>
> 到劉廷芳家吃飯。劉君治宗教學，家藏宗教史的書甚多。

飯後訪朱我農夫婦，談及□□的事，為之長嘆。

下午回家後，看「Henry Adam's *The Degradation of the Democratic Dogma*」。【二】

此處有幾點值得解讀：一是這裡所提《詩經的研究》一文，剛好在前一天（即四月二十七日）日記中有所記載：「晚間為思永們的讀書會講演《詩經的研究》，約兩小時。這個會是永姪與章鐵民、章洪熙等組織的。我對於《詩經》的見解，約有幾個可以獨立的要點。」【三】胡適對《詩經》素有研究，留學期間曾撰有《詩三百篇言字解》（原載一九一三年一月《留美學生年報》第二年本，後收入《胡適文存》），此後又有《談談〈詩經〉》（為一九二五年九月在武昌大學國文系的演講，原載一九二五年十月十六日至十七日上海《時事新報．學燈》副刊，後收入《古史辨》第三冊）、《〈周南〉新解》（原載一九三一年六月十日《青年界》）等文字，胡適可謂從現代學術的角度研究《詩經》的最早代表性學者之一。二是所提博晨光（Lucius Chapin Porter，一八八〇年—一九五八年），是一位生於中國天津的美國人，父母為公理會傳

【一】《胡適全集》第二十九冊（合肥：安徽教育出版社，二〇〇三年九月版），頁二二〇。

【二】《胡適全集》第二十九冊，頁二二〇。

【三】《胡適全集》第二十九冊，頁二一九。

教士。博晨光在中國度過童年後，返回美國接受高等教育，先後就讀於伯洛伊特學院（Beloit College）、耶魯大學神學院（Yale Divinity School）等高校，畢業後返回中國，時任燕大的教務長，並擔任哲學系教授。此次胡適到燕大演講，即出自他的邀請。不過，他的目的不只是邀請胡適前往燕大演講，還有請胡適赴燕大任教之意。這可以胡適一九二二年三月四日的日記為證：

> 十時半，燕京大學校長司徒雷登與劉廷芳來、啟明來。燕京大學想改良國文部，去年他們想請我去，我沒有去，推薦啟明去（啟明在北大，有違所長，很可惜的，故我想他出去獨當一面）。啟明答應了，但不久他就病倒了。此事擱置了一年，今年他們又申前議，今天我替他們介紹，他們談的很滿意。【一】

有關胡適推薦周作人去燕大任教一事，一九二一年二月十四日他致信周作人詳敘此事，該信如下：

> 啟孟兄：
>
> 北京的燕京大學雖是個教會的學校，但這裡的辦事人——如校長 Dr.Stuart 及教務長

Porter 都是很開通的人，他們很想把燕京大學辦成一個於中國有貢獻的學校。上星期他們議決要大大的整頓他們的「中國文」一門。他們要請一位懂得外國文學的中國學者去做國文門的主任，給他全權做改革的計劃與實行。

可是這個人不容易尋找！昨天他們託我的朋友朱我農來和我商量，朱君和我都認為你是最適合的人，朱君便請我轉達此意，並為他們勸駕。我細想了一回，覺得此事確是很重要。這個學校的國文門若改良好了，一定可以影響全國的教會學校及非教會的學校。最要緊的是自由全權，不受干涉；這一層他們已答應我了。我想你若肯任此事，獨當一面的去辦一個「新的國文學門」，豈不遠勝於現在在大學的教課？

他們的條件是：

一、薪俸，不論多少，都肯出。他們的薪俸通常是二百元一月，暑假加北戴河避暑的費用。

二、全不受干涉。他們很誠懇的託我，我也很誠懇的請你對於這個提議作一番細細的斟酌，並希望你給我一個回信。【二】

【一】《胡適全集》第二十九冊，頁五二八。

【二】耿雲志、歐陽哲生編：《胡適書信集》上冊（北京：北京大學出版社，一九九六年），頁二七四——二七五。

胡適沒有接受燕大的聘請，與燕大失之交臂，是否還有別的考慮，我們暫不得其他材料可證。後來清華國學研究院籌備時，亦曾欲聘胡適擔任導師，胡適同樣婉拒，轉而推薦王國維、章太炎。胡適之北大情結由此又添一例。胡適回國後，在北大被任命的第一個職務是北大英文教授會主任，當時北大文科正是處在「某籍某系」的控制之下，所謂某籍指浙江人，某系指章太炎派，國文、歷史、哲學三門（系）全為這幫人所把持，亦無胡適自己「獨當一面」的機會。胡適謝絕燕大的聘任，顯然另有考慮。三是所提「劉廷芳」（一八九二年—一九四六年），早年曾就讀聖約翰大學，畢業後赴美國喬治亞大學（University of Georgia）讀書，一九一四年獲取學士學位。接着到哥倫比亞大學（Columbia University）學習，一九一五年獲碩士學位。一九一八年，他又在耶魯大學神學院（Yale Divinity School）取得神學學士學位。一九二○年在哥倫比亞大學獲得教育與心理學博士學位。曾擔任留美中國學生會主席，中國留學生基督徒協會的編輯，主編留美青年季刊。一九一八年開始在紐約協和神學院（Union Theological Seminary）任教，成為第一位執教於美國神學院的中國人。一九二○年，劉廷芳回國，被聘為北京高等師範學校教育研究所主任，同時還擔任國立北京大學心理學教授、燕京大學宗教學院神學教授等職。從一九二一到一九二六年間，劉廷芳出任燕京大學宗教學院院長，同時兼任燕大校長司徒雷登的助理，協助他主持校務工作。劉早胡適一年進入哥大，兩人在哥大時應已認識。劉回國後又在北大兼任教授，是胡適的同事。同學、同事兩重關係，可顯胡適與劉氏密切關係。後來胡適還向劉請教「教會中職司名稱的譯法」。

以後，胡適與燕京大學還時有聯繫。一九二一年六月十日胡適日記載有：「四點半，我到燕京大學女校演説，我本預備説『從蕭士比亞到蕭伯訥』，但日來那有工夫預備？故讀了一篇舊稿《易卜生主義》的英文本，勉強塞責。」【一】一九二二年二月九日記載有：「燕京大學歷史教員 Philip de Vargas 來談，訪問近年的新運動，談了兩點多鐘。」【二】

一九二四年九月十八日，中華教育文化基金董事會在北京成立，中美董事共十五人，司徒雷登與胡適當時均不在董事會的名單內。南京國民政府成立後，一九二七年六月中基會第三次年會通過黃炎培、丁文江的辭職，並選舉蔡元培、胡適繼任。【三】一九二八年七月底，中基會修改章程，進行重大人事改組，組建新的董事會，計有：胡適、趙元任、施肇基、翁文灝、蔡元培、汪精衛、伍朝樞、蔣夢麟、李石曾、孫科、孟祿、貝克、顧臨、貝諾德、司徒雷登十五人，原董事會顧維鈞、顏惠慶、張伯苓、郭秉文、黃炎培、周詒春六人被除名。但此一做法，美方不表贊成。在美方顧問孟祿、董事會舊人與代表南京方面的蔡元培三方之間出現了一場博

【一】《胡適全集》第二十九冊，頁三〇一。
【二】《胡適全集》第二十九冊，頁五一三。
【三】參見〈致蔡元培〉，收入《胡適書信集》上冊，頁四五四—四五七。

弈，最終以胡適提出的調解性方案妥協。【一】從此，胡適與司徒雷登作為中基會的董事，兩人在開會期間自然常相晤面。一九二九年一月三日胡適到達杭州參加中華教育文化基金董事會第三次常會，當天「同行者有周寄梅、顏駿人、C. R. Bemett 及財政秘書顧季高。住新新賓館。下午來的有 Dr. Monroe、R. O. Greene、Dr. L. Stuart、蔡孑民、翁詠霓及任叔永、陶孟和。」【二】一九三一年一月九日，中華教育文化基金董事會第五次常會在上海滄州飯店召開，美方董事孟祿、司徒雷登、貝克、顧臨和中方董事蔡元培、蔣夢麟、任鴻雋、趙元任與胡適九人與會。【三】同年八月五日胡適為中基會第七次年度會議記錄的兩處更改，曾致信司徒雷登，希望獲得他的認可。【四】這是現今我們發現的唯一一封胡適致司徒雷登的英文信。【五】

一九三〇年代初，胡適北上重回北大執教，他又恢復了從前與燕京大學的關係。一九三〇年十月十四日胡適應邀前往燕京大學聚餐，他在當天的日記中寫道：

> 博晨光先生（Lucius Porter）夫婦來邀往燕京大學吃飯，同去者為 Mr. Charles R. Crane 及 Prof. Saundens。Grane 今年七十五，遊興不衰，自言每一次旅行皆可作「最後一次旅行看」。此種精神真不可及。
>
> 他的女兒有七個兒子，每人皆須於入大學之前出外謀生一年。他家鉅富，而有此家法，養成子孫獨立的精神，令他們知道生活的意義，此意最可取法。

燕京大學在幾年之中完成新建築，共費美金約二百五十萬元，規模好極了。中國學校的建築，當以此為第一。

回來之後，與 Saunders 談，他舉甘地，賀川豐彥，晏陽初和我四人為東方四個傑出的人物。我幾乎要笑了。【六】

胡適對燕京大學校園的這番誇獎，後來又出現在他所撰寫的《從私立學校談到燕京大學》一文中。燕京大學美麗的校園聞名遐邇、傳揚天下，司徒雷登後來亦以此為傲，他說：「後來幾十年內，無數遊客都跟我們誇燕大，說它擁有全世界最美麗的校園，這樣的恭維話聽多了，

【一】有關這次人事改組，參見楊翠華：《中基會對科學的贊助》（中研院近史所專刊六十五）（台北：中研院近代史研究所，一九九一年十月），頁二一一。季維龍：〈胡適與中華教育文化基金會董事會〉，收入《胡適研究叢刊》第一輯（北京大學出版社，一九九五年五月版），頁一八六——二〇九。

【二】《胡適全集》第三十一冊，頁三一五。

【三】《胡適全集》第三十二冊，頁五。

【四】《胡適全集》第四十冊，頁二七六。

【五】胡適英文書信現存北京大學、中國社會科學院近代史研究所、台北胡適紀念館等處，仍有部分未加整理，故是否還有胡適與司徒雷登的來往書信，暫不能確定。

【六】《胡適全集》第三十一冊，頁七五四。

連我們自己都有點相信了。有了如此迷人的風景，學生對大學的感情又增添了一分，也更加理解其國際化的理想。至少在這一點上，現實竟然比我的夢想還要美麗。」【二】胡適對燕京大學的這一好感與對北京的另一所教會大學——輔仁大學的觀感稍有區別。一九三一年三月四日胡適參觀輔仁大學後寫道：「與叔永去邀半農，同參觀天主教的輔仁大學。其地是貝勒載濤的舊邸，新建築也很像樣。城裡的學校，除協和醫校，這是最講究的了。設備卻尚很簡陋。」【三】

一九三三年十二月三十日燕京大學國文系同學會舉行年終聚餐，託顧頡剛邀請胡適參加，這次聚餐也算是一則趣談。胡適日記對此事有所交代：

> 今天吳世昌僱汽車來接，我們同到八道灣接周啟明同去。同座有燕京教員顧頡剛、郭紹虞、鄭振鐸、馬季明、謝冰心諸人，客人有俞平伯、沈從文、巴金、靳以、沉櫻、楊金甫諸人。抽鬮入座，與我鄰坐的為趙曾玖女士，為瞿□□之夫人，原籍安徽太湖，今為國文系二年生。
>
> 我問巴金姓什麼，他不肯說；後來汽車出門，他的哥哥來搭車，靳以介紹他為劉先生，我才知道巴金姓劉，四川人。
>
> 巴金畢業東南大學附中，未入大學，即往法國留學。靳以姓章，天津人，南開中學畢業。沉櫻姓陳，山東人，現在北大註冊組作事。

飯後，各女生拿出紀念冊來要來客題字，我題了不少。又全體合照一影。三點後來客都到冰心家喝茶。她的丈夫吳文藻也在家。大家談的甚暢快，五點歸。【三】

一九三五年五月九日、十六日、二十三日三個下午胡適到燕京大學連講三場「顏李學派」。第一次講完，胡適自我感覺良好。當日寫道：「下午到燕京大學講『顏李學派』的第一講，擬分三講：①理學與反理學。②顏元。③李塨與顏李學派的轉變。今天第一講成績不壞。」【四】第二講完，胡適記道：「習齋生於一七三五，今年正是他的三百年祭。」【五】這似是他開講此題的緣由。一九三七年一月十一日胡適到燕大劉廷芳家吃飯。有趣的是，每次從劉處回來，他都會看一本美版書。「讀 H. L. Mencken: *The American Language* 的一小部分，甚佩其功力與見解。此君近年論政治，走上了反動的一條路，頗可怪。」【六】這些書是否為劉所推薦，不得而知，但這

【一】（美）司徒雷登著，常江譯：《在華五十年》（海口：海南出版社，二〇一〇年），頁五三。
【二】《胡適全集》第三十二冊，頁七七。
【三】《胡適全集》第三十二冊，頁二五三。
【四】《胡適全集》第三十二冊，頁四四七。
【五】《胡適全集》第三十二冊，頁四五四。
【六】《胡適全集》第三十二冊，頁六〇六。

些英文原版書的思想傾向似有某種一致性。

一九三七年一月二十三日，胡適與司徒雷登有過一次會談，他在日記中記錄了這次會見：

> 司徒雷登來談。我才知道他近來很活動政治。上次韓復榘南下見蔣，是他媒介的。此次他又曾去奉化見蔣。他曾見宋子文、宋美齡、端納。他的見解卻不很高明。我剴切的和他談了一點多鐘。【一】

顯然，這是在日本大敵當前，雙方交換意見的一次重要晤談。「他的見解卻不很高明」是胡適對司徒雷登涉政的初步印象。司徒雷登對於自己在韓復榘、蔣介石之間的這次斡旋，在回憶錄中亦有詳細回顧，司徒雷登對韓復榘的看法相對超然，稱韓是「一個獨立的地方官」，「一個進步的統治者。但可惜他過於獨裁」。【二】

一九三四年七月八日胡適在《獨立評論》第一〇八號發表《從私立學校談到燕京大學》一文，時值資本主義世界經濟危機，故撰寫此文的目的是呼籲國民政府為包括燕京大學在內的教會大學提供資助。在文中，胡適表彰了燕京大學的辦學成績，特別是在中國文史方面的教學成就：

燕京大學成立雖然很晚。但他的地位無疑的是教會學校的新領袖的地位。約翰東吳領袖的時期已過去了。……

上文曾說到教會大學近年注重中國文史的教學，在這一方面，燕京大學也是最有功的領袖。我記得十多年前，司徒雷登先生有一天來看我，談起燕大要改革中國文學系，想請周作人去做國文教授，要我給他介紹，我當然很高興的介紹他和周先生相見，後來周先生就做了燕大國文系的第一個新教授。後來燕大得着美國鋁大王霍爾（Hall）的遺產一部分，與哈佛大學合作，提倡中國文史的研究，吸引的中國學者更多，漸漸成為中國文史研究的一個中心。其影響所及，金陵、嶺南、齊魯，都成立了比較新式的中國文史教學機關。……

我覺得燕京大學在這幾十年中的努力，是值得國家與社會的援助的，所以我把我所知道的一些事實寫出來，作為詹詹女士的文字的一點點補充。【三】

不過，在胡適與燕京大學的交往中，曾發生過一次不快的小插曲。事由《燕京新聞》刊登

【一】《胡適全集》第三十二冊，頁六一四。
【二】參見（美）司徒雷登著，常江譯：《在華五十年》，頁一〇三。
【三】收入歐陽哲生編：《胡適文集》第十一冊，頁四六五—四六六。

宋慶齡簽名的一篇關於北平陸軍反省院人道情況的文章，後附有北平陸軍反省院內一群政治犯的呼籲書。胡適對宋文內容頗為不滿，以為宋文所據呼籲書指控的證據不實，因而致信《燕京新聞》，說明他參觀北平陸軍反省院所見實情。【一】此事引起中國民權保障同盟總部的嚴重不滿，最後中國民權保障同盟以開除胡適告結。燕京大學雖為教會大學，校內民主人士、左派人士卻極為活躍，這次事件斬斷了胡適與國民黨左派和左傾人士已經建立起來的聯繫。

抗戰勝利後，胡適擔任北京大學校長，司徒雷登同時任駐華大使，兩人一北一南，因應動盪的時局常有來往，胡適日記多處提到這方面的情形。一九四七年十月二十一日胡適的日記寫道：

> 美國大使請吃午飯，司徒先生說，中國政府一兩個月後就得崩塌。此老今年七十一，見解甚平凡，尤無政治眼光。他信用一個庸妄人傅涇波，最不可解。【二】

胡適此處所提「傅涇波」，在司徒雷登回憶錄中有多處評介。司徒雷登毫不掩飾自己對這位隨身助手的喜愛和信任，聲稱「涇波就是我的兒子、我的夥伴、我的秘書、我的聯絡員。我之所以能夠對中國、對中國人瞭解得這麼深入，大半都要歸功於他。他究竟給我帶來了多大的幫助，實在是難以估量」。【三】他不僅回憶了自己與傅涇波的結識過程和經過考驗的長久情誼，而且認為他與傅涇波的友誼「就是中美人民忠誠友誼的典範」。【四】胡適與司徒雷登兩人對傅涇波的看法顯然是迥然不同。

一九四七年十二月十三日、十二月十六日胡適日記記載了參加中基會和「美國在華教育基金」委員會兩次會議的情形，當時司徒雷登也在場：

> 中基會第二十次年會。決定提出美國（金）二十五萬元。幫助幾個（不得過四個）大學的某一個科學部門，為添置研究設備之用。我們擬議的四個：北大（十萬），中大（五萬），浙大、武大（各五萬）。北大則專用於物理系。
>
> 晚上司徒雷登大使約吃飯。【五】
>
> 開第一次「美國在華教育基金」的委員會與中國顧問委員會聯席會議。這就是Senator Fullbright 提案用剩餘物資售價中提出美金二千萬元（分二十年用）設立的。中國

【一】〈致燕京新聞〉，《胡適全集》第二十四冊，頁一五一。

【二】《胡適全集》第三十三冊，頁六六二。

【三】參見（美）司徒雷登著，常江譯：《在華五十年》，頁二六五。

【四】參見（美）司徒雷登著，常江譯：《在華五十年》，頁一一四——一一六、二六一——二六六。

【五】《胡適全集》第三十三冊，頁六六五。

顧問是我與薩本棟、吳貽芳、韓慶濂。美國委員會是 Stuart (Chairman)、Melby、Haris、Dr.Wiatson、Mr.George Green。我初堅不肯就，因教部與外部逼迫，不得已就此職。【一】

一九四八年一月三日胡適日記提到他與蕭正誼的會談，內中稱司徒雷登完全不懂「和比戰難」之意：

> 蕭正誼來談。他是《現代知識》的編輯人。
>
> 他說，當一九三九年——一九四一〔年〕，Dr.Stuart 曾四度飛重慶，曾派蕭君三度去日本。一九三九〔年〕，他在日本曾見近衛。後來他曾見松岡、宇垣、石原諸人。
>
> 我說，Dr.Stuart 到今天還沒有拋棄他的和平夢？
>
> 蕭君說，「三百年來，中國一切大爭執都能和平解決，何以此次不能和？」
>
> 我大笑，問道：「三百年來，那一次是和平解決？你說的和平，那是一邊完全屈服。」
>
> Stuart 先生至今不懂得「和比戰難」四個字！【二】

一九四九年二月十六日胡適日記簡要提到上午九點與司徒雷登的一次會面：「九點 Dr.Stuart。」【三】惜內容不得其詳。這很可能是在中國大陸期間，胡適與司徒雷登的最後一次會談。

一九五〇年代，胡適寓居美國長達八年之久，在此期間，為爭取中基會和哈佛燕京學社對中國學人的資助，胡適曾多次與趙元任、楊聯陞通信，其中一九五四年六月一日致楊聯陞一信，反映了胡適對哈佛燕京學社的某些偏向和做法極為不滿，也可見出他對提攜中國學人的一番苦心：

> 我覺得哈燕學社對於日本研究的熱心遠超過對中國研究的熱心。這裡面固然有「人」的問題，但外邊人看了，總不免要想到中國話的「勢利」二字。即如此次的Fellowship十幾個，「多數是由日本推薦的」，台灣、香港各止一個，尚未可必得！試問，新亞書院若夠得上「一個」，台大當然可以推薦五六個。叫台大推薦「一個」，當然就很難了。關於對清華基金的勞貞一請求書與推薦信，最好是用英文，雖然委員會全是中國人。【四】

【一】《胡適全集》第三十三冊，頁六六六—六六七。
【二】《胡適全集》第三十三冊，頁六七四。
【三】《胡適全集》第三十三冊，頁七一六。
【四】《胡適全集》第二十五冊，頁五五八。

至於與司徒雷登本人的聯繫，除了撰文介紹司徒雷登的回憶錄《在華五十年》，一九五八年六月二十八日司徒雷登八十二歲生日時，舉行祝壽會，胡適剛好在美國訪問，曾到紐約司徒雷登寓所祝賀，現場留有他們的合影照片為證。[一]遺憾的是，無論是為司徒雷登回憶錄撰寫導言，還是去紐約給司徒雷登祝壽，胡適本人都沒有在日記中記載或留下其他記錄交代。在胡適與美國朋友們的交往中，有些內幕可能因諱莫如深而暫被遮蔽，「胡適與美國」仍是有待拓展的一個研究課題。

二、司徒雷登眼中的胡適與北京大學

司徒雷登本人留下的材料主要有三部分：一是在燕京大學工作期間的檔案，包括演講、工作文件和通信，這些文獻目前仍收存在燕京大學檔案中。二是擔任駐華大使期間致美國國務院的報告、電文，其中主要材料已收入一九四九年八月美國國務院出版的《美國與中國的關係（白皮書）》[二]和一九八一年美國維斯特威尼出版社（Westview Press,Inc.）出版的肯尼斯·雷、約翰·布魯爾合編《被遺忘的大使：司徒雷登駐華報告一九四六—一九四九》（*The Forgotten Ambassador:The Reports of John Leighton Stuart*, 1946-1949）。[三]另外，司徒雷登個人日記《司徒雷登日記——美國調停國共爭持期間前後》，收有從一九四五年九月五日至一九四九年十一月二十六日期間的日記。【四】司徒雷登在其他時期是否存有日記，暫不得而知。三是一九五四年十月十五日由美國紐約蘭登出版社出版的司徒雷登回憶錄《在華五十年》（*Fifty Years in China —— The Memoirs of John Leighton Stuart, Missionary and Ambassador*）。這裡我們主要以上述第二、三部分材料為綫索，返觀司徒雷登眼中的胡適與北京大學。

創辦燕京大學，司徒雷登首先遇到的一個問題是燕京大學的英文名稱 Peking University 與北京大學重名。原來燕京大學的前身是匯文大學和華北協和大學，前者隸屬衛理公會，後者由長老會、公理會和英國倫敦會聯合創辦，其中匯文大學的英文名稱即為 Peking University，兩校在合併時圍繞新校的名稱吵得不可開交，匯文一方堅持要將自己原有的中、英文名稱繼承下來，而另一方則堅不肯讓。

一九一八年十二月三日美國董事會聘請司徒雷登為正在合併的新校校長。走馬上任之初，

【一】參見沈建中：《走近司徒雷登》（濟南：山東畫報出版社，二〇〇九年三月版），頁九八。

【二】此書中譯本收入《中美關係資料彙編》第一輯（北京：世界知識出版社，一九五七年版）。

【三】此書有中譯本，肯尼斯・雷、約翰・布魯爾編，尤存、牛軍譯：《被遺忘的大使：司徒雷登駐華報告一九四六—一九四九》（南京：江蘇人民出版社，一九九〇年七月版）。

【四】此書之中譯本為陳禮頌譯、傅涇波校，「美國華府傅氏」一九八二年七月初版，香港代理為香港文史出版社。黃山書社二〇〇九年七月出版簡體字版。

司徒雷登注意到另一所北京大學——「一個中英文都叫『北京大學』的官辦大學誕生並迅速發展壯大，不但全國上下人人皆知，名聲甚至遠播海外」。司徒雷登清醒地意識到，「北大的氛圍，就像當時一部刊物的名字一樣，呈現出一片『文藝復興』的態勢。我雖遠在南京，卻也始終懷着極大的熱情關注着這場啟蒙運動。那兩個佈道會本來剛開始只是在內部爭吵而已，到後來，這些名不見經傳的小學院卻非要給自己安上北京大學這個名字，真是無比荒謬。這名字是屬於中國人的，是中國人自己將北京大學塑造為國家的知識發電機。」【一】最後，誠靜詒提出「燕京」作為新校的名稱，獲得爭論各方的同意，才化解了矛盾。這個前奏曲似乎從一開始就預示了燕京大學與北京大學存有某種難以分割的關係。

燕京大學初創的那段時光，正是中國社會動盪、五四運動的風暴颳遍全國的時期。地處北京西郊的燕大，不可避免地受到北大新文化運動浪潮的衝擊。作為一校之長的司徒雷登明顯感受到這一壓力，他不得不對新文化運動持較為開明的態度，以確保燕京大學的生存空間。

我的佈道本是專門為大學畢業生準備的，這樣一來，講稿必須要草草進行大段的改動，因為台下的聽眾中學生已經少得可憐了。這就是我第一次同未來弟子們接觸的情形。第二天上午與他們面晤時，我清晰表達了自己對愛國行動的由衷同情。在此後混亂不堪的年代中，每當學生們意氣風發地參加類似遊行抗議時，他們心裡都清楚我的立場。這是真

正意義上的心心相印，在這段洶湧的歷史裡，我和學生們之間的諒解對燕京大學的地位產生了深遠的影響。【二】

對於正在推進的新文化運動和它極力主張的白話文，司徒雷登並未因為自己喜愛文言文而加以否定，而是「識時務者為俊傑」，表現了順應潮流的態度：

中文的表達有兩種：一是古典的文言文（文理），二是當時完全確立起來的簡化對話體，即白話文。在這兩者之間，我必須承認自己還是傾向於前者的。我知道這種念頭有點保守陳腐，況且我自己大部分時間用的也是白話文。胡適和其他有識之士發動的「文學革命」在短短的時間內席捲全國，對整個過程我都熱情樂觀地關注着，希望他們能夠成功。這是一場必要的、進步的運動，就像當年歐洲各國學者完全捨棄了拉丁文和希臘文的書寫體系，轉而發展出自己的本國語言，誕生了意大利語、德語、英語和其他豐富多樣的語言文學。我對文言文的喜愛，只是因為它是如此的簡練、文雅、張力極強，能夠表達出各種

【一】參見（美）司徒雷登著，常江譯：《在華五十年》，頁四七。
【二】參見（美）司徒雷登著，常江譯：《在華五十年》，頁九九。

> 微妙的思想，給予讀者無限的想象空間，無愧於集最高雅文學藝術之大成者。拋開科舉的需要不談，光憑它自身的藝術魅力就足以使千百年來無數文人墨客都為寫得一手好文章而廢寢忘食。對外國人來講，我認為文言文本身其實並不難，而是難在浩如煙海的典故上。如果不理解文章如何引經據典，就不太可能明白段落的思想。【一】

為將燕京大學辦成一所「世界大學」，司徒雷登採取了「四管齊下」的策略：「一要遵循基督教的宗旨；二要確立學術標準和職業課程；三要加強同中國社會的關係，贏得國際上的理解和善意；四要確保財政來源穩定和硬件設施齊全。」【二】由於司徒雷登的領導有方和苦心經營，燕京大學迅速發展。到抗日戰爭爆發前夕，燕京大學的捐贈基金已經達到了兩百五十萬美元。憑藉豐厚的經費來源，燕京大學在校園環境、教學設備、學科設置、師資力量、學生來源等方面均可與當時在北平的另兩所國立大學——北京大學、清華大學相媲美。燕大在國際化方面所作的努力，使它有別於本土的國立大學；燕大對世俗化的包容，又使它不同於一般的教會大學。燕京大學在各方面所作的改革和推進，被人們推崇為教會大學的榜樣。【三】胡適對此曾大加讚揚：「十五年來，基督教的一班領袖，在司徒雷登先生的領導之下，都極力求瞭解中國新興的思想潮流與社會運動，他們辦的學校也極力求適合於中國的新社會。有時候，他的解放往往引起他們國內教會中保守派的嚴厲責備和批評。近年中國的教會學校中漸漸造成了一種開明

的、自由的學風，我們應當要歸功於燕大的領袖之功。」【四】

一九四六年七月，在馬歇爾將軍推薦下，由杜魯門總統提名，美國參議院批准，司徒雷登被任命為美國駐華大使。七月十五日司徒雷登抵達南京履新。胡適當時正由美返滬，曾赴南京向司徒雷登道賀。七月十七日《大公報》報道胡適第二天由京來滬，並登出上年八月二十四日胡適致毛澤東的電文，勸告「中共領袖諸公」：「今日宜察世界形勢，愛惜中國前途，努力忘卻過去，瞻望將來，痛下決心，放棄武力，準備為中國建立一個不靠武裝的第二政黨。」電文援引美國開國元勳傑弗遜經過十餘年的努力成功獲任總統、英國工黨二戰後通過勝選成功組閣的兩大事例，鼓勵中共走和平發展之路。【五】這封電文胡適最初擬出時，曾發送王世傑，要求「不必向外發表」，【六】此時公諸報端，是受到司徒雷登或美方人士的授意抑或國民黨方面的指示，

【一】參見（美）司徒雷登著，常江譯：《在華五十年》，頁七八——七九。

【二】（美）司徒雷登著，常江譯：《在華五十年》，頁六二。

【三】有關一九二〇、三〇年代燕京大學的發展，參見（美）司徒雷登著，常江譯：《在華五十年》，頁六二——七六。

【四】《胡適文集》第十一冊，頁四六五。

【五】此電文剪報參見《胡適全集》第三十三冊，頁六〇三——六〇四。

【六】〈致王世傑〉（電稿），收入耿雲志、歐陽哲生編：《胡適書信集》中冊（北京：北京大學出版社，一九九六年），頁一〇四七——一〇四八。

還是胡適本人的意願，其內情我們已無從瞭解。司徒雷登擔任駐華大使期間，國共內戰，第三勢力或自由主義乘機活躍。對於這些中間的小黨派和自由主義者，司徒雷登並不抱太大的希望，他一方面深深同情中國自由主義者為謀求民主政治所做的努力，一方面對他們的境遇和弱點又有明晰地認識：

> 當時有一個經常批評政府的非共產黨組織想抵制進一步援助，阻止這個腐敗的政府繼續從美國人的口袋裡拿錢。這些人對實際情況全無瞭解，其實美國當時根本就沒給國民黨多少錢，只不過由於激進派政治宣傳的誤導，兼報紙上大肆散播流言，造成了美國已經計劃提供大規模援助的假象。其中最可悲的人要算那些同極端保守分子抗衡的自由主義者們，他們堅決要求尋找更好的解決方案。有些人是民間未註冊政黨的代表，聽說全國當時共有七十多個這樣的小黨派。還有些人是大學教授和其他知識分子，聰明過人，愛國心切，但極其天真幼稚，根本鬥不過那些圓滑世故的政客。而且這些人尚不能匯集成一個大組織，沒有聚沙成塔的力量，根本無法產生任何影響。曾經有人指出中國自由派難成大器的原因恰恰因為他們是中國自由派。換句話講，中國自由主義者身上的傳統文化傳承和思想特徵讓他們極其傾向於個人主義，彼此之間勾心鬥角，互相嫉妒，膽小怕事，因而造成組織與行動乏力。另外一個困難是沒錢：想找一個既能提供資金、又不會損害玷污他們理想的社會基礎又找不到。另外

還有一個考驗最為嚴峻：他們害怕無處不在的秘密警察。政府不喜歡獨立的政治活動，這些人要麼被定性為共產黨間諜，要麼則被認定是煽動群眾的左傾分子。【一】

在日記中，司徒雷登載有這期間與羅隆基、張君勱等人多次會見的記錄，【二】卻未見他記有與胡適接觸的任何文字，顯示出他可能對胡適政治作用的忽略，而對羅隆基、張君勱、張東蓀這些跑龍套的第三黨「政客」有一定程度的重視。

司徒雷登在一九四八年三月十二日給美國國務卿馬歇爾的報告中，注意到胡適涉政的新動向：

中國社會經濟研究社三月一日在北平成立。該社由自由主義分子組成，他們普遍反對政府的現行政策……從通常是可靠的消息來源得到的情報表明，胡適（國立北京大學名譽校長、前駐美大使）雖然不是官方成員，卻是該組織背後的推動因素。消息來源進一步說

【一】參見（美）司徒雷登著，常江譯：《在華五十年》，頁一七三。

【二】參見司徒雷登著，陳禮頌譯、傅涇波校訂：《司徒雷登日記》（合肥：黃山書社，二〇〇九年版），頁二四、二五、二七、二八、三二、四五、五二。

> 明，他可在南京推舉五百人，這些人同情該社提出的改革計劃。胡適特別提及政府宣傳部長董顯光、國防部次長鄭介民、警察總署署長官唐縱、上海吳淞警備司令孫德伍。
>
> 我們認為，這個組織有可能演化成政黨，並在政府內部的任何改革中發揮影響。我們還認為，這個組織充分表明了對李宗仁將軍副總統候選人的有組織的支持……。【一】

這個組織並沒有朝着司徒雷登預測的方向發展，但胡適支持李宗仁競選副總統一事，在《李宗仁回憶錄》中可得到印證。李宗仁憶起此事原委時說：「一月十一日北京大學校長胡適寄來一短箋說，他聽到我願作副總統候選人，甚為高興。因為將來競選，正如運動員要賽跑一樣，雖『只一人第一，要個個爭先，勝固可喜，敗亦欣然』。所以他寫此短信，對我的決定『表示敬佩，並表示贊成』。我也立刻回他一信，希望他本着『大家加入賽跑』之義，來參加大總統競選。雖然大總統非蔣先生莫屬，但我還是勸他競選，以提倡民主風氣。」【二】胡適的影響力似引起了各方面的注意。一九四八年蔣介石曾假戲真做，提議胡適做總統候選人，以探虛實，其中美國及司徒雷登對中國自由主義抱有熱切的期盼應是蔣氏計入考慮的一個因素。【三】

一九四八年十二月十五日胡適乘機離開北平到達南京，十七日曾與司徒雷登有過一次會談，惜胡適當日日記不存。司徒雷登在一九四八年十二月二十一日給美國國務卿馬歇爾的報告中披露了這次談話的全部內容：

和胡適的談話特別使人傷心，因為他力圖效忠於蔣政府，他代表愛國思想中最好的一類。……，使得蔣介石雖有其缺點，還是應該予以支持，因為只有蔣氏看清這一點，並且不妥協地抵抗共產主義，又因為他幾乎是國民黨領袖中唯一不沾染中國官場的任何貪婪與其他典型罪惡的人。他相信如果蔣氏被迫退休，則中央政府將行解體，而共產黨將實際上按他們自己的條件接收過去。因此，他不知道現在能否説服美國召回美國聯合軍事顧問團並幫助蔣氏進行戰爭，而不許共產黨統治中國並根據他們自己的目的來改變中國。他淚珠盈眶地請求我顧及長久的友誼而告訴他，他應該和蔣總統説些什麼，和他自己現在還能做些什麼，因為他已決心放棄學術專業而為國服務。我告訴他蔣政府的主要弱點在於精神方面而不在於軍事方面，軍隊已失掉了戰鬥精神，而人民對政府照顧他們的能力以及他們因而

【一】肯尼斯．雷、約翰．布魯爾編，尤存、牛軍譯：《被遺忘的大使：司徒雷登駐華報告一九四六－一九四九》（南京：江蘇人民出版社，一九九〇年七月版），頁一七一。原譯將鄭介民譯成「陳治明」、唐縱譯成「唐宗」，現改。

【二】參見李宗仁口述，唐德剛撰寫：《李宗仁回憶錄》下卷（上海：華東師範大學出版社，一九九五年版），頁六四二。文中所提胡適致李宗仁（一九四八年一月十一日）和李宗仁覆胡適（一九四八年一月十四日）兩信，現均保存，分別收入耿雲志、歐陽哲生編：《胡適書信集》中冊（北京大學出版社，一九九六年版），頁一一三二。耿雲志主編：《胡適遺稿及秘藏書信》第二十八冊（合肥：黃山書社，一九九四年版），頁一九三－一九六。

【三】參見楊天石：〈蔣介石提議胡適參選總統前後〉，載《近代史研究》二〇一一年第二期。

受苦的目標失卻信心，在這種情況之下，美國是無能為力的。我曾再三向蔣總統進言團結輿論來支持他的無上重要性，但是我失敗了。我問胡適能否出面而領導另一有關自由與民主問題之「新思想運動」或「文學革命」，一如他三十餘年以前所做出的輝煌成就一樣。他說他痛心後悔自日本投降以後他便沒把他的才能使用在這方面，而是如他能所做那樣，自私地回到和他性情較為相近的學術活動去。【一】

一九四九年四月六日胡適乘坐「威爾遜號」輪船離滬前往美國，在船上，胡適寫下了《〈自由中國〉的宗旨》、《陳獨秀最後對民主政治的見解》等文，可謂胡適重新振作，領導一場新的自由主義運動的開始，它與司徒雷登的上述勸導應有一定關係。

一九五四年司徒雷登出版回憶錄《在華五十年》一書，在美國籠罩着「麥卡錫主義」的恐怖氣氛，充斥着「誰丟失了中國」的一片質疑和責備聲中，司徒雷登出版此著明顯帶有「自辯」的用意。胡適「同病相憐」，特作長篇引言為之推介，相對於置於書前的馬歇爾那篇短序，胡適的導讀顯得格外用心。在這篇引言中，胡適分三段介紹了司徒雷登一生的歷史：第一階段早期參與傳教，胡適將他與早期的傳教士偉烈亞力、艾約瑟、韋廉臣、衛三畏、林樂知、狄考文、丁韙良、傅蘭雅、李提摩太並列，稱「司徒雷登博士將躋身於這些最具代表性的傳教士教育家之列，被中國的歷史永遠銘記」。第二階段創辦燕京大學，司徒雷登的成就主要表現在兩個方面，「第一，他和他的同事們嚴格地依照圖紙，修建了一座規模可觀的大學——燕京大學是中國十三所教會學校中最大的一個；不僅如此，建成後的燕京大學還擁有幾乎是全世界景色最為優美的校園。第二，在後來的發展中，尤其是在致力於中國研究的哈佛—燕京學社的幫助之下，燕京大學越來越中國化，從最初的基督教會學校演變成了一所馳名的中國研究機構」。第三階段是擔任駐華大使（一九四六年七月—一九五二年十二月）。胡適對此評論說：「司徒雷登的大使任務也就失敗了。原因一方面正如他本人自嘲的那樣，他只是個『外交新手』」；一方面是他「對中國人民非常友好，而且不偏不倚，不公開支持任何思想勢力或學派」。

在文中，胡適使用了一個不太被人們所注意的關鍵詞來定位司徒雷登介入外交事務的那段經歷——「外交新手」（a tyro in diplomacy），並說：「在那個理想主義思潮急劇膨脹的年代裡，在國內和國際政治問題上，事實上，我自己也只是個天真的『新手』」。（In fact I, too was just as naive a tyro in national and international politics in these days of expansive idealism.）【二】的確，司徒雷登、胡適兩人並非外交圈內的人物。兩人臨危受命，承擔非一般外交人員所可擔當的使命。胡適任駐美大使的四年（一九三八年—一九四二年），正是中國抗戰處在異常艱難

【一】《中美關係資料彙編》第一輯（北京：世界知識出版社，一九五七年版），頁九一一—九一二。

【二】（美）司徒雷登著，常江譯：《在華五十年》，頁一一。譯文據原文小改。

的階段，爭取包括美國在內的西方世界的支持，是胡適的外交使命。司徒雷登任駐華大使五年（一九四六年——一九五二年），正值國共內戰時期，調停內戰，建立聯合政府是司徒雷登承受的艱巨任務。他們上任之時，都是處在歷史轉折的重大關頭，他們被賦予了重要使命，但兩人在外交上都是「新手」。胡適並未明說這是一個歷史的誤會，但暗示了司徒雷登和他自己作為局外人身臨外交困局中的艱險和因不自知而表現出來的「天真」。

胡適「出山」擔任駐美大使，國民政府對他寄予很高的期望，希望利用他在美國的人脈和宣傳才能，打動美國支持中國的抗戰。胡適為此不辭辛苦，奔走全美，上下活動，到處演講。然美國宥於其長期所奉行的孤立主義外交政策傳統，對中國抗戰在最初幾年給予的實質性支持甚為有限，直到一九四一年十二月日本偷襲珍珠港後才對日宣戰，才明確與中國的軍事同盟關係，胡適的外交使命才達到目的。然國府隨後卻以魏道明替代胡適為新的駐美大使，魏氏與宋子文、宋美齡兄妹關係密切，其名望、地位與胡適皆不可同日而語，這對胡適多少有點貶意。胡適離任後，在美國賦閒達四年之久，以教書、研究度日。

司徒雷登擔任駐華大使，因他在中國各方有很好的關係，被視為中國人最好的朋友，美國對他亦寄予希望。司徒雷登對此有明確說明：

馬歇爾將軍之所以看重我，把我納入他組建聯合政府的龐大計劃中，是因為我是一個口碑不錯的自由主義美國人。我對中國人民非常友好。而且我不偏不倚，不公開支持任何思想勢力或學派。當然，我「友好」的對象也就包括了中國共產黨，我跟他們的一些領導人相知甚深。【一】

但正如前述，胡適認為司徒雷登是一個「外交新手」。司徒雷登在任期間，不僅未能完成他的外交使命——促成國共成立聯合政府，而且被共產黨視為美國支持國民黨政府的代言人。一九四九年新中國成立前夕，毛澤東在為新華社所擬的社論《別了，司徒雷登》一文中，宣告司徒雷登從中國離開是美國侵略政策徹底失敗的象徵。一九五二年十二月司徒雷登辭去大使職務後，長期在他的秘書傅涇波家中養病，其晚景之淒涼，非常人可想象。司徒雷登在他的回憶錄中，將他的晚年生活與其在抗戰期間被日寇拘捕下獄一事相提並論：「我曾兩度生活在不見天日的環境中，第一次是被日本人囚禁的那三年中，第二次就是近年來百病纏身困在家裡。這兩段經歷讓我切身體驗到了當今世界人民正在承受的苦難，使我對他們的理解和悲憫更增一分。」【二】可見，司徒雷登對自己所付出的代價耿耿於懷。

【一】（美）司徒雷登著，常江譯：《在華五十年》，頁一一一。

【二】（美）司徒雷登著，常江譯：《在華五十年》，頁二六六。

三、中美文化交流的媒介與隔閡

在近代中西文化交流中，美國並不是最早取得對華關係主導權的西方國家。十九世紀是歐洲繼續向海外殖民開拓的世紀，英、法兩國利用兩次鴉片戰爭的勝利，捷足先登，搶佔了對華交往的優先權。甲午戰爭後，中國人將目光投向日本，派遣大批留學生赴日留學，向日本這個曾是自己學生的國家討教，日本遂成為對華影響力最大的國家。美國為扭轉其在對華關係中的次等地位，採取以庚款換取中國派遣留學生的舉措，逐漸後來居上，對中國施加其重要影響。

胡適是第二批庚款留美學生。當時中國派遣留學生有三個去向：一是日本。其好處是就近、學費低且語言易學，故去日留學者人數最多。但日本是一個「二手」的現代化國家，在政治上實行君主立憲制，軍國主義盛行，無民主政治可言，去日留學者雖不乏革命志士，卻幾無自由主義者可言。留學英國歸來的嚴復對留日學生抱有極大的成見，以為「新政」須慎用留日學生，稱「東學小生，用之尤不可不慎也」。【一】二是歐洲。歐洲文化資源豐厚，是資本主義文明的發源地，是世界上現代化的樣板，可學之處甚多。但歐洲路途遙遠，學費又貴，赴歐留學者可謂困難重重，官費留學支絀，不敷使用；【二】自費則靠勤工儉學，更難登大學之門或獲取學位。傅斯年介紹選擇留學英、法、德三國順序時，將法國排在首位，德國其次，英國最後，其擇選標準主要不是語言問題，而是學費問題。【三】對比留日學生，嚴復認為留歐「學子皆知學問無窮，尚肯沉潛致力，無東洋留學生叫囂躁進之風耳」。【四】二十世紀初期，歐洲社會分化劇烈，勞工運動風起雲湧，加上第一次世界大戰，歐洲兩大軍事集團對抗，戰火燃遍整個歐洲，各國大傷元氣，德國思想家斯賓格勒悲呼「西方的沒落」，實為歐洲的衰落，歐洲資本主義文明已顯老態，各種對之批評、批判的聲音紛起。三是美國。藉助庚款留學，中國有計劃地分批派遣留學生前往美國求學。二十世紀初的美國已基本上完成了對北美新大陸的統合，崛起為一個新大陸國家，憑藉其豐富的資源優勢、廣闊的領土疆域和對世界技術人才的引進政策，其經濟總量很快超越歐洲各國，第一次世界大戰前已躍升至世界第一工業強國。一九一〇年胡適赴美留學，正是美國旭日東升之時。傅斯年後來慨嘆：「美國是嶄新的國家。」「如美國之一切嶄新，浩大經營者，中國今日如何來得及？」【五】說明國人對美國之不可及已有認識。留美期間，

【一】〈與載澤書〉，收入王栻編：《嚴復集》第三冊（北京：中華書局，一九八五年版），頁五九六。

【二】傅斯年因留學官費不足，故不能進牛津大學、劍橋大學，只能選擇「財力規模小得很」的倫敦大學，即是一例。參見傅斯年：〈留英紀行〉，載一九二〇年八月七日《晨報》。

【三】傅斯年：〈要留學英國的人最先要知道的事〉，載一九二〇年八月十二—十五日《晨報》。此文對留學歐洲，特別是英國有詳細介紹和比較，可見當時中國人留歐狀況。

【四】〈與張元濟書〉（十六），收入王栻編：《嚴復集》第三冊，頁五五三。

【五】傅斯年：〈要留學英國的人最先要知道的事〉，載一九二〇年八月十二—十五日《晨報》。

胡適享受了較好的生活、學習待遇，加上胡適學習勤奮，數次獲獎，其獎助收入可以自給，有時他還有餘款寄給母親，貼補家用。一部《藏輝室劄記》是胡適學業精進、留美有成的歷史記錄，在近百年千千萬萬的中國留學生中，它堪稱是最具文獻價值的留學日記。以後胡適又八度赴美，對「美國經驗」心領神會、頗有體悟，成為美國文化在中國的宣傳者和代言人。「五四」以後，留美學生（特別是哥倫比亞大學師範學院畢業生）在中國教育界舉足輕重，他們從美國帶回的生活方式、民主觀念、教育制度，對中國產生了極其重要的影響，所謂中西文化交流實已變為中美文化交流為主導，胡適正是留美學生群體的卓越代表。

胡適與司徒雷登兩人的人生經歷中，有很多匯集和交叉之處，這些因素使得他們具有交流互動的基礎。首先，兩人長期從事教育工作，並各自做過北大、燕大校長。胡適從一九一七年九月應聘擔任北大教授，在北大工作十八年，做過教授、文學院院長（一九三一年—一九三七年）、校長（一九四六年—一九四八年），他是「老北大」的代表。司徒雷登從一九一九年開始聘任為新成立的燕京大學校長，制定校訓、擴展規模。一九二九年春國民政府准予燕京大學立案時，司徒雷登名義上雖改任校務長，吳雷川任校長，但實際掌理校務。一九三七年七月七日盧溝橋事變後，司徒雷登重新出任校長，以示為燕京大學的保護人。一九四一年十二月七日珍珠港事變發生後，日寇拘捕了司徒雷登，關押達三年零八個月，直到抗戰結束才獲釋出獄。司徒雷登重新擔任燕京大學的校務長，此名義一直維持到司徒雷登離開中國。燕京大學的創辦與發展顯然與司徒雷登的名字分不開。由於北大、燕大兩校均為北京名校，兩校之間自然互相攀比。「北大老，師大窮，燕京清華好通融」即是當時北平學生圈內擇偶的一句流行語。北大以學生運動的策源地自居，燕大也當仁不讓，以教會學校為掩護，校內公開的左派人士和暗中的地下黨員互相串聯，頻繁活動，在一九三〇年代的抗日救亡運動和一九四〇年代後期的反內戰浪潮中，扮演了重要角色。

其次，兩人都是跨文化人，在中美文化之間充當中介，並為此不辭辛勞、疲於奔命，付出了極大的代價。

胡適對中國人宣傳美國文化，對美國人講中國文化。在任駐美大使期間，多次以中國文化為題材發表英文演講，頗受美國人民的歡迎。據《華盛頓郵報》載文稱：「中國駐美大使胡適，最近六個月來曾遍遊美國各地，行程達三萬五千里，造成外國使節在美國旅行之最高紀錄。胡大使接受名譽學位之多，超過羅斯福總統；其發表演說次數之多，則超過羅斯福總統夫人；其被邀出席公共演説之紀錄，亦為外交團所有人員所不及。」【二】胡適一時享有「文化大使」之盛

【二】〈胡大使在美之聲望〉，載《大公報》一九四二年七月二日。轉引自曹伯言、季維龍編著：《胡適年譜》（合肥：安徽教育出版社，一九八六年版），頁五九七。

譽。【一】

司徒雷登將美國文化帶到中國，同時向美國傳輸中國文化的價值，他在創建燕京大學的過程中力圖保留中國文化的地位，重視中國歷史、國文的教學，司徒雷登曾明確表示：

> 我的一生，深受三大因素的影響，那就是宗教、教育和中國。更準確地說，是中國這個國家孕育了我的宗教精神和教育理念，使我在這兩個領域大展拳腳。
>
> 我深切地感受到了中國人民的民族精神，並藉此喚醒了自己心中昏睡的民主自由理想，激發了自己實踐這些理想的決心（和）信念。我對中國人民的悲痛和希冀了然於心，與他們有情感上的共鳴。這種共鳴竟成為我生命的支柱，我的一切觀念、態度和行為都因之而來。
>
> 這種信念的產生，並不僅僅來源於我對中國和中國人民的熱愛。我一直堅信，只有當一個獨立、統一、強盛、無畏、友善的中國屹立於世界的東方時，太平洋地區才能擁有真正的和平。換言之，中國應當是一個富有理智和正義感的國家，與鄰居們友好相處，在國際新秩序中扮演重要的角色。【二】

但兩個人的善意均被自己的同胞所誤解。胡適一度被稱為「文化買辦」、美帝國主義的走狗；司徒雷登被美國當作在中國外交政策失敗的替罪羊，一九五〇年代，輔仁、東吳等教會大學在台灣紛紛復校，燕京大學獨被遺棄，無人置理，反映了蔣介石、宋美齡對他的冷淡。司徒雷登晚年在回憶錄中悲嘆：「我一度被視為美國自由主義者的表率、中華民族善意的朋友，可如今，我被誣衊為『美帝國主義的代理人、反動派蔣介石及其窮途末路的封建專制的支持者、助紂為虐的教唆犯』」。【三】

在觀察中美關係中的跨文化人命運時，我發現這麼一個現象，當兩國關係友好時，跨文化人往往被兩方面看好。抗戰時期美國大學紛紛向胡適授予名譽博士學位，「追捧」胡適，以至他應接不暇；一九四六年六月二十一日國民政府頒佈《國民政府令》褒獎司徒雷登，【四】十月十九日杭州各界授予司徒雷登「杭州榮譽公民」，內中的緣由即在於此。他倆一時成為中美友誼的象徵。當兩國關係惡化時，跨文化人則可能被兩方面指責，甚至拋棄。這就是胡適、司徒

【一】有關這方面的情形，參見拙作〈中國的文藝復興——胡適以中國文化為題材的英文作品解析〉，載《近代史研究》二〇〇九年第三期。

【二】（美）司徒雷登著，常江譯：《在華五十年》，頁二六〇—二六一。

【三】（美）司徒雷登著，常江譯：《在華五十年》，頁二二七—二二八。

【四】原載一九四六年六月二十四日《燕大雙週刊》第十五期〈慶祝特刊〉。參見沈建中：《走近司徒雷登》（濟南：山東畫報出版社，二〇〇九年三月版），頁五四。

雷登在一九五〇年代備受批判、嘲弄、冷落的原因。跨文化人的命運有點像媒婆，當兩人因中介撮合成功，結婚的男女雙方會給你送來喜糖以示感謝；而當介紹沒有成功，男女雙方可能對媒婆的介紹均不滿意。其實介紹能否成功，不僅是靠媒婆之力，還要看雙方的性格是否適合，故將兩國關係的惡化歸罪於跨文化人的中介，實為不當。不管胡適也好，司徒雷登也罷，他們對中美關係所能發揮的作用，也許在朝好的一面發展所作的貢獻大，在變壞的一面他們卻無能為力。在冷戰時期，跨文化人的力量有時會顯得極為脆弱，其命運也變幻難測。

橫亙在胡適與司徒雷登之間的阻隔也不可忽視。兩人因所屬國籍不同而導致的國家認同差異是顯而易見的。胡適長期在美國學習、生活、工作，但從沒有過在美國永久定居或改變國籍的打算。司徒雷登在中美之間遊走，他自認「是一個『土生土長』的中式美國男孩，並在成年之後以傳教士、中國文化研習者的雙重身份重返中國」。[一] 因此，在中美關係的危機時刻，司徒雷登一方面堅持：「在未來的中美關係中，務必秉承這樣的信念：我們要尊重中國的主權獨立和領土完整，鼓勵中國的領導人向自由世界學習。在這種信念的指導下，必然要求美國和美國人民保留昔日的傳統，繼續支持和幫助中國人民。」[二] 恪守自己維護中美關係的立場。另一方面，司徒雷登又提出，在處理中美關係時，「對於美國而言，首位的利益就是維護國內及國際安全。美國人民和美國政府關注世界和平，原因在於他們篤信和平，篤信自由。在美國人心中，只有世界和平得以實現，所有國家的安全和自由才能享有保障。美國在安全問題上的立場，和其他自由國家是完全一致的。」【三】他將美國自身的利益和安全放在首位，這是他處理中美關係的原則立場。

如果說，胡適與司徒雷登兩人的國家認同差異因為政見相同而未顯現矛盾的話，那麼對於宗教態度的大相徑庭，則反映了兩人文化認同的根本差異。胡適不信仰宗教，在國內時他不信從佛教，赴美留學後，由於美國是一個具有濃厚基督教背景的社會，置身於其中，胡適與之接觸，參與教會組織的一些活動，難免不發生思想的碰撞，甚至產生信仰基督教的念頭，經過一陣思想矛盾，很快轉而放棄。【四】

五四運動高舉「民主」與「科學」兩面大旗。當時人們常將宗教與迷信等同，視宗教為科學的對立面，各種宗教都遭受了嚴重的打擊，基督教作為西來的宗教也不可倖免。北京的基督教傳教士感受到前所未有的生存危機，遂要求與北大新派教授展開對話，就新文化與宗教的關係進行辯論。一九二〇年三月十四日胡適與蔡元培、李大釗、陶孟和等人與北京的基督徒有過一次對話，胡適對此事後來有所回憶：

【一】（美）司徒雷登著，常江譯：《在華五十年》，頁一。

【二】（美）司徒雷登著，常江譯：《在華五十年》，頁二七五。

【三】（美）司徒雷登著，常江譯：《在華五十年》，頁二七七—二七八。

【四】有關胡適留美時期與基督教接觸及他後來與基督教的關係，因所涉材料較多，當另專文討論。

燕京大學成立於民國七年，正當北京大學的蔡元培時代，所以燕大受北大的震盪最厲害。當時一班頑固的基督教傳教士都認為北大所提倡的思想解放運動為（對）於宗教大不利的。有幾個教士竟在英文報紙上發表文字，攻擊北大的新領袖；有一篇文字題為「三無主義」（A-three-ism），說北大提倡的是「無政府，無家庭，無上帝」，其危險等於洪水猛獸。但是一班比較開明的基督教徒，如燕京大學之司徒雷登先生與博晨光先生，如協和醫學校的一班教員，都承認北大提倡的運動是不能輕易抹煞的；他們願意瞭解我們，並且願意與我們合作。幾個公共朋友奔走的結果，就在民國八（九）年的春天，約了一日在西山臥佛寺開了一個整天的談話會。北大方面到的有蔡元培先生、李大釗先生、陶孟和先生、顧孟餘先生和我，基督教徒到了二三十人。上午的會上，雙方各說明他們在思想上宗教信仰上的立場；下午的會上討論的是「立場雖然不同，我們還能合作嗎？」結論是我們還可以在許多社會事務上充分合作。【一】

這段回憶除了時間有所誤差，其他與當年的報道基本一致。據《北京大學日刊》一九二〇年三月十七日《中外教育家近事》一文所載：「十四日，燕京大學教授 Porter 等及清華學校各教員，公宴本校校長及胡適之、蔣夢麟、李守常諸先生，座中談及文化運動與基督教育雙方之意見。蔡、胡、蔣諸先生對於宗教哲學頗多深沉之發揮，而協和大學教員 Zuger 先生尤能揭破一切宗教內幕云。」通過這次對話，司徒雷登及在北京的部分基督教開明人士認識到新文化運動的發展已成不可阻擋之勢，燕京大學必須適應形勢的新發展，做出必要的改革。

「五四」以後，胡適作為新文化的代表人物，始終堅持對宗教（包括基督教在內）不認同、不信從的態度。這一點他與另一位腳踏中西文化的大師級人物林語堂不同，林語堂最終選擇了上帝作為自己信仰的歸宿。胡適一生基本維持他在「五四」時期宣稱的「社會的不朽論」和「科學的人生觀」不變。在成名以後的歲月裡，他與基督教有過幾次不可小視的正面衝突，值得一表。

一九二一年五月十八日胡適與霍進德先生之間就宗教問題有過一場爭論，司徒雷登當時就在現場。關於這次辯論，胡適當天日記寫道：「上午，司徒爾先生（Dr.Stuart）與劉廷芳牧師與霍進德先生（H.T.Hodgkin）來談。霍君是一個『匱克』（Quacker），他的宗教信心很強，他以為一個人若不信上帝，若不信一個公道的天意，決不能有改良社會的熱心與毅力。我說，我不信上帝，並且絕對否認他這句通則。大賢如 John Stuart Mill、T.H.Huxley、Charles Darwin 都不信上帝，但誰敢說他們沒有熱心與毅力嗎？」【二】這擺明是一場「鴻門宴」，雙方大概是不歡而

【一】《胡適文集》第十一冊，頁四六五。

【二】《胡適全集》第二十九冊，頁二五六。

散。以後，胡適在美國與基督教徒還有過幾次類似的會談，如一九三八年一月二十日胡適日記略記：「飯後 Hamilton 太太忽然向我大談『中國不幸不能繼續忍辱謀和平』，我頗詫異，細談下去，才知道她是所謂『牛津派』（Oxford Group）的信徒，此派深信上帝有深意（God has a plan），故有一種狂熱，其實甚無道理。」【一】明確表明了對基督教牛津派的「天意」說的拒絕。

一九二二年六月二十四日在與朋友的一次聚餐中，胡適表達了自己的「宗教觀」：

晚間到柯樂文家吃飯，談宗教問題；席上多愛談論的人，如 Houghton、Embree、Clark，談此事各有所主張。外面大雨，街道皆被水滿了，我們更高談。最後我為他們作一結束：

一、不必向歷史裡求事例來替宗教辯護，也不必向歷史裡去求事例來反對宗教。因為沒有一個大宗教在歷史上不曾立過大功，犯過大罪的。

二、現在人多把「基督教」與「近代文化」混作一件事：這是不合的。即如協和醫校，分析起來，百分之九十九是近代文化，百分之一是基督教。何必混作一件事？混作一事，所以反對的人要向歷史裡去尋教會摧殘科學的事例來罵基督教了。

三、宗教是一件個人的事，誰也不能干涉誰的宗教，容忍的態度最好。【二】

這裡所表達的基督教與近代文化不是一回事的觀點，即是胡適對基督教的基本認知；而他對宗教抱存「容忍的態度」則是其自由主義的顯露，這一態度可謂愈老彌堅。

一九三七年七月二十二日，胡適在與湖南財政廳廳長尹任先長談後，對這位篤信基督教的官員感覺「可敬亦可憐」：

> 他近年篤信基督教，夫婦均自以為「得救了」。今天我們談了幾個鐘頭，頗覺其篤行可敬亦可憐。我對他說：切不可把我們自己知識經驗得來的見解認作「上帝意志」，人的見解是可以有錯的，可以修正的；變作了神意，就有了武斷的危險。此與戴震說的認意見為天理同一危險。【三】

在認識論上，胡適是一位無神論者，故他拒絕「神意」、「上帝意志」這類宗教武斷的態度。

一九三八年七月十五日，胡適在與魯茨主教（Bishop Roots）會談時，就其所提倡的牛津

【一】《胡適全集》第三十三冊，頁一四。
【二】《胡適全集》第二十九冊，頁六六二。
【三】《胡適全集》第三十二冊，頁六六三。

群體（Oxford Group）運動明確表態：

一、我根本反對 Oxford Group 的運動，因為其主旨是說「上帝總有一個安排」（God always has a plan）。我是無神論者，絕不能認此意可成立。即如今日中國之被摧殘屠殺，豈可說是上帝有安排！如上帝真有安排，我們應該認上帝為負屠殺摧殘中國之責任的人了，我們就應該痛恨上帝了。

二、我不承認基督教運動在中國新運動中佔多大勢力。蔣介石先生確有點宗教信心，但宋家一群男女的基督教義不過是皮毛而已。不但現在，即在將來，基督教運動在中國實無發展可能。

三、至於他談話中說的日本人亦有 Oxford Group 信徒，可為和平基礎，此說更不可信。日本人的宗教，無論掛何招牌，其實只是一個忠君愛國的國教。其他宗教都莫妄想侵入！【二】

這大概是胡適對基督教最強硬的表態，其中對宋氏姐弟的評價、對日本基督教的看法，更是表現了胡適對基督教不妥協的個性一面。

話說回來，胡適對基督教還存有某種親近的傾向，他熟讀《聖經》，有收集《聖經》版本的嗜好。胡適晚年毫不掩飾自己青年時代這方面的經驗：「在我閱讀《聖經》，尤其是《舊約》之後，我對猶太人真是極其欽佩。」閱讀《聖經》的經驗加強了胡適與猶太人親密接觸的傾向，胡適美國朋友中有不少是猶太人。胡適自曝對《聖經》的一些篇章頗為欣賞，對許多典故爛熟於心：「我讀遍聖經，對新約中的《四福音書》中至少有三篇我甚為欣賞；我也喜歡《師徒行傳》和聖保羅一部分的書信。我一直欣賞聖經裡所啟發的知識。」【二】胡適在《嘗試集》的〈自序〉中曾引用耶穌的一句經典名言自勉：「耶穌說得好：『收穫是很好的，可惜做工的人太少了。』所以我大膽把這本《嘗試集》印出來，要想把這本集子所代表的『實驗的精神』貢獻給全國的文人，請他們大家都來嘗試嘗試。」【三】胡適後來常常引用耶穌此語以表現自己作為一個先驅者的孤獨感和忘我工作的精神。由喜歡閱讀《聖經》，發展到愛好收藏《聖經》版本，甚至欲利用各個地方的《聖經》版本研究中文方言，胡適自豪地披露自己收藏《聖經》的情形：「在北京大學時，我開始收集用各種方言所翻譯的《新約》或《新舊約全書》的各種版本的中文聖經。我收集的主要目的是研究中國方言。」「我為着研究語言而收藏的聖經，竟然日積月累，快速

【一】《胡適全集》第三十三冊，頁一三三—一三四。

【二】唐德剛譯注：《胡适口述自傳》第三章《初到美國：康乃爾大學的學生生活》，收入歐陽哲生編：《胡适文集》第一冊（北京大學出版社，一九九八年版），頁二〇四。

【三】〈嘗試集〉自序，收入歐陽哲生編：《胡適文集》第九冊（北京大學出版社，一九九八年版），頁八三。

增加。當『中國聖經學會』為慶祝該會成立五十週年而舉辦的『中文聖經版本展覽會』中，我的收藏，竟然高居第二位——略少於該會本身的收藏，這個位居第二的聖經收藏，居然是屬我這個未經上帝感化的異端胡適之！」據統計，在北大圖書館現今所保存的胡適藏書中，仍存有約四十種中、英、日文版的《聖經》書籍。【一】

一九三七年三月七日下午胡適在北京參加美國聖經會舉行的《聖經》展覽開幕典禮，結合自己閱讀聖經的經驗，就「《聖經》與中國文學」一題發表演說，提出：「（一）《聖經》應有新譯本，使語言和現代白話文接近；（二）應採用 Moultion's *Modern Reader's Bible* 的辦法，改寫改印，使讀者更易瞭解（《舊約》更需要重譯重寫）；（三）充分介紹近世的《聖經》校勘考據詁訓之學。」【二】試圖將《聖經》翻譯引向白話文，將《聖經》研究導向學術化，這又表現了胡適對基督教善意的一面。

司徒雷登作為一名基督教徒，對傳教抱有改革的熱情和開明的主張，對中國文化有相當的包容，他屬基督教內的「自由派」人士。他恪守忠實耶穌、真誠傳教這條底綫，在述及自己的信仰時堅稱：「我最大的滿足始終來自耶穌基督，從未改變過。我全心全意地尊敬耶穌，忠於耶穌。他用窮盡一生的時間教導他人，歷經身死與重生，和諧而壯麗。他自願走上十字架，是愛與信仰最為極致的體現。」【三】司徒雷登對基督教在中國的生存和發展充滿期待，並以此鼓勵他的同道：「基督教的教義和規條傳入中國是一種歷史的必然，我一直希望中國的神學家能夠更富創造力，為基督教真理進行全新的闡釋，注入活力。而當前，中國的教會正面臨嚴峻考驗。不過這也許是件好事，所謂『文王拘而演周易，仲尼厄而作春秋』，中國的基督教思想家們可以藉此機會在逆境中體驗和實踐自己的信仰，讓我們的期待早日成為現實。」【四】

自從基督教入華以來，傳教與反傳教始終是未曾解決的一對矛盾。這一矛盾最初是存在於受傳統儒家支配的士大夫、皇權政治與西方傳教士之間，清朝中期的「禁教」政策是這一矛盾的集中表現。近代以來，來華傳教士受到不平等條約的保護，其在華權益呈現合法化、擴大化的趨勢，由此也加深了教民與非教民之間的矛盾，層出不窮的「教案」即表現了這一矛盾的加劇，一九〇〇年的義和團運動和隨之而發生的八國聯軍侵華戰爭是這一矛盾的總爆發。在新文化運動的浪潮中，受到西方文化教育洗禮的新文化健將們堅持「民主」與「科學」的價值取向，

【一】有關胡適收藏《聖經》版本的目錄，參見鄒新民：〈胡適的聖經收藏〉，載《胡適研究通訊》二〇一一年第四期。筆者按：胡適收藏的《聖經》版本應不止四十種，據胡適一九二二年五月十日日記所載：「打開上海寄來的『聖書』一箱，計五十八冊。內中方言的種類之多，真是出乎我的意料之外！稍暇當為作一詳表，先分區域，然後研究。這些『方言的聖書』將來一定要成為中國語言學、文學、文法學上一組重要材料。」（收入《胡適全集》第二十九冊，頁六二一）。胡適收藏《聖經》的愛好一直維持，但他試圖採用《聖經》版本研究中國方言的計劃並未見諸實施。

【二】《胡適全集》第三十二冊，頁六三四—六三五。

【三】（美）司徒雷登著，常江譯：《在華五十年》，頁二七一。

【四】（美）司徒雷登著，常江譯：《在華五十年》，頁二六九。

排斥一切形式的宗教，視宗教為落後、過時、迷信的東西，他們的這一價值取向既與傳統儒家倫理積極入世的人生態度一脈相承，又獲西方近代科學的強力支持，是新文化的主流選擇，胡適在處理基督教問題上所採取的態度只是這一選擇的一個典型案例。新文化運動的凱歌行進，不僅是對傳統文化體系的解構，而且是對外來基督教的一次嚴重打擊，在傳教與反傳教的鬥爭中，新文化運動及其隨後展開的非基督教運動以前所未有的高姿態重新奪回了話語權，基督教回落到歷史的原位。【一】司徒雷登等基督教自由派人士為了生存不得不做出新的調整，各大教會學校、教會團體紛紛適應形勢的要求，進行不同程度的改革。胡適與司徒雷登在這一問題上表現的立場和調整，不過是這一矛盾發展到新階段的典型表現。他們之間既對話、爭論，又彼此容忍，這就為處理世俗與宗教的對話提供了新的樣板，也為中美文化交流展示了取長補短、求同存異、互相適應這一新的趨向。

（原載《史學月刊》二〇一四年第一期。《高等學校文科學術文摘》二〇一四年第二期「學術卡片」欄摘要。中國人大複印報刊資料《中國現代史》二〇一四年第五期複印）

【一】有關這方面的研究，參見楊天宏：《基督教與民國知識分子——一九二二年—一九二七年中國非基督教運動研究》（北京：人民出版社，二〇〇五年七月版）。

新文化的異域迴響

——胡適及其著作在日本

古代中日文化交流，以中國影響日本為主。及至近代，甲午戰爭改變了這一格局，二十世紀初大批中國青年學子走向東瀛，反過來向日本這位曾是自己的學生討教，中日文化交流遂出現「倒流」現象。中國不僅學習日本文化，而且通過日本這一渠道吸收西方文化，日本成為中國現代化的重要參照。在新文化運動中崛起、以胡適為代表的留學歐美的「海歸」，努力謀求在中國文化與歐美文化的新的結合的基礎上，創造一種新文化。胡適作為新文化的典範性人物，以其在文學、哲學、史學多方面的創新成就，在中國知識界造成強烈的震撼性效應，同時也給日本學界以極大的衝擊。日本學人通過譯介胡適的作品，追蹤胡適的學術動向，試圖掌握中國新文化的進程。有趣的是，由於胡適一九二五年開始進入禪宗史研究領域，自認為據此強項的日本學人與之展開對話和論爭，這不啻是中日之間的一場「學戰」。胡適在近代中日文化交流史上的這一特殊表現，給人意外之感，故其內在的蘊含值得我們探討和解剖。

一、胡適的訪日經歷

胡適並沒有在日本留學或長期居留的經歷，但他過訪日本的頻次之多在同時代中國學人中實屬少見。一九一〇年七月中旬胡適赴美留學時，第一次途經日本，在他一九一〇年九月二十五日發自綺色佳的《致胡紹庭、章希呂、胡暮僑、程士範》一信中道及所見日本之印象，顯見其對日之輕蔑：

過日本時如長崎、神户、橫濱皆登岸一遊。但規模之狹，地方之齷齪，乃至不如上海、天津遠甚。居民多赤身裸體如野蠻人，所居屬矮可打頂、廣僅容膝，無几無榻，作書寫字，即伏地為之，此種島夷，居然能駸駸稱雄于世界，此豈（非）吾人之大恥哉！今日韓已合併矣。韓之不祀，伊誰之咎！吾國人猶熟視若無睹然，獨不念我之將為韓續耶！【一】

同行的趙元任留有此行的日記，可資參考，惜未公佈。【二】

胡適留美歸國時，船經日本，時間是一九一七年七月五日至八日。所經情形在《胡適留學日記》中有詳細記載：

七月五日，「下午四時船進橫濱港，始知張勳擁宣統復辟之消息」。下船後，乘電車去東

【一】耿雲志、歐陽哲生編：《胡適書信集》上冊（北京：北京大學出版社，一九九六年版），頁一六。胡適是一九一〇年七月十二日乘船離開上海，八月七日抵達舊金山。按照當時的航行時間，到達日本應在離滬的兩三天後，據此可推斷胡適是七月十五日前抵達日本。

【二】從一九〇六年四月十五日起，趙元任開始寫日記，「除偶有特殊原因缺記外，一直延續到一九八二年去世前不久」。參見趙新那、黃培雲編：《趙元任年譜》（北京：商務印書館，一九九八年），頁四八—四九。

京，「與郭（虞裳）、俞（頌華）兩君相見甚歡。兩君皆澄衷同學也」。「諸君邀至一中國飯館晚餐」。「是夜九時，與諸君別，回橫濱。半夜船行」。【一】在東京時，購《新青年》第三卷第三號，上有桑原隲藏博士《中國學研究者之任務》一文，甚得胡適欣賞。「其大旨以為治中國學宜采用科學的方法，其言極是。其所舉歐美治中國學者所用方法之二例，一為定中國漢代『一里』為四百米突（十里約為兩里半），一為定中國『一世』為三十一年。後例無甚重要，前例則歷史學之一大發明也。末段言中國籍未經『整理』，不適於用。」【二】七月七日，「晨到神戶，與（張）慰慈上岸一遊」。【三】七月八日，「自神戶到長崎，舟行內海中，兩旁皆小島嶼，風景極佳」。胡適稱沿途所見為「亞洲之『千島』耳」。到長崎未上岸。【四】七月十日，船到上海。這次途經日本，加上與同船日人永屋龍雄、朝河貫一的交流，提醒胡適對日本學術界的注意。

一九二七年四月胡適從美國回國途經日本，在日停留二十三天（四月二十四日—五月十六日），這是他第三次過訪日本，也是他歷次訪日時間最長的一次。此次訪日先「在東京住了兩個禮拜」，【五】後赴其他地區旅行。胡適訪問日本的情形雖未見存日記，但從他後來的一些片斷文字可窺見大概：

> 我記得一九二七年四月二十四日我的船到橫濱，就接到（丁）在君由船公司轉交的信，信中大意講，國內黨爭正烈，我的脾氣不好，最好暫時留在日本，多做點研究日本

國情的工作。他說：他自己近來很研究日本問題，深切的感覺中國存亡安危的關鍵在于日本。他勸我千萬不可放過這個可以多多觀察日本的機會。

我很贊成在君的意見。但我不通日本話，在日本只能住很貴的旅館。我在日本住了二十三天，遊歷了箱根、京都、奈良、大阪，很感覺費用太大，難以久居，所以五月中旬我就從神户回國了。【六】

訪日期間，恰逢國共分裂，胡適閱讀報刊，密切關注事態的發展：

【一】《胡適全集》第二十八冊（合肥：安徽教育出版社，二〇〇三年），頁五八一。

【二】《胡適全集》第二十八冊，頁五八一——五八二。

【三】《胡適全集》第二十八冊，頁五八二。

【四】《胡適全集》第二十八冊，頁五八三。

【五】參見胡適：〈日本霸權的衰落與太平洋的國際新形勢〉，收入歐陽哲生編：《胡適文集》第十一冊（北京大學出版社，二〇一三年），頁六九三。另據北大圖書館胡適藏書中小野玄妙著《佛教年代考》（京都：出版者不詳，一九二六年）的扉頁題記：「胡適，在東京買的，十六，五，六。」可知，五月六日胡適尚在東京。

【六】胡適：〈丁文江的傳記〉，收入歐陽哲生編：《胡適文集》第七冊（北京大學出版社，二〇一三年），頁四五二——四五三。

船到了日本，我知道南京已成立了新國民政府。我在日本停留了三個多星期，仔細讀了那幾個月的報紙，才充分明白當日吳稚暉、蔡子民、張靜江（一八七七年—一九五〇年）等一班文人出來主張清黨反共，確有很重要的歷史意義。……我在日本對中國學生談話，對日本報人談話，也曾這樣說：「蔡元培、吳敬恆不是反動派，他們是傾向於無政府主義的自由論者。我向來敬重這幾個人，他們的道義力量支持的政府，是可以得着我們的同情的。」【一】

在日期間，胡適會見了一些日本佛學界人士，這與當時他對禪學研究的興趣有關。「路過東京，見着高楠順次郎先生、常盤大定先生、矢吹慶輝先生，始知矢吹慶輝先生從倫敦影得敦煌本《壇經》，這也是禪宗史最重要的材料。高楠、常盤、矢吹諸博士都勸我早日把神會的遺著整理出來。」【二】這是胡適第一次與日本佛學界的直接接觸。在奈良，胡適會見了香港大學創始人愛里鄂（Sir Charles Eliot）爵士，此君「精通梵文和巴利（Pali）文，著有《印度教與佛教》三鉅冊；晚年曾任駐日大使，退休後即寄居奈良，專研究日本的佛教」。當天的會晤稱得上是國際佛學界的一次高端聚會。「那一天同餐的，有法國的勒衛先生（Sylvan Levi）、瑞士（現改法國籍）戴密微先生（Demieville）、日本的高楠順次郎先生和法隆寺的佐伯方丈，五國的研究佛教的學人聚在一堂，可稱盛會」。【三】

倉石武四郎、吉川幸次郎在他們的回憶文字中，都提到胡適此行曾到京都大學作過一次演講，狩野直喜、鈴木虎雄在場，倉石武四郎致閉會詞，因此與胡適「初次結識」。【四】

胡適就當前形勢與日本各界人士交換意見。他會見了日本著名經濟學家福田德三博士，福田與胡適早於一九二二年在北京即已結識。在《漫遊的感想》一文中，胡適特別提及他們之間就歐美的社會政策的一場對話。【五】他參觀了《朝日新聞》社舉辦的「新聞事業展覽會」，這次參觀活動令胡適深感不安：

【一】胡適：〈追念吳稚暉先生〉，收入《吳稚暉先生紀念集》（近代中國史料叢刊續輯一三〇）（台北：文海出版社，一九七五年），頁一四——一五。

【二】胡適：〈自序〉，收入胡適編著：《神會和尚遺集》（台北：胡適紀念館，一九八二年版），頁三。

【三】胡適：〈南遊雜記〉，收入歐陽哲生編：《胡適文集》第五冊（北京大學出版社，二〇一三年），頁五五七。

【四】參見倉石武四郎：〈追趕魯迅〉，收入倉石武四郎著，榮新江、朱玉麟輯註：《倉石武四郎中國留學記》（北京：中華書局，二〇〇二年），頁二二六。倉石武四郎因記憶有誤，將胡適訪問京都的時間係於一九二八年。吉川幸次郎：〈胡適——「折り折りの人」補遺〉，收入《吉川幸次郎全集》卷一六（東京：築摩書房，昭和四十九年〔一九七〇年〕十二月十五日發行），頁四三一——四三二。

【五】胡適：〈漫遊的感想〉，《胡適文存》三集卷一。收入歐陽哲生編：《胡適文集》第四冊（北京大學出版社，二〇一三年），頁三二——三三。

有一天，外務省的岩村成允先生陪我去看東京《朝日新聞》的新屋，樓上有一層正開着一個「新聞事業展覽會」，岩村先生帶我去看一間特別展覽。我進去一看，只見牆上掛滿了無數薄紙條子，像是日本電報紙，足足有兩三千條。岩村先生對我說：「這是三月廿四南京事件那一天一晚東京《朝日新聞》一家接到的緊急電報。那天南京日本領事館被攻擊了，日本人也有被傷的，據說還有國旗被侮辱的事。那一天一晚，日本各報紙發了無數的號外。人心的憤激，先生請看這些電報就可想而知。但幣原外相始終主持不用武力。駐下關的英美炮艦都開炮了，日本炮艦始終沒有開炮。」我那時看了那一間小房子牆上密密層層的電報紙，我第一次感覺到日本的霸權的威嚴，因為我明白日本那時有可以干涉中國革命的霸力而不肯濫用，可以說是無害的霸權了！

但後來的形勢發生了變化，胡適的看法當然也隨之改變。「兩三年後，日本的軍人終於不滿於那無害的霸權，就衝決了一切國際的約束，濫用暴力，造成滿洲事變。從此以後，帶甲的拳頭越顯露，日本的國際地位就越低落了。」【一】

一九三三年六月二十一日至二十三日胡適赴美途經日本作短暫停留。據其日記所載：六月十九日凌晨乘船離滬。六月二十日「得大阪《每日新聞》澤村幸夫一電，約明日在神戶相見。我怕他要發表談話，寫一文為準備」。【二】六月二十一日，「船到神戶（Kobe），得 *Japan*

Chronicle 編輯人 Mr.A.Morgan Young 的信，說他要邀我去遊覽山景」。胡適接受了邀請。但因細雨不能遊山，只好到他們的報館和寓所小坐。日人澤村君邀請胡適到大阪午餐，高橋君要胡適去東京演講，胡適均婉辭。【三】六月二十二日，「船未進橫濱，即有 Japan Advertiser 訪員坐汽船來訪問，我給了他前晚的談話稿一份。Uramatsu 與 Takagi 同來接我，橫濱領館文訪蘇君也來船上。與高木、浦松二君坐汽車到東京。六年前的荒涼景象，今日都換了新式市街建築，都可令人驚嘆。到東京帝國旅館，會見『太平洋問題調查會』的會員」，「加同來的二人，凡十一人，這樣人數少，我可以不演說了」。這次談話，從六點多鐘到十一點始散，持續五個小時，可見討論之熱烈。會畢，浦松與高木到胡適房中小談。這次會談內容，胡適日記記錄甚詳。六月二十三日，高木與浦松送胡適回橫濱上船。【四】

【一】胡適：〈日本霸權的衰落與太平洋的國際新形勢〉，收入歐陽哲生編：《胡適文集》第十一冊（北京大學出版社，二〇一三年），頁六九三—六九四。

【二】《胡適全集》第三十二冊，頁二一六。

【三】《胡適全集》第三十二冊，頁二一七。

【四】《胡適全集》第三十二冊，頁二一八—二二三。

一九三三年十月胡適訪美歸國時，途經日本，【一】惜未存日記，故所經情形不得其詳。在《〈壇經〉考之二——記北宋本的〈六祖壇經〉》一文中，胡適透露：「去年十月我過日本橫濱，會見鈴木大拙先生，他說及日本有新發現的北宋本《六祖壇經》。後來我回到北平，不久就收到鈴木先生寄贈的京都堀川興聖寺藏的《六祖壇經》的影印本一部。此本為昭和八年（民國二十二年，一九三三）安宅彌田所印行，共印二百五十部，附有鈴木大拙先生的《解說》一小冊。」【二】可知此次胡適在日本橫濱，曾會見了日本佛學界同行鈴木大拙。

一九三六年七月十六、十七日胡適赴美途經日本，這是他第六次過訪日本。據其日記所載：

七月十六日 早上六點半船到神戶，到八點半才進口，總領事江華本來招待；神戶（兵庫縣廳）警視廳外事課亞細亞系通鴻山俊雄也奉內務省電令來招待。

我們決定坐火車去東京，但特別快車（「燕」）已無頭等房間，我們託江君令 Jamatto Hotel 招待員土谷（Tsu Chi Ya）君代辦車票，坐電車到大阪候車。到大阪，我們坐二等車到東京。途中甚熱，過名古屋以後，有驟雨，雨後稍涼。途中風景極佳，富士山高出雲中，一會兒雲漸升高，把山尖全遮了，就不復見。鐵路綫經內海之濱，傍晚時海邊景物特別美麗。

八點二十五分到橫濱，八點五十分到東京。日本支會來迎者：那須、高柳、牛場友彥（Ushi ba）、浦松及其夫人、松本重治夫人。

許雋人大使與孫伯醇、蕭叔宣夫婦來迎。室伏高信也在站迎我。

大使館□□□警備，說是專為我警備的！他們說，此夜的警備比許大使到的一天還嚴重！【三】

胡適出入都有便衣武裝警察保衛，顯示出日本方面對他的來訪高度重視。

七月十七日　北大學生郎依山來。伯醇與芃生來吃早飯。室伏來長談。松方來。岩村成允來。楊鴻烈夫婦來。

牛場來。今年日本支會內部大變化，舊日之新人物如高木、橫田、松方、浦松、松

【一】胡適大約是一九三四年十月初從溫哥華乘船回國，回到上海是十月二十五日，汪原放、章希呂等到碼頭迎接。參見〈章希呂日記〉，收入顏振吾編：《胡適研究叢錄》（北京：三聯書店，一九八九年二月版），頁二四七。

【二】《〈壇經〉考之二——記北宋本的〈六祖壇經〉》，《胡適文存》四集卷二。收入歐陽哲生編：《胡適文集》第五冊（北京大學出版社，二〇一三年），頁二二四。

【三】《胡適全集》第三十二冊，頁五七〇—五七一。

本，皆不在會，亦不被派出席。牛場為Oxford留學生，人最開明，說話亦開誠，我甚高興。他是此間支會秘書。

松方說，此次會中出席代表中唯上田（Uyeda）一人是自由主義者，能自守其說，餘人皆不高明。

室伏說他將有新著《南進論》，是要改變北進路線而取南進路線，將為「日本一大轉變之書」！此君的見解殊令人笑不得，哭不得。他要一班知識者來與我談，其中有早稻田的杉森，亦是不高明之「學者」！

大概各國風氣所尚，各有其特別之點。英國則第一流人才入政治，美國第一流人才入工商，日本第一流人才入軍部。其大學教授與文人，皆是凡才也。【一】

下午五點半到大使館辭行，坐汽車到橫濱。近八點上船，大使來送行，十點開船，結束短暫的訪日。值得一提的是，室伏高信與胡適會見後，七月二十三日在東京《讀賣新聞》發表〈胡適再見記〉一文，從這篇文章可以看出當時日方對胡適態度冷漠的一面。【二】

一九三六年十一月初胡適從舊金山啟程回國，十二月一日回到上海。此次橫渡太平洋，中間是否在日本作短暫停留，未見胡適提及。按照通常的航行路線，應經過日本橫濱等處。

一九四六年七月二日胡適從美國回國時途經日本。據其日記，七月二日，「Captain說，今天早晨，可望見日本，天氣清朗時可見富士。船客都早起來了，只看見幾個小島。」【三】七月三日，胡適翻檢自己一九三六年七月十六日寫作的《望富士山》小詩，讀了一遍，感「其悲哀之音更明顯」。改本如下：

> 霧鬟雲裙絕代姿，也能妖艷也雄奇，忽然全被雲遮了，待到雲開是幾時？待到雲開是幾時？【四】

這可能是胡適所撰詩歌中，唯一一首與日本題材有關的詩歌。

一九四九年四月九日胡適赴美途中，在東京作短暫停留，當日船到橫濱。胡適自述：「本不準備登岸，寫信託趙曾玨君帶去東京，向吳文藻、謝冰心、吳半農諸友告罪。不意半農在碼

【一】《胡適全集》第三十二冊，頁五七二。

【二】此文有中譯文載《大公報》一九三六年七月二十九日，一九三六年八月九日《獨立評論》第二一三號轉載。

【三】《胡適全集》第三十三冊，頁六〇〇。

【四】《胡適全集》第三十三冊，頁六〇一。據胡適稱：「翻出去年九月一日日記，見我在十年前（July 16，一九三六）〈望富士山〉小詩。」《胡適的日記》（手稿本）（台北：遠流出版公司，一九九〇年）沒有這一天的日記，整個一九四五年日記空缺，可能為編輯所刪，或未找到一九四五年日記。

頭去接趙君，堅邀我去玩了半天。見着文藻、冰心及半農夫人，下午見着王信忠，大談。到代表團訪商啟予將軍（震），不遇，留一片。」【一】第二天，胡適乘船開往檀香山。

一九五二年十一月十八日胡適從美國乘機前往台北時，在東京轉機作短暫停留。從此，胡適不再乘船途經日本，而是乘坐飛機。胡適日記寫道：當日「下午到東京，飛機晚了兩點鐘。董大使顯光與朋友多人來接。大使為我請了許多日本客人與美國客人。有野村、那須浩、鹽谷溫諸人。半夜後離開東京」。【二】

一九五三年一月十七日至二十二日胡適從台北飛往美國，中經東京作為期五天的訪問。胡適日記對此次訪日行程記載甚詳：一月十七日，「晚上到東京。董顯光大使來接。接的朋友很多，有張伯謹公使等。」【三】一月十八日，「與張伯謹、王信忠去走書店，僅走了『湯島聖堂』（孔廟）的一處，買了一些書」。「晚上大使為我約了一大桌客，有日本人。其中有最高法院田中耕太郎、前田、松方、鹽谷溫諸人。」【四】原定二十日返美，旋因董顯光挽留，展期兩天。【五】一月十九日，「與王信忠走書店，僅到山本一家，買了一些書。下午，東方文化學會等三個團體歡迎的茶會。前田主席、倉石説話，我也説了半點鐘的話，松方翻譯。」【六】一月二十日，「上午，見客。中午，到鄉間赴馬延喜先生的午餐。席上有大陸問題研究所所長土居明夫談話很有見解。他這研究所裡很有許多舊軍人，多係對中俄問題有研究的。……下午，去看國會圖書館（National Diet Library），館長金森先生（Tokujiro Kanamori）帶我去參觀，館中有五十萬冊書。又去看東洋文庫，即是以 Morrison's Library 為基礎，建立起來的東亞書庫。沒有受損失。又去玉川，看靜嘉堂文庫，即是以陸心源的『皕宋樓』藏書作基礎，建立起來的中國珍本書的書庫。也沒有受損失。館長諸橋轍次，已老了，雙目近於失明，還慇懃招待。晚上，赴改造社晚餐談話，社長名 Hara，發問者為上原博士（Uehara）。談的是世界文化問題」。【七】

一月二十一日，「上午，與董大使去拜客，拜了副首相緒方竹虎、外相岡崎勝男。中午，在 NHK 廣播。題為『Our Common Enemy』，為時十五分鐘，昨夜費了我四點鐘寫成。中央社李嘉先生約我午飯，吃日本的『鋤燒』，很好。下午，參觀東京大學，見校長□□□先生。看了他們的圖書館。大學沒有損失。校長說，學校南邊的一條街，街以南被轟炸了，而街以北的學校毫無損壞。……到文學部，見部長辻□□先生、倉石武四郎、駒井和愛、長井真琴。吃

【一】《胡適全集》第三十三冊，頁七二七。

【二】《胡適全集》第三十四冊，頁二五四。

【三】《胡適全集》第三十四冊，頁二六六。

【四】《胡適全集》第三十四冊，頁二七一。

【五】參見胡頌平：《胡適之先生年譜長編初稿》第六冊第三版（台北：聯經出版事業有限公司，一九九〇年），頁二三三五。

【六】《胡適全集》第三十四冊，頁二七一。

【七】《胡適全集》第三十四冊，頁二七二。

了茶才告辭。晚上，外相岡崎勝男家宴，有女客。日本女權最近頗發達。外相夫人此次為其夫競選甚努力。見着舊友谷正之。」【一】一月二十二日，「上午，見客。中午，董大使約了一些新聞記者午餐。」晚上，「上飛機，十點半起飛，有董大使夫婦及友人多人來送別。」【二】此次訪日時間雖短，但行程甚滿，接觸面廣，是一次比較正式的訪問。

一九五四年二月中旬胡適從美國紐約飛往台北時，在東京轉機作短暫停留，【三】但因日記空缺，胡適在東京的行程不詳。

一九五四年四月五日至七日胡適從台北返回美國時，途經東京停留二日。台北的《中央日報》報道了他在東京的行程：四月六日夜，胡適在東京出席台灣「駐日大使」董顯光舉行的宴會，席間向日本文化界及報界發表演說。【四】四月七日，崔萬秋陪同胡適到山本書店，購書《清代學人書箚詩箋十二冊》。胡適在《跋〈清代學人書箚詩箋〉十二冊》中對此事略有交代：「去年一月我在山本敬太郎的書店裡看見這十二冊，曾抄出鮑廷博信裡代賣戴震自刻的《水經注》的一段。今年四月七日，崔萬秋先生陪我重到山本書店，買得這些很可愛又很可珍貴的名人手跡。」【五】離前兩小時，胡適在一群華僑領袖及使館官員的聚會上發表演說。【六】下午六時半，胡適乘美國泛美航空公司（PAA）赴美。

一九五八年四月六日至四月八日胡適從美國飛往台北，中經東京停留二天，惜未見存胡適日記。據台灣「中央社」報道，四月六日早晨，胡適乘機抵達東京。四月七日，台灣「駐日大使」沈覲鼎設宴款待。【七】四月八日下午兩點五十分，乘美國西北航空公司航班從東京飛抵台北。

一九五八年六月十六日至十八日胡適從台北飛赴美國，先在沖繩停留半小時，然後途經東京停留一夜，這三天的胡適日記未存。據台灣「中央社」報道，六月十七日下午到達東京。晚間，應邀參加台灣「駐日大使」沈覲鼎舉行的宴會。【八】

一九五八年十一月三日至四日胡適從美國舊金山飛赴台北，途經東京停留一晚。據台灣「中央社」報道，十一月三日胡適飛抵東京，晚上應邀出席台灣「駐日大使」沈覲鼎的非正式晚宴，在座的有林語堂夫婦。同日向「中央社」記者發表談話。【九】

【一】《胡適全集》第三十四冊，頁二七三。

【二】《胡適全集》第三十四冊，頁二七四。

【三】參見胡頌平：《胡適之先生年譜長編初稿》第七冊第三版（台北：聯經出版公司，一九九〇年），頁二三六二。胡適離開紐約的時間是一九五四年二月十一日，到達台北的時間是二月十八日。他在東京停留的具體時間、行程不詳。

【四】〈東京七日專電〉，載《中央日報》一九五四年四月八日。

【五】胡適：《跋〈清代學人書劄詩箋〉十二冊》，收入歐陽哲生編：《胡適文集》第八冊（北京大學出版社，二〇一三年版），頁五〇四。

【六】〈東京七日專電〉，載《中央日報》一九五四年四月八日。

【七】〈中央社東京七日電〉，載《新生報》一九五八年四月八日。

【八】參見胡頌平：《胡適之先生年譜長編初稿》第七冊，頁二七二三。

【九】參見胡頌平：《胡適之先生年譜長編初稿》第七冊，頁二七三八。

一九五九年七月三日胡適從台北飛往美國夏威夷時，途經東京停留一晚。七月四日，胡適在東京有答覆記者司馬桑敦的談話。【一】

一九五九年十月十三日胡適從美國舊金山飛赴台北，途經東京時停留二小時。【二】

一九六〇年七月九日胡適從台北飛往美國西雅圖，途經東京換機，與昨天先到東京的代表會合。【三】

一九六〇年十月十九日至二十二日胡適從美國西雅圖返回台北，途經東京停留四天，這是胡適第十九次訪日。此行胡適存有日記可查：

十月十九日　十一點五十飛到 Tokyo。張伯謹、王信忠、毛子水三兄，在 Haneda Airport 接我。到 Marunouchi ホテル，住八〇一號，與三友同飯。

下午，與毛子水談。

七點，在大使館與張厲生大使、伯謹、毛子水同飯。飯時，伯謹叫通了雪屏的電話，我在電話上小談。

十月二十日　信忠兄來，同子水去逛湯島聖堂內書籍文物流通處，我買了一萬四千九百一十＋三千三百六十＝¥一萬八千二百七十的書。為「中國菜」題字。平松小姐編「中國菜」，並做中飯請我們。

午飯後，信忠約我去看戲，是一種 Vaudeville show。出來後在 Imperial Hotel Phoenix Room 吃咖啡。

晚上，得伯謹電話，知道飛機已改（訂）好了。信忠邀我們在東京大飯店吃中國飯。

十月二十一日　八點三十，馬廷禧先生來，他精神很好。

十點三十，崔萬秋先生來，同去走書店。（山本書店）買了~~七~~一萬零三百二十的書。萬秋邀去大黑吃鰻魚。領我們去遊「新居御苑」。回旅館小……

五點，馬太太來吃茶。

六點半，張伯謹兄飯（蘭苑大飯店。主人王景仁，本姓隋，山東黃縣人），我們喝了不少酒。【四】

據胡頌平回憶，十九日，胡適「到了東京，因長途飛行，感到疲勞，要休息幾天」。「是日

【一】參見司馬桑敦：〈胡適東京一席談〉，載《聯合報》一九五九年七月十三日。

【二】參見〈覆陳省身〉，收入耿雲志、歐陽哲生編：《胡適書信集》下冊，頁一四五二。

【三】參見胡頌平：《胡適之先生年譜長編初稿》第九冊，頁三三一五。

【四】《胡適全集》第三十四冊，頁六八六—六八七。

下午，毛子水飛往東京，他將台灣因雷震案發生後的種種實際情形，報告給先生知道」。【一】十月二十二日下午九點五十五分，胡適從東京飛抵台北松山機場。這是胡適最後一次出國之行。【二】

回顧胡適的訪日經歷，明顯具有三個特點：第一、他都是在赴美途中或回國途中經過日本時順訪日本，並非專程訪日。第二、他訪日的地點主要是在東京。其他去過的城市還有橫濱、京都、神戶等處。第三、他訪日時交往的對象與他本人的身份有關，主要是與知識界、學術界、新聞界打交道，其中不乏日本學界精英或高層人士。胡適的「日本經驗」從時間長度上說雖不能與那些曾有留日經歷的學者或「日本通」，如周氏兄弟、郭沫若相比，但他與日本交往的時間長達半個多世紀，其跨度之長、次數之頻，可以說給他觀察日本提供了較多的機會。吉川幸次郎曾在《胡適——「其時其人」補遺》（《胡適——「折り折りの人」補遺》）一文中如是表達他對胡適的看法：「世人對氏毀譽過半，毀之者連文學革命提倡者的功績，都想一筆抹殺，我認為不妥。氏之後，如氏之對日本人的業績，有如此敏感的中國學者，恐不多見了。」【三】在日本學人眼中，胡適是頗為瞭解日本的中國學者。【四】

二、胡適與日本人士的交往

論及胡適與日本人士的交往，日本學者河田悌一《胡適與日本學人》一文（載《關西大學中國文學會紀要》第十三號，一九九二年三月）曾有涉及。從胡適這方面的材料來看，他與日本人士的交往主要有三種形式：會晤、通信和贈書。從他本人日記、書信往來和收藏書籍，我們大致可獲取相關綫索。

會晤　胡適本人的日記對他與日本人士會見的情形均有記錄。我們據其日記可得大致情形。

一九一六年三月十九日胡適在《澤田吾一來談》的箚記中寫道：

> 今晨忽聞叩門聲，納之，乃一日人，自言名澤田吾一，乃東京商業學校教員在此治化學。其人蒼老似五十許人。手持一紙，上書白香山詩：「老來尤委命，安處即為鄉」二句來問余「安處」之「安」係主觀的安，還是客觀的安。不願紐約俗塵中尚有如此雅人也。

【一】參見胡頌平：《胡適之先生年譜長編初稿》第九冊，頁三三四三。

【二】關於此次訪日，一九六一年一月五日胡適《覆入矢義高》信中提及：「去夏出國幾個月，回國時在東京住了三天（十月十九下午到廿二日下午），竟不能飛到京都來拜訪京都的朋友，至今感覺抱歉。」耿雲志、歐陽哲生編：《胡適書信集》下冊（北京大學出版社，一九九六年版），頁一五七六。

【三】收入《吉川幸次郎全集》第十六卷（東京：筑摩書房，昭和四十九年〔一九七〇年〕十二月十五日發行），頁四三八。

【四】有關胡適本人對日本的觀感和評論，擬另文討論，在此不贅。

澤田君言，余治哲學，過日本時嘗訪其友狩野亨吉博士。博士嘗為京都大學文學院長。其人乃「真哲學家」，藏漢籍尤富，今以病居東京。

君又言治日文之難，如主詞之後應用「八」或「ガ」，此兩字非十年之功辨不清也。

隔了一週，胡適回訪了澤田吾一。兩人相「談甚歡」，胡適贈舊詩《秋柳》，澤田吾一以日本彥語作答：「雪壓不斷楊柳條」。【一】這可能是胡適與日人來往的第一個回合。

一九一七年六月九日，胡適踏上歸國的旅程。途中十七日「換車得頭等車」，「車上遇日人朝河貫一先生，在耶爾大學教授日本文物制度者」。【二】六月二十一日，從加拿大文苦瓦（Vancouver）乘「日本皇后」號，「同艙者五人：貴池許傳音、北京鄭乃文、日本永屋龍雄及慰慈與吾也」。【三】六月二十七日，「與朝河貫一先生談」。【四】這次航行，胡適獲得了與日人進一步接觸的機會。

五四時期，胡適聲名鵲起，譽滿天下，慕名來訪的日人隨之而來。高瀨武次郎在為井出季和太所譯《胡適の支那哲学論》一書作序時稱：「井出君曰：『胡氏名聲顯赫，近時我邦出遊支那之人，多去拜訪胡氏，聽其新說，均引以為榮。』」【五】證之於胡適日記：一九一九年十二月二十一日，預算「十、十一點《大正日日新聞》鈴木來會」。【六】一九二〇年三月四日，「十二點訪小野」。【七】九月七日，預算「晚上八點賀川豐彥來談」。「此人在貧民窟住十年，是一個實行家。他是基督徒。他雖信社會主義，但不信階級戰爭說。曾有《主觀的經濟學》之作。我們談得很暢快。」[八]一九二一年五月二十四日，「夜有日本人清水安三邀我與一涵到大陸飯店吃飯，說可遇見日本社會主義者大庭景秋（Oba）。我們到時，始知請的客甚多，除大庭外，有國際通信社的古野伊之助、《朝日新聞》之大西齋、《讀賣新聞》之井上一葉、日本財團同人會理事山內嘉、日本觀光局之佐藤泛愛、《新支那》之藤原鐮兄……等。中國人有陳惺農、彭國湖、杜國庠三人。席上略有演說。散後，我聽說日本報紙上早已大登此會，稱為中日大會！日本真可厭，這一席的談話又不知被這班新聞家拿去搓揉成什麼樣子！」[九]清水安三是一個基督

【一】《胡適全集》第二十八冊，頁三二九——三三〇。

【二】《胡適全集》第二十八冊，頁五六七。

【三】《胡適全集》第二十八冊，頁五七五。

【四】《胡適全集》第二十八冊，頁五七七。

【五】高瀨武次郎：〈序〉，收入井出季和太著：《胡適の支那哲学論》（東京：大阪屋號書店，昭和二年四月一日），頁三。

【六】《胡適全集》第二十九冊，頁四三。

【七】《胡適全集》第二十九冊，頁一〇四。

【八】《胡適全集》第二十九冊，頁二〇六。

【九】《胡適全集》第二十九冊，頁二六八。

教徒，此人與胡適長久保持聯繫，顯然這是他藉請吃飯設局，為日本新聞界做宣傳工作，胡適自然對此不滿。一九二二年三月四日，「上午十時，日本使館頭等參贊伊藤述史來談。」【一】九月二十九日，「日本學者福田德三來訪，他是新人會的領袖人材之一，與吉野作造齊名。我請他到大學講演，他答應了。」【二】十月六日中午，「在東興樓請福田博士吃飯。席後他說了兩點：(1)他看中國的前途沒有危險，雖然遲緩，實在不妨事。資本主義的文化是快過去的了；世界的新文化——非資本主義的新文化——須靠俄國、德國、中國三國做主體。(2)他自己曾受過洗禮，但他是反對基督教的人；不是反對原來的信仰，是反對『制度化』的基督教。」【三】從胡適會見的對象看，多為日本的基督教徒、學者，其中福田德三較有思想深度。

一九二一年三月日本著名小說家芥川龍之介被大阪《每日新聞社》以海外觀察員的身份派往中國訪問，在中國多地訪問達三個多月。來京期間，與胡適至少會晤過兩次。六月二十四日，胡適「便道到扶桑館訪日本小說家芥川龍之介」，恰巧他出門，未遇。【四】不過，第二天芥川龍之介即回訪。胡適日記寫道：「今天上午，芥川龍之介先生來談。他自言今年三十一歲，為日本今日最少的文人之一。他的相貌頗似中國人，今天穿着中國衣服，更像中國人了。這個人似沒有日本的壞習氣，談吐（用英文）也很有理解。」【五】初次會面，芥川龍之介給胡適留下了很好的印象。六月二十七日，胡適與芥川龍之介就中日文學問題做過一次深入的交談：「八時，到扶桑館，芥川先生請我吃飯。同坐的有惺農和三四個日本新聞界中人，這是我第一次用日本式吃日本飯，做了那些脱鞋盤膝席地而坐的儀式，倒也別緻。」芥川對中國舊戲改革發表了意見，並用口語譯胡適的詩。【六】芥川氏本人非常喜愛北京濃郁的古都風情，自感用文字難以形容北京無限的魅力，故其有關在京旅行的遊記沒有寫完，與胡適的會見記錄付諸闕如，【七】他的過早逝世給人們留下了無盡的遺憾。他的好友中野江漢撰寫的《北京繁昌記》（北京：支那風物研究會，大正十一年八月五日第一卷刊；九月十五日第二卷刊；大正十四年八月二十日第三卷刊），全面記述了北京的風土人情、城市景觀，多少彌補了這一缺憾。

一九二二年九月二十日，北京大學邀請日本早稻田大學俄國文學教授片上伸先生演講，題為「北歐文學的原理」，周作人現場翻譯，胡適代蔡元培主持。片上伸似有與胡適倡導的易卜生主義唱和之意，「他用易卜生代表斯堪狄那維亞，用托爾斯泰代表俄國，指出他們都趨向極

【一】《胡適全集》第二十九冊，頁五二八。

【二】《胡適全集》第二十九冊，頁七六六。

【三】《胡適全集》第二十九冊，頁七七五。

【四】《胡適全集》第二十九冊，頁三一九。

【五】《胡適全集》第二十九冊，頁三二二。

【六】《胡適全集》第二十九冊，頁三二三—三二四。

【七】有關芥川龍之介的這次中國旅行在京期間情形，參見氏著，秦剛譯：《中國遊記》（北京：中華書局，二〇〇七年一月），頁一四五—一五七。中野江漢：〈自殺的芥川氏與北京〉，載《北京週報》一九二七年七月三十一日。

端絕對的理想，不喜調和，為北歐文學的特色，此意亦有理」。【一】

胡適與日本史學界同行學者的交流，着實對他影響不小。大約一九二〇年九、十月到一九二一年春以前，胡適與諸橋轍次有過一次會見，雙方就經學、中國哲學史等問題進行了筆談。【二】日本學者小柳司氣太的來訪，給胡適帶來新的信息。一九二一年十月五日，胡適日記載：「日本人小柳司氣太送我兩本《東洋學報》（十一，一——二），中有飯島志夫一篇長文，論『支那上代文化上之希臘影響，與儒教經典之完成』。此君從歷史上考見《左傳》為劉歆之偽作，甚有研究之價值。」【三】一九二二年二月十二日，胡適再次會晤了小柳司氣太，小柳氏帶來日本著名史學家羽田亨，這次會晤令胡適感受深刻：「日本學者小柳司氣太邀我吃飯。席上見京都大學教授羽田亨（Haneda）先生。此君為東洋史專家，通數國語言文字，曾著有《西夏紀年考》等書。他新從歐洲回來，攜有敦煌石室文稿影本四千餘卷，將次第印行之。此極好事，我們都應該感謝。」【四】二月二十六日，胡適「在東華飯店為小柳司氣太餞行」。【五】顯然，這是雙方都頗感滿意的一次交流。八月二十六日，胡適與日本學者今關壽麿會談，這次也促發了他許多感想：「日本學者今關壽麿來談。他送我一部自作的宋元明清《儒學年表》，我們談甚久。他說，二十年前，日本人受崔述的影響最大，近十年來，受汪中的影響最大，崔述的影響是以經治史。汪中的影響是以史治經。其實日本人史學上的大進步大部分都是西洋學術的影響，他未免過推汪中了。他又說：崔述過信『經』。此言甚是。」「今關說，日本史學與《本草》兩項成績最大。」胡適感慨：「中國今日無一個史家。」「日本史學的成績最佳。從前中國學生到日本去拿文憑，將來定有中國學生到日本去求學問。」【六】胡適與今關壽麿會晤所得感觸，很快正式形諸文字，他在一九二三年發表的《科學的古史家崔述》引言中寫道：「崔述的學說，在日本史學界頗發生了不小的影響。近來日本的史學早已超過崔述以經證史的方法，而進入完全科學的時代了。然而中國的史學家，似乎還很少賞識崔述的史學方法的。」【七】在《〈國學季刊〉發刊宣言》，胡適更是強調國學研究要打破孤立的狀態：「第一，方法上，西洋學者研究古學的方法早已影響日本的學術界了，而我們還在冥行索塗的時期。我們此時應該虛心採用他們的科學的方法，補救我們沒有條理系統的習慣。第二，材料上，歐美日本學術界有無數的成就可以供我們參考比較，可以給我們開無數新法門，

【一】《胡適全集》第二十九冊，頁七五六。

【二】胡適、諸橋轍次：〈胡適和諸橋轍次的筆談〉，載王元化主編：《學術集林》卷十（上海：上海遠東出版社，一九九七年八月版），頁一—六。

【三】《胡適全集》第二十九冊，頁四七八。

【四】《胡適全集》第二十九冊，頁五一五。

【五】《胡適全集》第二十九冊，頁五二四。

【六】《胡適全集》第二十九冊，頁七二五—七二六。

【七】〈科學的古史家崔述〉，載一九二三年四月《國學季刊》第一卷第一號。

可以給我們添無數借鑑的鏡子。」【二】這些話語微妙地折射出日本學者的成就對胡適刺激之深。實際上，這樣的情形不獨胡適有之，陳垣、陳寅恪當時亦曾發表過類似的言論。

一九三〇年代中日關係緊張，出入胡適家中的日人並未因此減少，胡適與日人之間的互動因局勢的惡化反而更為頻繁，雙方談得最多的是中日關係這個主題。從胡適的日記可見雙方對立的立場，如：一九三一年七月十五日日記：「晚上日本人笠井重治（I.Kasai）邀吃飯，有市長周大文等，笠井有演説，還要我們答辭。這是日本人最不通人情世故之處。」【三】一九三三年五月二十八日日記：「今早有日本憲兵軍曹竹下勝二，帶通譯馬上清次郎來問訪本月二十日刺傷日本兵之趙敬時之事。他們説，他的日記上有『四月十五日到米糧庫四號訪問胡適之先生，當承接見，所談約分下列各點……』的話，所以他們來問我，我毫不記得有此人過訪。他們走後，我檢查來客名片，果有此一」。【三】一九三三年六月十八日日記：「約了S.Matsumoto（松本）君來吃早飯。談中日問題。此君是太平洋學會之少年分子，思想稍明白，故我願意與他談。」【四】一九三六年一月三日日記：「日本人清水安三夫婦同寺田喜治郎（瀋陽中學校長）來談，我很不客氣的同他們談中日問題的各方面。他們都勸我到日本去看一些時。」【五】一九三七年一月二日日記：「日本人清水安三的夫人帶了六個日本人來訪，談了兩個鐘頭。我很懇切的同他們談，有幾個人似很受感動。我談話時用鉛筆在一個名片的背面寫了『尊王攘夷』四字，他們臨走時，有一個人向我討此片帶回去做個紀念。」「去年此日，清水夫婦也帶了客來，其中有一段話是我希望日本對於中國學生的功課要採取嚴格主義。今天她說，她已將此意傳達許多教育家。現在真實行了。」【六】有關胡適與清水安三的會見及談話內容，清水安三本人亦有回憶，從他的回憶中也可看出胡適當時對日所持的堅定立場，在清水安三看來，「盧溝橋事變後，中日時局的發展跟胡適博士有很大的關係」。「在做出與日本是『戰』還是『和』這一決策之前，蔣介石廣泛徵求了學者和教育家的意見，蔣介石諮詢最多的人就是胡適」。【七】

與此同時，胡適與日本學人保持交往。一九三〇年六月十四日，胡適從北京南下時，曾與倉石武四郎「同車而不同級」。六月二十七日，倉石武四郎「訪胡適之，見惠蘇輿《春秋繁露義證》、《中國公學季刊文二十八種病》，並伊所編《哲學史》油印本。底〔抵〕掌放談，漸

【一】《〈國學季刊〉發刊宣言》，載一九二三年一月《國學季刊》第一卷第一號。

【二】《胡適全集》第三十二冊，頁一二一。

【三】《胡適全集》第三十二冊，頁二〇〇。

【四】《胡適全集》第三十二冊，頁二一二。

【五】《胡適全集》第三十二冊，頁五四〇。

【六】《胡適全集》第三十二冊，頁六〇二。

【七】清水安三著，清水畏三編，李恩民、張利利、邢麗荃譯：《朝陽門外的清水安三——一個基督教育家在中日兩國的傳奇經歷》（北京：社會科學文獻出版社，二〇一二年四月版），頁一五一——一五三。

忘病之在身。」【一】胡適還過問了倉石武四郎學習漢語的情況。【二】一九三三年三月二十一日，日本中央大學教授、法學博士瀧川政次郎與早稻田講師福井康順到胡適家中會談。瀧川專治平安時代法律，兼治中國法律；福井治中國思想史，三人「來談《牟子理惑論》」。【三】一九三四年六月九日，鈴木大拙（貞太郎）來訪，贈給胡適敦煌本《神會語錄》、敦煌本《壇經》、興聖寺《壇經》、佛光國師年表塔銘各三部。【四】六月十三日，橋川時雄宴請鈴木大拙，約請錢稻孫、湯錫予、徐森玉與胡適作陪。橋川贈送胡適一部常盤大定的《寶林傳之研究》，附有日本出現的《寶林傳》第六卷影本。胡適「攜歸讀之」。【五】十月十四日，日本學者小川、山室、目加三人來談。【六】一九三五年七月十七日，日本著名作家室伏高信來談，室伏高信曾在一九二七年胡適訪日時，贈送胡適《光從東來》一書。他自謂反對軍部，但在胡適看來，「實則此種學者正是軍人的喇叭，不能作獨立的思想也。今天他說，民生主義乃是買賣人的思想。這是拾尼采的唾餘。買賣人的思想也許比封建軍人的思想還高明一點吧」。【七】十二月三十一日午後一時，日本記者大西齋尾崎等因神田正雄在北平，邀請胡適與湯爾和、陳博生吃飯談話。【八】一九三六年一月七日，「早稻田教授杉森孝次郎來談。他曾留學英國，能說英文，但思想不甚高明」。【九】一九三七年四月七日，「日本東帝大與京都大谷大學生二十五人來訪，談了兩點多鐘」。【一〇】顯然，日本學界懾於胡適在中國知識界的地位，對他頗盡拉攏、親和之力。

一九五〇年代胡適流寓美國，日本學人仍常往胡寓切磋學術。據胡適日記載：一九五〇年十一月十七日發生了一件趣事，「在Gest Library時，忽然學校派人帶了一位日本學者泉井久之助來參觀。他是Professor of Kyoto Univ.& Director of 京都大學圖書館。我陪他約略看看藏書，後來才對他說我認識京都大學的一些人，他問我的名字，大驚訝，說，他少年時代就聽說我的姓名了，不意在此相會。他說起他是吉川幸次郎的朋友，曾讀吉川譯我的著作兩種（其一為《四十自述》，其一為選錄）。學校的人來催他走，他不肯走，一定要和我長談。我把住

【一】倉石武四郎：〈述學齋日記〉，收入倉石武四郎著，榮新江、朱玉麟輯註：《倉石武四郎中國留學記》（北京：中華書局，二〇〇二年），頁一六六、一八二。

【二】倉石武四郎：〈在北京學漢語〉，收入倉石武四郎著，榮新江、朱玉麟輯註：《倉石武四郎中國留學記》（北京：中華書局，二〇〇二年），頁二三七。

【三】《胡適全集》第三十二冊，頁一九九。

【四】《胡適全集》第三十二冊，頁三八〇。

【五】《胡適全集》第三十二冊，頁三八二。

【六】《胡適全集》第三十二冊，頁四〇一。

【七】《胡適全集》第三十二冊，頁五〇三。

【八】《胡適全集》第三十二冊，頁五三五。

【九】《胡適全集》第三十二冊，頁五五一。

【一〇】《胡適全集》第三十二冊，頁六四〇—六四一。

址給他，請他到紐約看我，他才走了。」【一】十一月十九日，「日本學者井久之助（H.Izui）來長談，他很高興。」【二】一九五二年十月十六日，「日本人水野雪子（Mrs Mizuno）邀我到千鳥（Chidori）店吃日本飯，介紹我和前年得物理學『諾貝爾資金』的湯川（Yukawa）秀樹先生相見。」「他有弟兄兩人都是『支那學者』。小川環樹（Ogawa），京都大學文學部教授。貝塚茂樹（Kaizuka），京都大學人文科學研究所所長。湯川說，他少年時即知道我的姓名，讀我的書，尤愛讀我作長序的新式標點的中國古小說。」「水野雪子家住千葉縣市川市新田二三一浮穴（?）（Ukiya）和榮方。他要我過日本時通知他（我不知道這位女人是做什麼『任務』的）。」【三】又與京都大學有瓜葛，聯繫胡適與京都學派的關係，這似乎是一種有意的安排，從最後一語看，胡適對此還是心存警覺。

這時期，胡適的研究興趣是在禪宗史，日本同行鈴木大拙剛好也在美國各大學講授禪與華嚴（一九五〇年二月—一九五八年十一月），常與胡適往來。胡適日記載：一九五一年一月二十五日，「鈴木大拙先生與 Mr.Demartino（六一六 W. 一一六五 t.）同約我去吃日本飯，吃的是『鋤燒』。鈴木送我一部他印的敦煌《壇經》與北宋本《壇經》與敦煌《神會語錄》合編。我送他《胡適論學近著》一部」。【四】一九五二年五月二十二日，「與鈴木大拙先生、Mr.Demartino，同吃午飯。鈴木贈我日本公田連太郎藏的敦煌本《神會語錄》的 microfilm」。【五】一九五三年五月三十日，「Mr.Demartino 邀鈴木大拙先生與我同午飯。鈴木先生自碾綠茶，煮了請我喝。這是中國喝茶古法。秦少游詩：『月團新碾瀹花瓷，飲罷呼兒課《楚辭》』即是一例。Mr.Demartino 新得今關天彭譯我的《支那禪學之變遷》，其中收我的《禪學史綱領》、《禪學古史考》、《從譯本裡研究佛教的禪法》、《菩提達摩考》、《楞伽宗考》、《神會和尚傳》諸篇。昭和十一年九月一日發行。末頁有我給今關的一封信，許他翻譯。」【六】不過，胡適與鈴木大拙對禪宗史的觀點卻極為對立，用胡適致柳田聖山信的話來說：「先生似是一位佛教徒，似是一位禪宗信徒，而我是一個中國思想史的『學徒』，是不信仰任何宗教。所以我與先生的根本見解有些地方不能完全一致。」【七】這是他與柳田聖山的區別，也是他與鈴木大拙的不同。這一差別在胡適所作的英文演講「What is Zen Buddhism?」中表露無遺。胡適在日記中透露，一九五二年五月十四日，「在 Princeton Univ 的哲學系 Seminar 講

【一】《胡適全集》第三十四冊，頁七五。
【二】《胡適全集》第三十四冊，頁七八。
【三】《胡適全集》第三十四冊，頁二四七—二四八。
【四】《胡適全集》第三十四冊，頁九〇。
【五】《胡適全集》第三十四冊，頁二二二—二二三。
【六】《胡適全集》第三十四冊，頁二八七。
【七】耿雲志、歐陽哲生編：《胡適書信集》下冊（北京大學出版社，一九九六年版），頁一五八〇。

What is Zen Buddhism? 我指出日本人鈴木貞太郎（Daisetz Teitaro Suzuki）近年大講 Zen，其實越講越糊塗！而英美頗有人信從他，故不可不矯正。鈴木一流人的大病有二：①不講歷史（unhistorical）。②不求理解（Irrational & anti-intellectual）。我自從二十五六年前，就搜求可信的史料，重新寫出禪宗變化形式的經過。鈴木曾助我尋材料。他在日本印行的《神會語錄》和北宋本《壇經》，都是很重要的材料。但鈴木從不敢接受我研究的結論。他用英文寫了許多禪學的書，仍是說，『世尊拈花不語』。」[一]「鈴木一流人，總說禪是不可思議法，只可直接頓悟，而不可用理智言語來說明。此種說法，等於用 X 來講 X，全是自欺欺人。」[二]言詞中明顯帶有生氣的成分，這在胡適與論敵的辯論中極為少見。[三]

日本禪宗史研究者視胡適為中國同行的「箭垛式人物」，故常以他為「對手」進行論辯。一九四九年六月夏威夷大學召開第二次東西哲學家會議，胡適與鈴木大拙就禪的問題展開論辯，會後結集出版的論文集，收入了兩人的論文，[四]這是胡適與鈴木大拙在國際會議上的一次交鋒。一九六〇年二月十三日，胡適在日記中寫道：「日本宇井伯壽教授所作《禪宗史研究》（昭和十四年初版，十七年再版）有《荷澤宗之盛衰》長文，尾題『一三，五，一三』。當是昭和十三年（一九三八年）所作。其中有駁我的議論。他的《禪宗史研究》第二冊（昭和十六年初版）有《六祖慧能傳》。」[五]即使如此，胡適也頗注意吸收日本同行的成果，一九六一年一月五日胡適在日記中寫道：「讀柳田聖山（Yangida Seizan，原姓橫井 Yokoi）的 *The Genealogy of the* 燈 *(to) Histories*（原載《日本佛教學會年報》NO.19）。他有許多見解與我相同。但此文也有不少錯誤。」[六] 一月八日日記又記：「橫井聖山的《燈史》文中特別注意諸偈，故今天我檢《傳燈》五錄，試為一勘。」[七]

胡適擔任「中研院」院長後，前來台北南港拜訪或與他交往的日本各界人士更為廣泛。

【一】《胡適全集》第三十四冊，頁二一九—二二〇。

【二】《胡適全集》第三十四冊，頁二二〇。

【三】陳之藩在〈圖畫式的與邏輯式的〉一文中特別提到他碰到類似的情形：「唯獨提到鈴木大拙，胡先生卻說：『鈴木在那裡騙外國人呢！』這句話聽來是很刺耳的，不像出自胡先生之口。我當時覺得胡先生不該用這種口氣。」收入氏著《劍河倒影》（杭州：浙江人民出版社，二〇〇〇年版），頁一七六—一七七。有關胡適與鈴木大拙爭論的探討，參見朱際益：〈鈴木大拙答胡適博士文中有關禪非史家所可作客觀的和歷史性的考察之辯釋〉，載《台灣師範大學歷史學系學報》第一期，一九七三年一月。傅偉勳：〈胡適、鈴木大拙與禪宗真髓〉，載台北《中國時報》副刊一九七二年七月二十六—二十八日。

【四】Hu Shih,Ch'an (Zen) Buddhism in China,its History and Method.Daisetz Teitaro Suzuki:Zen:A Reply to Hu Shih. *The Philosophy East and West*, VolIII, No.1,University of Hawai Press, April 1953, pp3-46. 有關胡適與鈴木大拙的長期論辯，參見柳田聖山：〈胡適博士與中國初期禪宗史之研究〉，收入柳田聖山主編：《胡適禪學案》，頁五—二二。

【五】《胡適全集》第三十四冊，頁六五四。

【六】《胡適全集》第三十四冊，頁七〇八。

【七】《胡適全集》第三十四冊，頁七〇九。

一九五九年三月十五日，日本大使堀內謙介帶秘書中野義矩來參觀中研院。【一】十一月十五日晚，胡適、張群出席梅貽琦宴請日本前文部省大臣灘尾弘吉的宴席。【二】一九六〇年十一月二十三日上午，日本學士院會員、醫學博士熊谷岱藏（Taizo Kumagei）拜訪胡適。【三】

通信　了解胡適與日本人士交往的另一綫索是他與日本人的書信往來。從目前我們所查獲的胡適往來書信，與他通信的日本人士有：青木正兒、今關天彭、室伏高信、入矢義高、小尾郊一、井口貞夫、近藤春雄、柳田聖山。其中以與青木正兒、入矢義高兩人的通信較多，且較具代表性。

胡適作為新文化運動的主要代表人物，他所倡導的「文學革命」吸引了日本文學界的眼球。最早與胡適建立聯繫的日本文學界人士要推青木正兒。他倆從一九二〇年九月二十五日至一九二二年二月十七日書信往來，至今保存的有二十七通（胡適九封，青木正兒十八封），內容涉及「文學革命」、中國古典小說考證、《章實齋年譜》等。【四】他們的通信是從青木正兒給胡適寄贈《支那學》第一號開始，在該號青木正兒發表《以胡適為中心的中國文學革命》（《胡適を中心に渦いてゐる的文學革命》）一文，胡適接讀該文後，一九二〇年九月二日回覆表示：「先生的大文裡很有過獎的地方，我很感謝，但又很慚愧，現在我正在病中，不能寫長信，只能寫這幾個字來謝謝先生，並希望先生把以後續出的《支那學》隨時賜寄給我。」【五】胡適的回覆對青木正兒是一極大鼓勵。十月一日青木正兒立即致信胡適，毫不掩飾其內心的激動和興奮，表示：「胡先生！對於你們勇往直前的革命運動，我從心裡感到一種按捺不住的喜悅。……在我們國家裡，一提起支那文學，人們首先想到的就是四書五經、八家文、唐詩選之類，多是過去的人。甚至還有人以為你們國家現在仍然還在說着《論語》中的那樣的語言，你所謂的應該葬進博物館裡去的文學，現在仍然活在我們國家一般人的頭腦中。為了喚醒他們的迷夢，我與二三個同志創辦了《支那學》雜誌。能將你們那勇敢的嘗試展現在他們的面前，我感到無比痛快。」青木正兒在信中還提及自己與中國文學接觸的情況：「胡先生！我在十二年前已將支那文學認定為我自己應走的道路。入學不久，我開始親近戲曲小說，並感覺到了白話文學的趣味。我一直等待着，等待着貴國文壇上白話文學機運昌盛的到來。林琴南先生的翻譯自實難令人滿意。作為戲曲研究家，我曾囑望於王靜庵先生，但終究還是不行。（王）先生住在此地時，我曾與（王）

【一】《胡適全集》第三十四冊，頁五四七。

【二】《胡適全集》第三十四冊，頁五六四。

【三】《胡適全集》第三十四冊，頁六九七。

【四】參見耿雲志：〈關於胡適與青木正兒的來往書信〉（一），載《胡適研究叢刊》第一輯（北京大學出版社，一九九五年五月版），頁三〇二—三二八。此外，〈胡適致青木正兒信（九封）〉影印件收入張小鋼：《青木正兒家藏中國近代名人尺牘》（鄭州：大象出版社，二〇一一年七月版）。

【五】耿雲志：〈關於胡適與青木正兒的來往書信〉（一），載《胡適研究叢刊》第一輯（北京大學出版社，一九九五年五月版），頁三〇三。

先生見過面，也是一位腦筋陳舊的人（儘管作為學究是值得尊敬的），你們的出現，是那麼地令我高興啊！」「我們都很佩服先生的《中國哲學史》。」【一】在青木正兒的眼裡，王國維已是「過時」的人物。帶着年青人的這股狂勁，青木正兒後來萌發了接續王國維的《宋元戲曲史》，寫作《中國近世戲曲史》的衝動。【二】十月二十六日他致信胡適，熱切表達心中對新文化的「囑望」：「我很愛中國舊世紀的藝術，而且遺憾的事不鮮少。我很希望先生們鼓吹建設新文藝的人，把中國的長所越越發達，短的地方把西洋文藝的優所拿來，漸漸翼補，可以做一大新新的真文藝。很很熱望，很很囑望。」【三】青木正兒的《以胡適為中心的中國文學革命》，在《支那學》第一——三號上連載，胡適將這份雜誌送給周作人和魯迅看，周作人閱後甚至表示願意翻譯此文，青木正兒聞此訊，立即又將《支那學》前三號再寄一份給胡適，請他轉贈周氏兄弟。胡適對該文評價道：「先生敘述中國的文學革命運動，取材很確當，見解也很平允——只是許多過獎我個人之處——周先生想譯成漢文——但因此文尚未完了，故不曾動手。」【四】周作人後來並沒有譯此文。不過，韓國的《開闢》雜誌翻譯了此文。胡適還將自己的著作《嘗試集》、《胡適文存》寄贈青木正兒。當時胡適正在從事中國古典小說考證，他發表《〈水滸傳〉考證》、《吳敬梓傳》後，青木正兒聞訊，立即告訴胡適，日本京都學者狩野直喜亦有《水滸考》（文題實為《水滸傳と支那戲曲》）一文刊於《藝文》第一年第五號（明治四十三年八月）。不僅如此，青木正兒還寄贈胡適兩部岡島璞譯的《忠義水滸傳》，並從京都抄得兩種《水滸傳》的「回目與序例」，【五】

供胡適考證參考。《支那學》第三、四號刊登了內藤虎次郎的《章實齋先生年譜》（《章實齋先生年譜》）一文，作者其中提到「去年得鈔本《章氏遺書》十八冊」，此語引起胡適的「讀書饞涎不少」，還有姚際恆的《九經通論》和《庸言錄》，胡適一一拜託青木正兒在日本訪求代購。【六】青木正兒從內藤虎次郎處借得《章氏遺書目錄》，寄給胡適。而胡適作為回贈，寄上他點校的

【一】耿雲志：〈關於胡適與青木正兒的來往書信〉（二），載《胡適研究叢刊》第一輯，頁三〇四—三〇五。

【二】參見青木正兒：〈原序〉。收入青木正兒原著，王古魯譯著，蔡毅校訂：《中國近世戲曲史》（北京：中華書局，二〇一〇年版），頁一。

【三】耿雲志：〈關於胡適與青木正兒的來往書信〉（二），載《胡適研究叢刊》第一輯，頁三〇六。

【四】耿雲志：〈關於胡適與青木正兒的來往書信〉（四），載《胡適研究叢刊》第一輯，頁三〇七。

【五】據《胡適日記》一九二一年五月十九日：「青木正兒先生送我一部岡島譯的《忠義水滸傳》。此係根據百回本的《忠義水滸傳》作底本的。百回本既不易得，此本可以考見百回本的內容，故很寶貴。此本是明治四十年東京共同出版社印的。」「岡島有兩種《水滸傳》。一種為《通俗水滸傳》，即此本。一種為『句讀旁譯』的《忠義水滸傳》原本。」「此本青木先生曾送我一部。」《胡適全集》第二十九冊，頁二五七—二五八。又據胡適：《〈水滸傳〉後考》：「還有兩種版本，我自己雖不曾見着，幸蒙青木正兒先生替我抄得回目與序例的：(5) 百十回本的《忠義水滸傳》（日本京都帝國大學鈴木豹軒先生藏）。這也是一種『英雄譜』本，內容與百十五回本略同。」「(6) 百二十回本《忠義水滸全書》（日本京都府立圖書館藏）。這是一種明刻本，有楊定見序，自稱為『事卓吾先生』之人，大概這書刻於天啟、崇禎年間。」《胡適文集》第二冊（北京大學出版社，二〇一三年版），頁三七四。可見，青木正兒給胡適提供了日本收藏的《忠義水滸傳》四個版本。

【六】耿雲志：〈關於胡適與青木正兒的來往書信〉（八），載《胡適研究叢刊》第一輯，頁三一一。

亞東版《紅樓夢》、《水滸傳》兩書。青木正兒接讀書後，將書轉送給狩野直喜，並回覆說：「他使我代謝你，並且推稱你的考證的精核，他說他曾經用英文做過一篇《紅樓夢考證》，不久尋找寄上你看罷。你的考證我略看一看了，我也曾讀蔡、錢二位先生們的考證。他們的還不免牽強之譏，使我慊焉。你的卻不是，用科學的方法，論調公正，研究精細，真正有價值的一篇考證了。我想在《支那學》第十一期志上介紹這一篇。見你早已自從那章氏的《丙辰箚記》裡，找出曹寅的資料來，嘆服你的機敏。」【二】從胡適與青木正兒的來往通信，可以看出胡適當時所進行的學術工作，如中國古典小說考證、《章實齋先生年譜》的編撰，多得日本學術成果之助，而成就此事的恰是剛出茅廬的青木正兒。青木正兒對胡適的成果介紹可謂不遺餘力，他在《支那學》一卷一號的「新書介紹」欄刊登了胡適新詩集《嘗試集》的評介。在一卷七號，青木正兒發表《讀新式標點〈儒林外史〉》（《新式標點〈儒林外史〉を讀む》）一文，介紹亞東版用新式標點的《儒林外史》。在一卷九號，青木正兒發表《〈水滸傳〉在日本文學史上的傳播及影響》（《〈水滸傳〉が日本文學史上に佈いてゐる影》），大力推介胡適去年發表的《〈水滸傳〉考證》一文所使用的精密的考證方法。在一卷十一號，青木正兒發表《讀胡適著〈紅樓夢考證〉》（《胡適著〈紅樓夢考證〉を讀む》）一文，盛推亞東版新式標點本《紅樓夢》及書前胡適的《紅樓夢考證》一文。胡適與青木正兒之間的交誼堪稱五四時期中日文化交流的一段佳話。

胡適在《章實齋先生年譜》的自序中非常誠實地承認內藤虎次郎的《章實齋先生年譜》對

他的啟發，並提到了青木正兒給予他的幫助：

我做《章實齋年譜》的動機，起於民國九年冬天讀日本內藤虎次郎編的《章實齋先生年譜》（《支那學》卷一，第三至四號）。最可使我們慚愧的，是第一次作《章實齋年譜》的乃是一位外國的學者。我讀了內藤先生作的《年譜》，知道他藏有一部鈔本《章氏遺書》十八冊，又承我的朋友青木正兒先生替我把這部《遺書》的目錄全鈔了寄來。那時我本想設法借鈔這部《遺書》，忽然聽説浙江圖書館已把一部鈔本的《章氏遺書》排印出來了。我把這部《遺書》讀完之後，知道內藤先生用的年譜材料大概都在這書裡面，我就隨時在《內藤譜》上註出每條的出處。有時偶然校出《內藤譜》的遺漏處，或錯誤處，我也隨手註在上面。我那時不過想做一部《內藤譜》的「疏證」。後來我又在別處找出一些材料，我也附記在一處。批註太多了，原書竟寫不下了，我不得不想一個法子，另作一本新年譜。這便是我作這部年譜的緣起。【二】

【一】耿雲志：〈關於胡適與青木正兒的來往書信〉（二十六），載《胡適研究叢刊》第一輯，頁三二六。

【二】胡適：《〈章實齋先生年譜〉序》，收入歐陽哲生編：《胡適文集》第七冊（北京大學出版社，二〇一三年版），頁二一三。

有趣的是，胡適的《章實齋先生年譜》出版後，內藤虎次郎在《支那學》第二卷第九號又發表了書評《讀胡適之君新著〈章實齋年譜〉》（《胡適之君の新著〈章實齋年譜〉を讀む》）一文，對胡適的新著《章實齋先生年譜》作了推介。需要説明的是，青木正兒於一九一一年畢業於京都帝國大學，是京都大學文學部支那文學科第一期學生，經他介紹的狩野直喜、內藤虎次郎是京都學派的早期代表性人物，胡適與他們的結交，實際上是與京都學派建立友誼。

胡適與入矢義高的通信起於一九五九年四月八日，迄於一九六一年二月七日。台北胡適紀念館出版的《胡適手稿》第八集收存入矢義高給胡適的來信十通（一九五九年四月八日、五月六日、五月十九日、六月四日、十一月十一日、十一月十二日、十一月二十五日，一九六〇年一月九日、四月二十六日，一九六一年二月七日）。胡適回覆入矢義高的信十通（一九五九年四月二十三日、五月二十九日、五月三十日、十月二十三日、十一月十五日、十二月十四日，一九六〇年一月十五日、四月十七日、五月二十六日，一九六一年一月五日）。【二】胡適與入矢義高的來往通信可以説是他與京都學派密切關係的延續。入矢義高本人回憶了他倆通信的原委：「當時我任職京都大學人文科學研究所，一九五六年，該研究所購進了大英博物館所藏的全部敦煌寫本，立刻展開調查和研究工作，我也是參加工作的一人，幾乎每天都埋頭於影片的閱讀。一九五七年，我發見《神會語錄》的新寫本（斯坦因六五五七號）。在這以前，我曾熟讀胡先生的《神會和尚遺集》，熟知其內容後，我對先生傾倒於神會禪的研究熱情，欽佩得五體投地。於是，我便想把我的新發見，報告給先生；但以學疏才淺的後輩，竟冒昧的上書給世界聞名的碩學，不免躊躇遷延。意外的是在翌年，先生在中央研究院集刊二十九本，發表了《新校定的敦煌本神會和尚遺著兩種》，拜讀後，得悉先生對神會的熱情猶熾，遂決心將上述的新發見用航信寄上。當我收到了先生高興的回信時，非常感動，我再被先生的激動熱情壓倒了。當時，我們繼續的相互通信約有十幾封，先生始終保持作學問的真摯熱情，對我這外國的後輩，坦誠相見。有時，先生對若干問題並不同意我的看法，但胡先生的態度經常是以『合理』為中心目標，固執己見。先生的精神——作學者也好，作人也好——永遠是誠實而有朝氣。」【二】

一九六一年一月九日到十五日胡適寫信給日本研究禪宗史的另一位重量級學者——柳田聖山，該信長達九千字。胡適自稱：「此信是我的《中國禪宗史》綱領，略述『西土二十八祖』

【一】〈與入矢義高先生討論神會語錄的來往的信〉，收入《胡適手稿》第八集下冊（台北：胡適紀念館，一九七〇年六月），頁四一三—五一八。

【二】（日）入矢義高：〈回憶胡適先生〉，收入柳田聖山編著：《胡適禪學案》（京都：中文出版社，一九七五年六月初版），頁一。有關胡適與入矢義高的交誼，參見石立善：〈胡適與入矢義高〉，收入彭明輝、唐啟華主編：《東亞視角下的近代中國》（台北：「國立」政治大學歷史系，二〇〇六年）。

的傳說的產生與演變，以及從七〇〇—九〇〇 A.D. 二百年中許多禪宗偽史的歷史。」【二】柳田聖山對胡適的禪宗史研究成果頗為重視，他後來撰成《胡適博士與中國初期禪宗史研究》長篇論文，【三】對胡適的禪宗史研究成就及其與日本學者鈴木大拙的分歧作了平實的評介。文章最後表示：「時至今日，對中國禪宗學作研究的人，在相當期間還不能忽視胡適的遺業。」【三】胡適在禪宗史研究領域，自始至終都保持與日本同行學者對話，雙方的互動構成中日學術交流的重要篇章。

贈書　獲取胡適與日本學人交往的第三條綫索，是胡適收藏的日文書籍，內中相當一部分係日本學人所贈。

胡適收藏日文書籍最早可能是他在上海中國公學求學時期購買的 Kwong Ki Chiu 編《英和雙解熟語大字彙》（東京：英學新誌社，一九〇五。書內有「胡洪騂」朱文方印）。一九一五年五月一日鄧胥功贈送胡適松本龜次郎著《言文對照漢譯日本文典》（東京：國文堂書局，一九一三），該書扉頁留有胡適題記：「民國四年五月一日，鄧君胥功贈，胡適之。此余所有日本書之第一部也。適。」這是胡適在留美時期所獲第一部日文書籍，故胡適特記。一九二〇年代中期胡適研治中國禪宗史，開始自購一批日本有關中國佛教史、中國禪宗史方面的書籍，以備研究之查閱。周圍的朋友也贈送這類書籍以資鼓勵。胡適個人保有收藏各種版本《聖經》的愛好，在他的日文書籍中，也有一些日文版《聖經》的書籍。

體現胡適與日本學人的交往關係，當屬日本學人贈送給他的書籍。除了少數書籍係轉贈外，大部分所贈日文書籍係著者自贈，不管自贈他贈，贈書都可視為交誼的象徵。在北大圖書館保存胡適的三百種日文藏書中，日本學人贈書時留下題簽的書籍有：小柳司氣太著《宋學概論》（東京：哲學書院，一八九四），岡島冠山譯編《忠義水滸傳前編》、《忠義水滸傳後編》（東京：共同出版株式會社，一九一三。此書為青木正兒所贈），宮內省圖書寮編《帝室和漢圖書目錄》（東京：凸版印刷株式會社，一九一六。此書為鈴木大拙所贈），杉森孝次郎著、熊崎武良溫譯《道德的帝國の原理》（東京：冬夏社，一九一九。此書為太田外世雄所贈），青木正兒編《金冬心之藝術》（京都：匯文堂書店，一九二〇），賀川豊彥著《主觀經濟の原理》（東京：福永書店，一九二〇），梁啟超著、橋川時雄譯《清代學術概論》（東京：東華社，一九二二），大西齋、共田浩編譯《文學革命と白話新詩》（北京：東亞公司，一九二二），福田德三著《ボルシェヴィキズム研究》（東京：改造社，一九二二），片上伸著《文藝教育論》（東京：文教書院，一九二二），桑原隲藏著《宋末の提舉市舶西域人蒲壽庚の事蹟》（上海：

【一】《胡適全集》第三十四冊，頁七一五。

【二】柳田聖山：〈胡適博士と中國初期禪宗史の研究〉，載《問題と研究》（海風書店）一九七五年二月第四卷第五號。

【三】柳田聖山編：《胡適禪學案》（京都：中文出版社，一九七五年六月初版），頁二六。

東亞攷究會，一九二三），《大正九年度古跡調查報告第一冊金海貝塚發掘調查報告》（著者不詳、出版地不詳：朝鮮總督府，一九二三），胡適著、橋川時雄譯《輓近の支那文學》（東京：東華社，一九二三），丹羽正義著《歷史學概論》（東京：中外出版株式會社，一九二三。此書為內藤虎次郎所贈），桑木嚴翼著《哲學概論》（東京：早稻田大學出版部，一九二四），田村羊三、島木赤彥、河東碧梧桐、高島平三郎、岡實講演《滿鉄講演集第三》（滿鐵讀書會，一九二四），渡邊秀方著《支那哲學史概論》（東京：早稻田大學出版部，一九二四。平民週刊社贈），杉森孝次郎著《國家の明日と新政治原則：社會國家への主張》（東京，早稻田大學出版部，一九二四），胡適著，楊祥蔭、內田繁隆譯《古代支那思想の新研究》（東京：巖松堂書店，一九二五。此書為內田繁隆所贈），常盤大定、關野貞著《支那佛教史蹟評解》一（東京：佛教史跡研究會，一九二五），田崎仁義著《王道天下之研究，支那古代政治思想及制度》（京都：內外出版株式會社，一九二六），田崎仁義著《支那改造論》（東京：同文館，一九二六），內藤藤一郎主編《古代文化研究 第四輯》（奈良：木原文進堂，一九二六），田崎仁義著《王道天下之研究：支那古代政治思想及制度》（京都：內外出版株式會社，一九二六），松本龜次郎著《漢譯日本口語文法教科書》（東京：笹川書店，一九二六），松本龜次郎著《言文對照漢譯日本文典》（東京：國文堂書局，一九二六），井出季和太著《胡適の支那哲學論》（東京：大阪屋號書店，一九二七），清水泰次述《支那の家族と村落の特質》

（東京：文明協會，一九二七），室伏高信著《光は東より》（東京：批評社，一九二七），高田儀光編纂《禪籍目錄》（東京：駒澤大學圖書館，一九二八），水野梅曉著《支那佛教近世史の研究》（東京：支那時報社，一九二八），靜嘉堂文庫編纂《靜嘉堂文庫圖書分類目錄》（東京：靜嘉堂文庫，一九三〇。此書為諸橋轍次所贈），杉森孝次郎著《社會倫理學概說》（東京：三省堂，一九三二），杉森孝次郎著《社會學》（東京：早稻田大學出版部，一九三三），那須皓編《上海に於ける太平洋會議》（東京：太平洋問題調查會，一九三二。此書為松本康治、浦松右美太郎所贈），能田忠亮著《周髀算經の研究》（京都：東方文化學院京都研究所，一九三三），塚本善隆著《唐中期の淨土教：特に法照禪師の研究》（東京：東方文化學院京都研究所，一九三三），牧野二著《日本法制史概論》第一分冊、第三分冊（東京：弘文堂書房，一九三四、一九三五），鈴木大拙著《支那佛教印象記》（東京：森江書店，一九三四），結城令聞著《心意識論より見たる唯識思想史》（東京：東京文化學院東京研究所，一九三五。此書為「東方文化學院東京研究所所長服部宇之吉」所贈），田村德治著《國際社會の將來と新國際主義》（東京：有斐閣，一九三六），森金五郎、高橋昇造著《增補最新日本歷史年表》（東京：三省堂，一九三六。此書為郎依山君所贈），高田真治、諸橋轍次、山口察常著《孔子の思想·傳記及年譜》（東京：春陽堂書店，一九三七），胡適著、吉川幸次郎譯《四十自述》（大阪、東京：創元社，一九四〇），田中耕太郎著《法家の法實證主義》（東京：福村書店，一九四七），《舊約聖書創世紀》（著者、出版地、出版者、出版年不詳。此書為 R. Lilley 所贈），小田內通敏著《朝鮮社會の動向——朝鮮社會研究の必要》（出版地、出版者、出版年不詳。東洋第二十九年第八號抽印本），《祕籍珍書大觀印行趣旨並書目》（大阪：大阪每日新聞社），王桐齡《支那に於ける外來民族の漢化に就いて》等【二】。獲贈書籍之多，可見胡適與日本學界交往之廣。北大圖書館保存的胡適藏書均為一九四八年十二月胡適離開北平時留下，故這部分日文書籍實際也是體現胡適在一九四九年以前的收藏。

台北「中研院」胡適紀念館現存胡適的日文藏書有四十九種，所贈書籍多為抽印本，而胡適自購的日文書籍則為中國佛教史或禪宗史方面的書籍，顯示出胡適這一時期的研究興趣所在。其中留有贈書者題簽的有：水谷真成撰《曉匣兩聲母の對音：大唐西域記夷語音釋稿（その二）》（東京：東洋文庫，《東洋學報》第四拾卷第四號，昭和三十三年，抽印本），水谷真成著《慧苑音義韻攷：資料の分析》（《大谷大學研究年報》第十一集抽印本，一九五九），木村英一編集《慧遠研究遺文篇》（東京：創文社，一九六〇），吉川幸次郎著《元雜劇研究》（東京：岩波書店，一九五四），吉川幸次郎譯《胡適自傳》（奈良：養德社，一九四六），柳田聖山著《玄門「聖胄集」について—スタイン蒐集敦煌寫本第四四七八號の紹介》（《佛教史學》第七卷第三號抽印本，一九五九。入矢義高轉贈），文化財保護委員會編《國寶事典》（東京：便利堂，一九六一。木下彪轉贈），木下彪著《支那中國辨》（岡山大學法文學部學術紀要第四號抽印本），神田喜一郎著《東洋學説林》（東京：弘文堂，一九四八），敦煌文獻研究聯絡委員會編《敦煌文獻研究論文目錄》（出版地、出版者不詳，一九五九。為岩井大慧所贈），塚本善隆著《敦煌本 シナ佛教々團制規：特に「行像」の祭典について》（抽印本，出版地、出版者、出版年不詳），岩井大慧著《日支佛教史論攷》（東京：東洋文庫，一九五七），塚本善隆著《日本に遺存する原本「貞元新定釋教目錄」》（為《神田博士還暦記念書誌學論集》抽印本，東京都：平凡社，一九五七），水谷真成著《Brāhmī 文字転寫『羅什訳金剛経』の漢字音》（為《名古屋大學文學部十週年紀念論集》抽印本，名古屋：名古屋大學，一九五九），長澤規矩也著《和漢書の印刷とその歷史》（東京都：吉川弘文館，一九五二）等【一】。無論從贈書數量，還是從藏書價值來看，都明顯低於北大的收藏。

一九六二年二月九日胡適日記寫道：「京都匯文堂寄到一批書，中有《北京大學圖書館藏李氏（盛鐸，木犀軒）書目》三冊，引言說是北大所藏李氏書的全部目錄，總共有『書九千

【一】參見北京大學圖書館、台灣「中央研究院」近代史研究所胡適紀念館編纂：《胡適藏書目錄》第三冊（桂林：廣西師範大學出版社，二〇一三年八月版），頁二〇五七—二〇九八。鄒新民提供了該書的電子版，為我減少了書寫的困難，特此致謝。

【二】參見北京大學圖書館、台灣「中央研究院」近代史研究所胡適紀念館編纂：《胡適藏書目錄》第三冊（桂林：廣西師範大學出版社，二〇一三年八月版），頁二〇九八—二一一一。

零八十七種，五萬八千三百八十五冊。』引言題『一九五六年十月』，說整理李氏書是趙萬里最早領導的，其時在一九四九（年）以前，最後完成此錄的是常芝英一個人。」[一]這可能是胡適生前收到的最後一批日本贈書。李盛鐸的藏書大部分為北大圖書館所收購，一九三七年五月二十六日胡適日記記載了與李家洽談收購一事：「守和為李木齋藏書事，邀吃飯，客人為李氏三子：家浦（少齋）、家溎、少微、董經綬先生等。李家原索價八十萬元，政府已許三十萬元，現李家減至五十萬元。今夜我提議以四十萬元為折中之價。至席散時尚無成議。」[二]這可能是胡適關注此事的緣由。

語言是交流的工具。胡適的第一外語是英語。第二、三外語是德語、法語。大概在一九二〇、三〇年代，胡適自修日語。在他收藏的松本龜次郎著《譯解日語肯綮大全》（東京：有隣書屋，一九三四）留有題記：「學得一國語言，好像開闢了一個新世界。胡適題。」這算是他學習日語的自勉。在松本龜次郎著《言文對照漢譯日本文典》（東京：國文堂書局，一九二六），書內夾有胡適學習日語筆記七頁。他保存的日文教科書、工具書有：松下大三郎著《漢譯日本口語文典》（東京：誠之堂書房，一九〇七），東亞語學研究會編《漢譯日本辭典》（東京：吉川弘文館，一九一三），久保天隨編纂《新漢和大辭典》（東京：郁文舍，一九一七），古川喜九郎編著《熟語集成漢和大辭典》（東京：駸々堂出版部，一九二五），《日本語讀本》卷一、卷二（東京：東亞高等預備學校，一九二六）。胡適的日文達到何等程度，我們已無法測試，他自認「讀日文頗困難。故須請朋友幫忙」。【三】他晚年閱讀日本學者有關中國禪宗史的著作，並留下了這方面的閱讀記錄和痕跡。【四】

三、胡適著作在日本的翻譯及傳播

哲學　五四時期，胡適在中國哲學史領域先後出版了兩部著作：一是《中國哲學史大綱》卷上（商務印書館，一九一九年二月），此書係胡適據在北大授課的講義稿整理而成。二是《先秦名學史》（英文版題為*The Development of Logical Method in Ancient China*，亞東圖書館，一九二二年），此書為胡適的博士論文。胡適的這兩部著作出版後，在中國學術界產生了重要影響，也引起日本

【一】《胡適全集》第三十四冊，頁七八一。

【二】《胡適全集》第三十二冊，頁六五七。

【三】參見〈覆入矢義高〉，收入耿雲志、歐陽哲生編：《胡適書信集》下冊，頁一四〇二。

【四】參見北京大學圖書館、台灣「中央研究院」近代史研究所胡適紀念館編纂：《胡適藏書目錄》第三冊（桂林：廣西師範大學出版社，二〇一三年八月版），頁二一〇一、二一〇二、二一〇三、二一〇四；塚本善隆著《支那佛教史研究（北魏篇）》（東京：弘文堂書房，一九四二）；忽滑谷快天著《禪學思想史》（東京：玄黃社，一九二五）；宇井伯壽著《禪宗史研究》（東京：岩波書店，一九四二），宇井伯壽著《第二禪宗史研究》（東京：岩波書店，一九四一）等書留有胡適晚年批閱的筆記。

學術界的重視，一九二〇年八月《冊府》第五卷第三號刊出青木正兒的《胡適的中國哲學史管見》（《胡適氏の中國哲學史覗き見の事》）一文加以介紹，不過幾年日方就將這兩書翻譯出版。《中國哲學史大綱》（卷上）的日譯本題為《古代支那思想の新研究》，譯者為楊祥蔭、內田繁隆，一九二五年（大正十四年）九月十五日由東京的岩松堂發行精裝本，該書到一九三九年已出第四版。一九九八年收入「亞洲學叢書」第三十九種，改由東京的大空社重印出版。書前有一九二四年三月十三日胡適致譯者楊祥蔭書信的影印件，內容如下：

楊先生：

二月廿二日的信收到了。

我的《中國哲學史大綱》上卷承你譯成日文，且感且愧！

我因病後初回北大授課，匆匆不能抽出工夫來作序，手頭又恰無現成的照片，已囑上海友人添印，俟印成時，當寄一幀。

匆匆草此，先謝

盛意。

胡適敬上

十三、三、十三

日本著名漢學家、早稻田大學教授牧野謙次郎為該書作序，序中一方面稱讚兩位譯者「內田君繁隆，好學之士也。夙遊早稻田大學，攻政治經濟科。常曰：夫政者生於其心，發於其事。苟欲研鑽政事，則不可不先尋繹哲理也。頃者與友人支那楊君祥蔭胥謀，用邦文，譯北京大學教授胡氏所著中國哲學大綱。欲以資於同志者之參考也」。「而新進好學如二氏者，亦能共用筆代舌，廣通其志，以裨讀者不甚勞力而易曉。皆俱可謂勤矣」。一方面對胡著表示「予未暇讀胡氏著，其將何以敘之。抑進化之說，自歐人唱道以來，天下靡然皆遵奉為金科玉條。學者汲汲唯新是求。所謂古者益厭棄而不顧。當是時，貫穿東西學問如胡氏者，著書立論，溯古酌今」。【一】此處牧野謙次郎託故「予未暇讀胡氏著」，以迴避對胡著的評論。

《譯者小言》則極力推崇胡適及其著作：「本書的原作者胡適氏堪稱新式學者之第一人」。「本書使用了最新的科學研究方法，剖析歸納堆積如山的資料，使各種混雜的學說井然有序地組織在一起。在這一點上，我等竊以為本書是民國學術研究史上劃時代的著作之一。」並說明其翻譯意圖是「將民國真實的古代思想傳到日本，真誠期望開此種新研究之端緒，並對增進兩國人民之間的理解助一臂之力」。日譯本《古代支那思想の新研究》並非直譯，該書翻譯工作

【一】牧野謙次郎：〈序〉，收入楊祥蔭、內田繁隆共譯：《古代支那思想の新研究》（東京：岩松堂書店，一九二五年〔大正十四年〕九月十五日），頁一——二。

之進行，「楊祥蔭在早稻田大學研究生院做研究時翻譯了原著，譯者等人在早稻田大學研究科反覆探討日文修改並做思想考證」。【一】

《先秦名學史》一書的日譯本為《胡適の支那哲學論》，署名井出季和太編著，一九二七年（昭和二年）四月一日為東京的大阪屋號書店發行，【二】一九九八年收入「亞洲學叢書」第四十種，改由東京的大空社重印出版。書前有高瀨武次郎所作的《序》和譯者《例言》。相對於牧野謙次郎那篇不着邊際的序作，高瀨武次郎的序倒是緊扣主題，他從介紹譯者井出季和太與他的相交開始：「我與井出季和太君相識於明治三十七八年，當時他還是東京帝國大學法科大學學生。我住在大學門前的森川町，他攻讀法學之餘，旁及支那哲學研究，尤其愛好陽明學，因而屢次扣訪寒舍，談論良知學。許久之後，他草成《陽明學論》一書，請求校閱。然而，因故未能出版，説至今仍然藏於匣底，等待出版時機。他愛好閱讀漢籍，又能作漢詩，對支那的興趣頗為濃厚，以至於求職也為瞭解支那經濟狀況而到台灣工作。此後十餘年間已兩三次遊中國，此次他當選為在外研究員，捨棄歐美而獨選支那，或許有人很詫異，然而我卻為他愈加對支那興趣濃厚、更深入研究支那而欣喜。上月，他偶訪寒舍，告知赴華事宜。並且談到，近年來於公務之餘嘗試翻譯了胡適氏的《支那哲學史》，業已完成，即將出版，請我作序」。然後談及胡適，「胡氏遊學於美國，師從教育學大家杜威博士」。「胡氏為現代新鋭學者，其言論也不少新穎、出類拔萃之處。想要研究支那哲學的人士，翻閱此書，會感到有前人未及的境界」。可見他對胡適的推重。譯者《例言》對《先秦名學史》及胡適作了介紹。【三】書後附錄增收一九一九年三月胡適著《墨子小取篇新詁》的日譯文，反映了作者對胡適的墨子研究成果的格外推重。

此外，今關研究室編譯《支那學入門書二種》、《支那學入門書三種》（北京：今關研究室，大正十二年），收入胡適《最低限度國學書目》、梁啟超《國學入門書要目》。神谷正男的《現代支那思想研究》（理想社，昭和十六年八月五日發行）在評介現代中國思想潮流時，將其分為傳統主義、自由主義、社會主義、民族主義，其中論及自由主義時，對胡適的自由主義思想和實驗主義作了評介，對胡適倡導的整理國故運動的對象、源流、影響亦加以系統的述評。【四】陳衡哲所編英文論文集《中國文化論集》（*Symposium on Chinese Culture*）由石田幹之助主持編

【一】〈譯者小言〉，收入楊祥蔭、內田繁隆共譯：《古代支那思想の新研究》（東京：岩松堂書店，一九二五年（大正十四年）九月十五日），頁五—九。

【二】劉岳兵提到此書一九二五年東京岩松堂曾發行初版，參見劉岳兵：〈胡適的中國哲學史研究在日本〉，載《中華讀書報》二〇〇五年一月二十八日。筆者暫未見到此版。

【三】高瀨武次郎：〈序〉，收入井出季和太著：《胡適の支那哲学論》（東京：大阪屋號書店，昭和二年四月一日），頁一—四。

【四】神谷正男：《現代支那思想研究》（東京：理想社，昭和十六年八月五日），頁二五—二六、四九、一一〇—一三〇。

譯在日本出版，題為《支那文化論叢》（東京：生活社，一九四〇年四月），其中《第二章 中國歷史上的宗教與哲學》、《第七章 文藝復興》為胡適所寫，譯者分別是福井康順、原三七。

文學 新文學運動的狂飆突進，對東鄰日本文學界產生了震撼性效應，他們將探究的目光很快投向「文學革命」的首倡者胡適。日本較早系統介紹新文學運動的可能是大西齋、共田浩編譯的《文學革命と白話新詩》（支那叢書第一編，北京：東亞公司，一九二二），該書分前、後兩編，前篇收文胡適四篇《文學改良芻議》、《建設的文學革命論》、《新詩談》、《〈嘗試集〉自序》，蔡元培一篇《國文的將來》，康白情一篇《新詩我見》，郭沫若一篇《詩論二消息》。後篇為《唐代白話詩選》、《宋代白話詩選》、《現代白話新詩選》。前篇《總説》對「文學革命」與新詩運動作了歷史回顧。

胡適在新文學領域對日本影響的另一個例證，是他的《五十年來中國之文學》一文被橋川時雄譯成日文，題為《輓近の支那文學》，收入「現代支那學術叢書」第二編，一九二三年由東京的東華社出版發行。在北大圖書館的胡適藏書裡，現還保存橋川時雄贈送胡適的這一版，在扉頁上有題簽：奉贈適之先生。胡適為日文版作序，序文收入《胡適文存二集》，作為《五十年來中國之文學》的附錄。橋川時雄的譯著《輓近の支那文學》的出版，對日本文學界瞭解五四新文化運動的來龍去脈及其真相自然大有助益。橋川時雄與胡適的情誼一直維繫到胡晚年，據胡頌平記錄，一九六一年三月七日，「日本的文學博士橋川時雄託人帶來一個片子問

候。先生想了一下，才想起來了，說：『他曾到普林斯登大學來看我。』」【一】

《世界大思想全集》第三十九冊（東京：春秋社，昭和四年七月二十五日）內收胡適著、柳田泉譯《建設的文學革命論其他》，收文篇目為：《文學改良芻議》、《歷史的文學觀念論》、《建設的文學革命論——國語的文學、文學的國語》、《文學進化的觀念與戲劇改良》、《新詩論》、《清代學者的治學方法》、《新思潮的意義》、《非個人主義的新生活》、《詞的變遷》、《貞操問題》十文。文前有譯者的《解說》。《現代支那文學全集》（東京：東成社，一九四〇年）的《文藝論集》收入了吉村永吉譯、胡適著《文學改良芻議》、《建設的文學革命論》、《論短篇小說》三文。這兩個選本對傳播胡適的「文學革命」主張和新文化思想有一定作用。一九四七年，大阪外事專門學校大陸語學研究編選《胡適文選》，此書筆者暫未得見。

胡適自傳《四十自述》中文版出版後，由日本著名文學家吉川幸次郎譯成日文，仍題《四十自述》，收入創元支那叢書第一種，一九四〇年（昭和十五年）由東京的創元社出版。書前有吉川幸次郎的《譯者的話》，稱讚胡適「為支那為數不多的新思想家」，「發起民國初年的『文學革命』，從而造就了今日白話文學的盛況；在『文學革命』之後的各種新文化運動中，此人雖未佔據主導地位，然而此類運動的開展實以『文學革命』為源頭」；「此人對舊式白話文學的

【一】胡頌平：《胡適之先生晚年談話錄》（台北：聯經出版事業公司，一九八四年），頁一三一。

研究成績斐然，儘管其受到各種批評，此人確為自成體系撰寫支那哲學史的第一人。而且，我們應該正在享用此人的學恩」。【一】此書出版後，竹內好與吉川幸次郎通信，對日語譯文提出批評，雙方為此就翻譯問題有過一番討論，這些通信與文章刊登於竹內好等人創辦的《中國文學》雜誌。【二】一九四六年（昭和二十一年）養德社再版，改題《胡適自伝》，收入養德叢書第一〇〇八種。《再版後記》交代，經落合太郎、武田泰淳的指正，再版對初版的少數段落譯文做了修改，可見譯者對譯作的認真。

吉川幸次郎一九二七年畢業於京都帝國大學中國哲學文學科，次年赴北京留學三年，與同時在京的倉石武四郎關係密切，不過當時他並未得機會與胡適謀面。【三】直到一九五四年四月七日，吉川幸次郎作為美國國務院的客人，搭乘美國泛美航空公司的飛機從東京飛往舊金山，恰好與胡適同機，因此得以相遇。利用飛機在維基島小憩的機會，兩人進行了短暫的交談。到紐約後，吉川幸次郎前往曼哈頓胡寓拜訪，胡適向他展示了自己收藏的脂硯齋評本《紅樓夢》。一九六〇年吉川幸次郎作為哈佛委員會委員赴台北訪問，得與胡適再次會面。他稱讚：「胡氏關於佛教史的演講精彩絕倫，對日本的《續藏》和高麗的《大藏經》引用自如。」【四】

在一些通論性介紹中國現代文學的書籍中，對胡適及其倡導的「文學革命」的介紹所佔篇幅也相當顯目。如近藤春雄著《現代支那の文學》（京都印書館，昭和二十年十一月二十日發行）在第一篇《現代支那の文學》第三節《新文學運動の發端》述及「文學革命の發端」、

「文學革命の理論」兩題時，以較多的篇幅介紹了胡適在「文學革命」的地位及其作用。【五】一九四八年十一月十六日胡適曾致信近藤春雄，表示：「拙著諸篇蒙先生選譯，認為於貴國民主制度之建設有裨益，又蒙吉川幸次郎博士垂獎校閱，我很感覺榮幸。譯文付印流通，我完全同意。」【六】此處胡適所言「拙著諸篇」很有可能是指近藤春雄翻譯、吉川幸次郎作序的《中國文化革命》一書，此書並未出版，吉川幸次郎所作《胡適著·近藤春雄氏譯「中國文化革命」序》存於《吉川幸次郎遺稿集》第二卷（東京：筑摩書房，一九九六年二月）。近藤春雄翻譯胡適的《我們對於西洋近代文明的態度》一文曾載一九四六年十月《桃源》第一期。後來近藤

【一】〈譯者的話〉，胡適著，吉川幸次郎譯：《四十自述》，（大阪、東京：創元社，昭和十五年〔一九四〇年〕三月二十日），頁一—六。

【二】參見吉川幸次郎：〈胡適——「折り折りの人」補遺〉，收入《吉川幸次郎全集》卷十六（東京：筑摩書房，昭和四十九年〔一九七〇年〕十二月十五日發行），頁四三五。〈竹內好氏への書簡〉，收入《吉川幸次郎全集》卷十七，（東京：筑摩書房，昭和五十年〔一九七一年〕一月十五日發行），頁五一五—五二四。

【三】有關吉川幸次郎在北京留學的情形，參見吉川幸次郎著，錢婉約譯：《我的留學記》（北京：中華書局，二〇〇八年四月版，頁四四—九九）。

【四】吉川幸次郎：〈胡適——「折り折りの人」補遺〉，收入《吉川幸次郎全集》卷十六（東京：筑摩書房，昭和四十九年〔一九七〇年〕十二月十五日發行），頁四三八。

【五】近藤春雄：《現代支那の文學》（京都印書館，昭和二十年〔一九四五年〕十一月二十日），頁四六—七二。

【六】〈覆近藤春雄〉，耿雲志、歐陽哲生編：《胡適書信集》中冊（北京大學出版社，一九九六年），頁一一六六。

春雄撰寫的《現代中國の作家と作品》（新泉書房，昭和二十四年）一書，也設專題討論胡適與文學革命的關係。[一]

尾坂德司著《中國新文學運動史——政治與文學的交點．從胡適到魯迅》（《中國新文學運動史——政治と文學の交點．胡適から魯迅へ》）（法政大學出版局，昭和三十二年十一月五日發行），此書雖在中國大陸「胡適大批判」運動以後出版，但對胡適的家庭、胡適在辛亥革命前後的表現、胡適提倡「文學革命」的作用仍給予了相當篇幅的論述。[二]

禪宗史 今關天彭翻譯的《支那禪學之變遷》（東京：東方學藝書院，昭和十一年九月一日發行）是日本第一部系統譯介胡適禪宗史研究成果的論文集。該書所選六篇論文出自《胡適文存三集》、《胡適論學近著》。具體篇目為：一、支那禪宗史的大概意見（即《論禪宗史的綱領》之二《胡適答湯用彤教授書》一信的節選）。二、禪學古史考。三、從譯本裡研究佛教的禪法。四、菩提達摩考。五、楞伽宗考。六、荷澤大師神會傳。

此書前面有昭和十一年八月上旬譯者今關天彭所作的《序》，《序》曰：「選取本國材料予以解釋，並且引用最近較受矚目的敦煌文書，條理清晰地安排整理，令人一目了然。這是胡氏的本領。」[三] 書後附有胡適給今關天彭的信。內容如下：

今關先生：

示悉。

先生如要譯拙著，但請自由翻譯，不必徵求我的同意。印出後，乞賜一份，為惠多矣。

鈴木大拙先生已往英國，想今年可歸。我本年七月十四日從上海赴美洲，在東京有一日勾留，或可與先生相見矣。

匆匆敬問

大安！

胡適敬白

廿五、六、廿二

《支那禪學之變遷》的出版，顯示了日本佛學界對胡適禪宗史研究成果的重視。儘管日本佛學界鈴木大拙等學者對胡適的禪宗史研究存有爭議，但胡適畢竟已成一家之言，這就足夠引

【一】參見近藤春雄：《現代中國の作家と作品》（名古屋：新泉書房，昭和二十四年），頁七五—八七。

【二】尾阪德司：《中國新文學運動史——政治と文學の交點．胡適から魯迅へ》（東京：法政大學出版局，昭和三十二年十一月五日），頁八—九、五一—五二、六三—七〇、一〇八—一一〇。

【三】〈序〉，胡適著，今關天彭譯：《支那禪學之變遷》（東京：東方學藝書院，昭和十一年九月一日），頁二。

起日本佛學界關注他的研究成果。

柳田聖山主編，中、日學者合作編輯的《胡適禪學案》，是胡適禪宗史研究重要論著的彙集。該書於一九七五年六月分別在台北的正中書局和京都的中文出版社出版。書前有李乃揚《出版原楔》、入矢義高《回憶胡適先生》、柳田聖山原作、李乃揚譯《胡適博士與中國初期禪宗史之研究》、柳田聖山編《胡適博士禪學年譜》。全書共五部，篇目如次：第一部，一、菩提達摩考。二、壇經考之一——跋曹溪大師別傳。三、壇經考之二——跋日本京都堀川興聖寺藏。四、北宋惠昕本壇經影印。五、白居易時代的禪宗世系。六、荷澤大師神會傳。七、楞伽師資記序。八、楞伽宗考。附錄，一、從譯本裡研究佛教的禪法。二、禪學古史考。三、論禪宗史的綱領。四、海外讀書雜記。選目與《支那禪學之變遷》有重復。第二部，一、新校定的神會和尚遺著兩種校記。二、神會和尚語錄的第三個敦煌寫本《南陽和尚問答雜徵義：劉澄集》解說。三、跋裴休的唐故圭峰定慧禪師傳法碑。四、跋寶林傳殘本七卷。五、讀書隨筆。第三部，一、中國禪學的發展。二、禪宗史的一個新看法。三、致入矢義高書簡。四、致柳田聖山書簡。第四部，一、Essays in Zen Buddhism,by Daisetz Teitaro Suznki (First series), from *the Times Literary Supplement*,Thursday,August 25th, 一九二七.二、Development of Zen Buddhism in China,from *the Chines Social and Political Science Reriew*,Vol. XV,No. 4,January 一九三二,Peiping. 三、Ch'an (Zen) Buddhism in China,its History and Method, from *the*

Philosophy East and West, Vol III,No.1,April 一九五三, University of Hawai Press. 四、An Appeal for a Systematic Search in Japan for Long-Hidden T'ang Dynasty Source-Materials of the Early History of Zen Buddhism, from *Buddhism and Culture*,edited by Susumu Yamaguchi, delegrate the Planning Committee for the Commemoration of Dr,Suznkis Ninetieth Birthday,Kyoto, 一九六〇.《胡適禪學案》的出版，可謂京都學派對他們與胡適長期交誼的一個紀念。

「胡適大批判」在日本的反應 建國初期，中國大陸在知識界開展了一系列批判所謂資產階級、封建主義的運動，其中包括一九五四—一九五五年的「胡適大批判」，以確立馬克思主義在意識形態的統治地位。日本方面對此亦頗為關注。一九五七年七月三十一日東京的未來社出版了《現代中國思想論爭》，署名編者為「中國研究所」。該書分「《紅樓夢》論爭」、「胡適思想批判」、「胡風文藝思想批判」、「梁漱溟思想批判」、「まとめ——百家爭鳴への道」諸輯，「《紅樓夢》論爭」一輯中收有俞平伯的《堅決與反動的胡適思想劃清界限》（《反動的な胡適の思想とどこまでも一綫を畫そう》）一文。「胡適思想批判」一輯選譯了胡適《問題與主義》（《問題と主義》）、王若水《五四運動中的胡適和杜威》（《五・四運動における胡適とデューイ》）、胡繩《論胡適派腐朽的資產階級人生觀》（《胡適派のくさったブルヅョア人生觀について》）三文。該輯前置《解說》簡略交代了「胡適大批判」的情形，並提到「胡適大批判」播及日本，引起日本學界的爭議，竹內好的《胡適與杜威》（《胡適とデューイ》）（《デューイ

イ研究》，春秋社，一九五二年七月）與野遠四郎的《五四運動與知識人》（《五・四運動と知識人》），（《世界史講座》VI，東洋經濟報社）即是對立雙方的代表。[一]

此外，每日新聞社發行的《每日情報》六卷二號（昭和二十六年）在《共產主義論爭——父と子》的標題下譯載了胡適《跋陳垣給胡適的一封公開信》和胡思杜的《對我父親——胡適的批判》兩文。《國民科學》（一九五五年五月第三號）刊載了艾思奇的《胡適的實用主義哲學的反革命性與反科學性》一文的譯文。《日本文學》（一九五五年六、七、九月第四卷第六、七、九號）連載了波多野太郎翻譯的何干之《五四以來胡適派怎樣歪曲了中國古典文學》長文。

日本學術界對胡適著作的翻譯和評介，與同時期的中國學者相比，明顯處於突出的地位。日本學界對梁啟超比較重視，這與梁氏在日本有過長期的生活經歷有關，但日本翻譯梁啟超的著作也只有《清代學術概論》、《先秦政治思想史》、《中國歷史研究法》。胡適既非「日本通」，與日本關聯較少，日本學者對之關注，純粹出於對其學術成就的重視，誠如程靖宇先生所言：「日本學術界是從不讓人的，但有幾位二十世紀的中國享譽世界的大角色，卻是日本所絕對沒有的；如趙元任先生這樣的天才，林語堂這樣的英文寫作本領（日本英文文學作家，僅有正式英文文學作者，但不及林氏之通達），如胡適之先生這樣的成為二十世紀的斷代國際公認的思想家（『日本胡適之』[二]曇花一現，差得太遠了），如日本人承認的『支那二寶』之一的周作人，都是日本至今無法產生的角兒。」[三]這裡所舉的趙元任、林語堂、胡適三位可以說都是中西文化結合的精粹。胡適及其著作在日本的影響實為新文化在域外影響的一個強有力證明。

結語

通覽胡適與日本的交往材料，我們不能不對兩方面互動之頻繁感到驚詫。以雙方接觸的情形而論，日本方面相對比較主動。之所以出現這種情形，與日本學界認定胡適是中國新文化的標桿性人物，他們欲通過接觸胡適切實掌握中國文化發展的動態和趨向，測量中國對中西文化結合的深度，試探中西關係發展的程度有關。在學術交流層面，胡適在新文化運動中創造的

【一】〈胡適思想批判〉解說，中國研究所編：《現代中國思想論爭》（東京：未來社，一九五七年七月三十一日），頁五四。

【二】哲生按：此處「日本胡適之」係指鶴見祐輔（一八八五年—一九七三年），自由主義者、評論家和政治活動家。曾留學美國，在日本以宣傳歐美文化著稱。一九二二年鶴見祐輔在北京曾與胡適會晤，兩人就儒教問題進行過討論。參見鶴見祐輔：《壇上・紙上・街上の人》（東京：大日本雄弁會、昭和二年），頁三九八—四一〇。一九三八年胡適就任駐美大使後，東京的《日本評論》向政府獻策：「日本需要派三個人一同使美，才可以抑制住胡適的能力。這三個人分別是鶴見祐輔、石井菊次郎、松岡洋右。鶴見是文學家，石井是經濟專家，松岡則是雄辯家。」由此可見日方對胡適的極度重視。

【三】今聖嘆（程靖宇）：《新文學家回想錄——儒林清話》（香港：文化・生活出版社，一九七七年），頁九—一〇。

文學、哲學實績，受到日本學人的特別重視；而在史學方面，胡適更多受啟於日本漢學研究成果，他提倡「整理國故」所使用的實證方法與研究視域，多受日本學術的影響。在中國禪宗史研究領域，日本學者與胡適的互動始終是既交流又競爭，彼此因立場、方法的歧異，對禪宗史的理解歧見甚深，但在材料的探尋上，又互相補充，相互借鑒。胡適與日本學者的平行交流，構成中日學術互動真實而富有價值的內容，是二十世紀中日文化交流絢麗多彩的一章。

（原載《中國文化》第四十四輯，二〇一五年十月秋季號，中國人大複印報刊資料《中國現代史》二〇一六年第一期複印）

一部新文化的珍貴文獻——

《胡適留學日記》版本源流及其文獻價值考

在新文化運動一百零五週年之際，「亞東圖書館遺珍——陳獨秀、胡適重要文獻特展」二○二○年八月二十五日在北京商務印書館·涵芬樓藝術館開幕，亞東圖書館藏陳獨秀、胡適等九種重要文獻塵封百年來首度集結面世，引起京城觀眾和讀者的高度關注，其中最搶眼的是《胡適留學日記》手稿展現。作為一名多年從事胡適研究的學者，我對《胡適留學日記》情有獨鍾，過去在不同演講場合和課堂上，向大眾推薦過這本讀物，但對其整理、編輯、出版過程並不在意。此次《胡適留學日記》手稿面世，現場觀摩，觀眾與同行為之震撼，我因此對手稿的個中細節也產生探究的衝動。

《胡適留學日記》初名《藏輝室劄記》，所載從一九一一年一月三十日胡適在美國康奈爾大學留學起，至一九一七年七月十日留學歸國回到上海止，全書分十七卷。《胡適留學日記》在其生前曾出版過三個版本：第一個版本是一九三九年四月亞東圖書館出版的《藏輝室劄記》，胡適在《重印自序》裡談及初版時的遭際：「這書出版的時候，中國沿海沿江的大都會都已淪陷了，在淪陷的地域裡我的書都成了絕對禁賣的書，珍珠港事件之後，內地的交通完全斷絕了，這部《日記》更無法流通了。」[一]第二個版本是一九四七年十一月商務印書館出版的《胡適留學日記》，再版用的是原亞東紙版，新增《重印自序》。此時北平學生運動風起，反美浪潮高漲，胡適身為北大校長，出版《胡適留學日記》其實並不合時宜，儘管如此，出版十個月，到一九四八年八月就印行了三版。第三個版本是一九五八年台北商務印書館出版的《胡適留學日記》，增加《〈胡適留學日記〉台北版自記》，此時兩岸隔絕，《胡適留學日記》只能銷售台港地區，銷售空間大為侷限。從一部「禁書」，到一部不合時宜的書，再到一部偏限於台港一隅銷售的海外書，這就是《胡適留學日記》的遭遇。胡適生前只出過這三版，與他的其他著作，如《胡適文存》（四集）、《嘗試集》、《中國哲學史大綱》、《白話文學史》、《四十自述》等相比，《胡適留學日記》的銷售數量要小得多，其影響力自然也有限。

一九九〇年代後，《胡適留學日記》在中國內地重見天日，先後有上海書店（一九九〇年）、海南出版社（一九九四年）、安徽教育出版社（一九九九年）、嶽麓書社（二〇〇〇年）、同心出版社（二〇一二年）、上海科技出版社（二〇一四年）、上海三聯書店（二〇一四年）等多家出版過此書，都是原商務版的再版。二〇一五年八月上海人民出版社影印出版《胡適留學日記手稿本》，經過一百多年的社會政治動盪和歷史風雲變幻，《胡適留學日記》手稿居然存活下來，我以為這是奇跡般的再現。因為是手稿影印，自然最為珍貴，我將之視為一個新的版本，它是胡適文獻繼《胡適手稿》、《胡適遺稿及秘藏書信》出版後又一次重要出土。《胡適留學日記》的出版史，可以說是我們這個多災多難民族一個世紀歷史變遷的縮影。

胡適生前為此書曾三次作序（一九三六年七月二十日、一九四七年十一月八日、一九五七

【一】〈重印自序〉，季羨林主編：《胡適全集》第二十七冊（合肥：安徽教育出版社，二〇〇三年），頁九九。

年除夕）。其中初版《自序》交代甚細，提到可能遺失的三段日記（一九一〇年八月以後、一九一一年十一月至一九一二年八月、一九一三年一月—九月），都是胡適在康奈爾大學讀書時期的劄記。談到為什麼要寫劄記、日記，「最初只是為自己記憶的幫助的」，「我自己的文學主張、思想演變，都寫成劄記，用作一種『自言自語的思想草稿』（thinking aloud）。我自己發現這種思想草稿很有益處，就不肯寄給怡蓀，留作我自己省察的參考」。[一] 由此可見，胡適寫劄記最初是為自己寫「思想草稿」，應同鄉兼密友許怡蓀之請，他寄給許分享。人們常說：日記有兩種，一種是寫給自己看的，一種是寫給別人看的。胡適的這部劄記似乎兼具這兩種功能。一九一三年四月他在《藏輝室劄記》第一冊引言就明確說：「吾作日記數年，今不幸中輟，已無可複補。今以劄記代之：有事則記，有所感則記，有所著述亦記之，讀書有所得亦記之，有所遊觀亦略述之，自傳則吾豈敢，亦以備他日昆弟友朋省覽焉耳。」[二] 因為有這種自覺意識，所以胡適的劄記（日記）記事與思想並存，它真實地再現了他內心的旅程，帶有思想自傳的性質。胡適後來承認：「我現在回看這些劄記，才明白這幾十萬字是絕好的自傳」。所謂「絕好」就是完全真實呈現，沒有虛假做作的成分。胡適自稱：「這十七卷寫的是一個中國青年學生七年間的私人生活、內心生活、思想演變的赤裸裸的歷史。」[三]「赤裸裸」三字可謂真實呈現的最好說明。這樣的自傳體著作類似盧梭的《懺悔錄》，《鄧肯自傳》。

《藏輝室劄記》未刊前的第一讀者是許怡蓀。許是胡適早年的知交，《胡適文存》所收《許怡蓀傳》是他倆交誼的證明。胡適在《自序》中稱曾將自己所記箚記的第一冊（一九一一年—一九一三年）寄給許怡蓀，許又摘抄寄給《新青年》。翻閱《新青年》，從一九一六年十二月一日出版第二卷第四號開始刊登《藏輝室箚記》，第二卷第五、六號，第三卷第一、二、四、五、六號，第四卷第二號，第五卷第一、三號（一九一八年九月十五日），共連載十一期，這是《新青年》發表胡適最長的文字，也是《新青年》連載篇幅最多的文字。我想《新青年》當年之所以花如此多的篇幅連載胡適《藏輝室箚記》，最初也許是因其稿源不足，後來則是藉重胡適的名聲擴大影響，否則不會這樣連篇累牘地刊載。一九一八年下半年以後，《新青年》的影響如日中天，新文化運動狂飆突進，需要的是「火與劍」一般的文字，像《藏輝室箚記》這樣比較溫和的箚記，似乎就很難應對熱血青年讀者的要求了。

胡、許交誼的另一個證明材料是梁勤峰、楊永平、梁正坤整理《胡適許怡蓀通信集》（上海人民出版社，二〇一七年二月）。該書原稿係梁勤峰先生二〇一三年同《胡適留學日記》手稿本一同覓得。收有胡適致許怡蓀書信六十六封，許怡蓀致胡適書信三十九封，時間跨度從

【一】〈自序〉，季羨林主編：《胡適全集》第二十七冊，頁一〇一—一〇二。
【二】〈胡適留學日記〉卷三，季羨林主編：《胡適全集》第二十七冊，頁二三九。
【三】〈自序〉，季羨林主編：《胡適全集》第二十七冊，頁一〇三。

一九〇九年一月六日到一九一九年三月五日。內中有數信涉及胡適留學日記。一九一二年十二月九日胡適致許怡蓀信告：「來書囑寄旅美日記，今寄上（須遲一二日）。（一）北行日記一冊（庚戌五月二十二日至七月初五日。（二）東行日記一冊（庚戌十月十二日至除夕）。（三）辛亥日記第二冊（九月二十八日至壬子五月十一日。其第一冊以每日僅有一二字，不足觀也。故不寄上）。（四）壬子日記（六月十五至九月二十四日）。（五）附北田日記一冊（多宗教思想及年來思潮之變遷）。（六）附旅行日記一冊（記東美學生年會事）。現所用冊子尚未完，不能即以寄上。」【一】對照胡適的《自序》，再看這封信所列目錄，可見寄給許怡蓀的箚記中，（二）東行日記一冊（庚戌十月十二日至除夕）。（三）辛亥日記第二冊（九月二十八日至壬子五月十一日）。（四）壬子日記（六月十五至九月二十四日）三段後來未見收入《胡適留學日記》，可能已經遺失。

一九一四年七月二十三日胡適致信許怡蓀，稱：「一年來作箚記已成三冊，日記久廢矣。俟足下行蹤稍定，後當將箚記寄呈。」【二】

一九一六年四月十九日胡適致信許怡蓀，稱：「今寄上箚記八冊（第三至第十），至乞檢收。其第一二冊因有裴倫詩譯稿及他稿未及寫副本，故不以相寄耳。此諸冊足下讀完之後，如有所見，乞質直相告。」【三】胡適在《自序》中稱，「到了最後三年（一九一四年—一九一七年），我自己的文學主張、思想演變，都寫成箚記，用作一種『自言自語的思想草稿』（think aloud）。我自己發現這種思想草稿很有益處，就不肯寄給許怡蓀，留作我自己省察的參考」，似乎並不確切，從這封信看，一九一六年四月十九日胡適還「寄上劄記八冊（第三至第十）」。

一九一六年八月十四日許怡蓀覆信胡適，說明打算摘抄《藏輝室劄記》寄給《新青年》刊用：「今海內仰望丰采，欲讀足下文章之心甚殷，鄙意思將寄示劄記另錄簡編，厘為前後兩卷（以寄來八冊輯為後編，先行刊載；而將所存日記，合未承寄下二冊，輯為前編），以關歐美國情風俗記載為重，其於朋友交際言論則略為去取，必期鄭重出之，即顏曰『藏輝室劄記節鈔』，寄登陳獨秀君所辦《青年》，以塞海內知交之望，未審尊旨如何？能允所請否耶？」【四】《新青年》二卷四號首次所刊《藏輝室劄記》，係摘抄一九一四年七月十二、十六、十八日三天的劄記。許怡蓀在文前加了一個編者按語，說明自己摘抄的用意：

> 吾友藏輝留寓美洲日久，以其所作劄記十數冊，先後郵示，以代寄書。篇中於殊俗之民風、政教、學術、思想紀述特詳。余感良友意厚，重錄一篇。內有關於私人交際，與

【一】梁勤峰、楊永平、梁正坤整理：《胡適許怡蓀通信集》（上海：上海人民出版社，二〇一七年），頁二九。
【二】梁勤峰、楊永平、梁正坤整理：《胡適許怡蓀通信集》，頁四八。
【三】梁勤峰、楊永平、梁正坤整理：《胡適許怡蓀通信集》，頁六一。
【四】梁勤峰、楊永平、梁正坤整理：《胡適許怡蓀通信集》，頁一四五。

附圖畫紀載，芟去什五，都成十餘萬言。令人讀之，莫不恍如神遊海外。因思吾國改革以來，已十餘載，而昏瞶者仍篤守東方舊書，與世界趨勢動輒背道而馳。識者憂之，深望國內之士大夫常往來歐美，覽觀大勢，庶執著之心，久而自悟。此編臚陳事物真相，犁然可觀。要與吾民廿世紀之新思潮大有關係，以視近之叢談野乘，僅資談助者，不寧有上下牀之別乎！至於身旅異域，宗國危亡，眷懷尤切。故盡心力於國民外交，解難釋疑，以為祖國辯護，使彼邦人士有所觀感，不致以洗衣工人一筆抹殺，讀之尤足令人起敬。吾輩青年志行類多薄弱，誠不可以無攻錯。今將此編公佈，未及請於藏輝，事貴有益社會，吾友或不以為忤也。怡庵識。

《新青年》二卷五號（一九一七年一月一日）續刊《藏輝室劄記》，摘抄一九一四年七月二十、二十三、二十六、二十九日，八月二日五天的劄記。二卷六號（一九一七年二月一日）續刊，摘抄一九一四年八月十一、十五、十六、二十、二十九、三十一日，九月十三日七天的劄記。這三期節錄刊登內容，都在亞東版的《藏輝室劄記》卷五、卷六。所刊篇幅一次比一次長，從四面、五面，直至七面，顯示編輯、讀者的好感呈增長趨勢。

一九一七年四月十一日胡適致信許怡蓀，表示已看到《新青年》刊登《藏輝室劄記》前三批的稿子：「（一）劄記蒙兄代編，已見前三批，均極滿意，感謝感謝。」「（二）劄記今滿十四冊，以歸國在邇，故且不郵寄。」[二]胡適在《自序》中說，後三年的劄記他未寄給許怡蓀，實為記憶有誤，他可能只有第十一冊以後的未寄。

《新青年》最後一次刊登《藏輝室劄記》是五卷三號（一九一八年九月十五日），係用小號字體（此前均用大號體）刊出，長達九面，是篇幅最長的。這期摘抄選錄的是一九一五年三月三、四、五、八、二十九日，五月五日，七月一、四、八、十、二十日，九月七日，十月三十日日記，在後來亞東版的《藏輝室劄記》卷九、卷十、卷十一。文末括號（未完），顯示編輯當時並沒有完結之意，但以後不見再刊載了。

許怡蓀於一九一九年三月二十二日去世，他從三月十七日患流感，到三月二十一日夜呼吸困難、病重去看醫生，再到第二天離世，不過五天，從病症看極有可能是當年的大流感奪去了生命。作為胡適私交甚篤的朋友，他對《藏輝室劄記》的刊佈可謂盡心盡力。一九一九年六月胡適為紀念亡友，特為其作傳，感慨地說：「怡蓀是一個最忠厚、最誠懇的好人，不幸死的這樣早！」文中還提到：「我這十年的日記劄記，他都替我保存起來。」[三]胡適作傳的主要材料是他保存的許怡蓀與他的二十餘封通信，這種寫傳方式自備一格，在中文世界也許是首創。亞東

【二】梁勤峰、楊永平、梁正坤整理：《胡適許怡蓀通信集》，頁七〇。

【三】〈許怡蓀傳〉，收入歐陽哲生編：《胡適文集》，第二冊（北京：北京大學出版社，二〇一三年），頁五二四。

版《藏輝室劄記》面世時，胡適仍沒有忘記這位老朋友，在《自序》的末尾表示：「最後，我用十分謝意把這部劄記獻給我的死友許怡蓀。他在二十年前摘抄《藏輝室劄記》在《新青年》上陸續登載。這部劄記本來是為他記的，它的印行也是他最盼望的。」[一]

亞東版《藏輝室劄記》的整理主事者是章希呂。胡適在《藏輝室劄記．自序》中表示：「整理這一大批劄記的工作，我的朋友章希呂用力最多最勤（劄記的分條題目，差不多全是希呂擬的），我要特別致謝。亞東圖書館的幾位朋友的抄寫、整理、校印，也是我很感謝的。」[二]

章希呂是胡適早年結交的朋友，兩人關係甚密，《胡適文存》即經章氏編輯而成。查閱現存《章希呂日記》（收入顏振吾編：《胡適研究叢錄》，北京：三聯書店，一九八九年）可見，一九三三年十一月章希呂趕到北平，住在胡適家裡，先給胡適編輯《胡適論學近著》，他的十一月二十八日日記載：「《文存》四集目錄初稿編完，約四十二萬字，但適兄意欲刪去不中意文章約有十萬字。如分訂四冊，又嫌薄了。」[三] 大概《胡適文存》四集目錄初稿編完，接着他就開始動手整理《藏輝室劄記》。

十二月二十二日，「編《藏輝室劄記》目錄，約十七卷，有三十萬字。起自民國元年，終六年上半年」。[四] 一九三四年一月五日，「看《藏輝室劄記》卷三，以前兩卷是日記，三卷起是劄記，須編標題，較費事。想將《劄記》卷一二先寄上海付排，以後續寄，但適兄近日事務又忙起來，夜去到他房間裡想和他談此事，看見他正為《大公報》趕文章，不便多談，故未得結果」。【五】二月二日，「《藏輝室劄記》因抄得太壞，整理吃力，現決計從卷六起重抄，帶抄帶整理。尚有十二卷約二十餘萬字，每日抄四千字計算，大約兩個月可整理完，今天只抄了三千字」。【六】四月二十日，「《劄記》卷十二整理完，弄到夜深二時睡」。【七】七月四日，「《藏輝室劄記》十七卷抄畢，此書約四十萬字，足足弄了半年以上的工夫。把這個艱難工作做好，心稍放寬」。【八】

經過半年的時間，章希呂才將《藏輝室劄記》抄畢。對照我們現在看到的手稿本，可以想象，章希呂為此擬目、謄抄、整理，定然花費了不少心血。

一九三五年九月二十三日《章希呂日記》又載：「《文存》四集去年我在平時已把目錄編定，帶交亞東出版。去年原放無暇顧及，致一部《藏輝室劄記》尚印不出來。今年老孟翁復出而問店事，對於出版方面也沒有什麼主張，《藏輝室劄記》仍擱而不排，《文存》出版尤不知何

【一】〈自序〉，《胡適全集》第二十七冊，頁第一〇五。
【二】〈自序〉，季羡林主編：《胡適全集》第二十七冊，頁一〇五。
【三】〈章希呂日記〉，收入顏振吾編：《胡適研究叢錄》（北京：生活．讀書．新知三聯書店，一九八九年），頁二四八。
【四】〈章希呂日記〉，收入顏振吾編：《胡適研究叢錄》，頁二四九。
【五】〈章希呂日記〉，收入顏振吾編：《胡適研究叢錄》，頁二五一。
【六】〈章希呂日記〉，收入顏振吾編：《胡適研究叢錄》，頁二五二。
【七】〈章希呂日記〉，收入顏振吾編：《胡適研究叢錄》，頁二五七。
【八】〈章希呂日記〉，收入顏振吾編：《胡適研究叢錄》，頁二五八。

日。」【一】他對《胡適文存》四集、《藏輝室劄記》出版遙遙無期表示擔憂。

《胡適文存》四集因亞東圖書館遲遲拖延，未予出版，胡適只好將版權交給商務印書館，商務印書館改名《胡適論學近著》，於一九三五年十二月出版。但《藏輝室劄記》雖然胡適在一九三六年七月二十日作序，真正出版卻拖到一九三九年四月。

對照我們現在能看到的手稿本，章希呂整理的亞東版《藏輝室劄記》，所作的編輯處理工作主要有四項：一、原手稿並無標題，章希呂根據每條劄記內容，擬加標題。二、原手稿本並無新式標點，章希呂將之新增標點，並分段，有些劄記甚至拆分幾條，有些劄記的順序也作了調整。三、原手稿粘貼了許多剪報、照片，章希呂只是選擇性的採取了其中部分材料。四、章希呂對手稿還作了一些刪節處理。如手稿本原有民國六年三月廿一日胡適詩作《懷君武先生》，就被刪除。胡適在《自序》中承認，「這十七卷的材料，除了極少數（約有十條）的刪削之外，完全保存了原來的真面目」。【二】此外，因手民之誤，亞東版還誤植了手稿中的個別文字。基於上述編輯差別，亞東版《藏輝室劄記》與原手稿的文字和所附材料（剪報、照片）確有一定差異，這種差異到底有多大，需要作仔細的校勘、比對，才可能徹底弄清楚。

新發現的《胡適留學日記》手稿本的問世，是胡適文獻的一次重要收穫。由於亞東版對原稿本作了編輯處理，顯有一定差異，因此，新刊佈的手稿本不僅具有文物的價值，而且具有文獻的意義。

《胡適留學日記》手稿本是由《藏輝劄記》（一—九）、《胡適劄記》（十—十八）組成，所用筆記本正面有 Name、Grade、School、Class 字樣，背面 Webster Student's Note Book，PATENTED DEC.14.1909.No.5577，顯然這是專供學生使用的一種普通筆記本。這與胡適成名後喜用皮裝豪華日記本確有很大差異。每冊封皮有胡適用毛筆題字「藏輝劄記」或「胡適劄記」。將各冊內容與已刊行的《藏輝室劄記》對照、匹配，情形如下：

第一冊「藏輝日記 留學康南耳之第三章」。為《藏輝室劄記》卷二。

第二冊「藏輝劄記 民國二年 起民國二年十月八日終三年二月廿八日」。為《藏輝室劄記》卷三。

第三冊「藏輝劄記二 民國三年 起三月十二日 終七月七日」。為《藏輝室劄記》卷四。

第四冊「藏輝劄記三 民國三年 七月」。為《藏輝室劄記》卷五。

第五冊「藏輝劄記四 民國三年 八月」。為《藏輝室劄記》卷六。

第六冊「藏輝劄記五 民國三年 九月廿三日起十二月十一日止」。為《藏輝室劄記》卷七。

第七冊「藏輝劄記六 民國三年十二月十二日起」。為《藏輝室劄記》卷八。

【一】〈章希呂日記〉，收入顏振吾編：《胡適研究叢錄》，頁二六四。

【二】〈自序〉，季羨林主編：《胡適全集》第二十七冊，頁一〇四。

第八冊「藏輝劄記七」。為《藏輝室劄記》卷九。

第九冊「藏輝劄記 第八冊 民國四年六月」。為《藏輝室劄記》卷十。

第十冊「胡適劄記 第九冊 四年八月」。為《藏輝室劄記》卷十一。

第十一冊「胡適劄記 第十冊 民國四年十一月 到五年四月」。為《藏輝室劄記》卷十二。

第十二冊「胡適劄記 第十一冊 民國五年四月」。為《藏輝室劄記》卷十三。

第十三冊「胡適劄記 第十二冊 民國五年七月」。為《藏輝室劄記》卷十四。

第十四冊「胡適劄記 第十三冊」。為《藏輝室劄記》卷十五。

第十五冊「胡適劄記 第十四冊」。為《藏輝室劄記》卷十六。

第十六冊「胡適劄記 第十五冊 歸國記」。為《藏輝室劄記》卷十七。

第十七冊「胡適雜記 第十七冊 改為第十六冊」。為新發現的《北京雜記（一）》。

第十八冊「胡適劄記 第十六冊 改為第十七冊」。為新發現的《歸娶記》。

對比可見，手稿本沒有一九一一年部分，也就是《藏輝室劄記》卷一，這可能是亞東版《藏輝室劄記》出版後遺失了。章希呂編輯《藏輝室劄記》分卷，其實是按胡適原稿本的分冊處理。

《胡適留學日記手稿本》的文獻價值主要表現在：第一，手稿本作為物證，是更具原生態的稿本，保存了原汁原味。亞東版文字更改的情形不少，如一九一四年十月八日一條，手稿開頭「道學課論道德觀念之變遷」，亞東本改為「道德學課論道德觀念之變遷」，增一「德」字。雖不違原意，似有失原味。手稿本文字帶有文言味，經整理後用字明顯淺白。亞東版另一種改動較多的情形是拆分，如一九一四年十月九日一天箚記，經整理在亞東版被拆分為三則，同類情形頗多。手稿本的文字自然更符原意，亞東版《藏輝室箚記》的文字更動，有些可能是手寫之誤，有些可能是編者徑改。所以，胡適後來在商務本《重印自序》也說明：「亞東圖書館的幾位朋友校對過幾十萬字，用力很勤苦，錯誤很少。今年我曾自己校對一遍，又改正了一些小錯誤。」【一】

第二，手稿本原有粘貼四百五十多件照片、剪報，亞東版只採用了其中部分照片和剪報。如第一冊手稿本中就有幾張便條未錄入亞東本。第二冊手稿本中的一些英文剪報和兩張照片也未見載亞東本，此照片題「A NEGRO AND AN INDIA WHO HAVE BEEN HONORED BY THE NATIONAL ADMINISTRATION」，胡適在兩張照片中間題字：「此二人一為美洲土人，一為黑人，今皆至高位，美之共和精神於此可窺一斑。」第三冊手稿本中原有多張胡適照片，亞東版只在「三二、題《室中讀書圖》分寄禹臣、近仁、冬秀」選擇了一張照片；此冊的英文剪報大多也未見收亞東版。如此事例，不勝枚舉。胡適在一九一四年五月十二日箚記中交代了「剪報」之來源：「歐美有一種營業，名曰『剪報』，專為人擷擇各國報上有關係之消息，匯送其人。如吾欲得各報所記關於中國之新聞或評論，則彼等可將國內外各大報之消息匯送余

【一】〈重印自序〉，季羨林主編：《胡適全集》第二十七冊，頁一〇〇。

處。……其為用至大至便，各雜誌及外交人員都利用之。」【二】他利用了這一方便，迄今北大保存的胡適檔案中尚保有大量剪報，大概都是從此途徑獲得。惜手稿本中許多剪報、照片蘊含的信息後經整理被過濾掉了，這是亞東版的遺憾，現在重現的手稿本彌補了這一缺憾。

第三，手稿本第十七冊所收《北京雜記（一）》、第十八冊《歸娶記》為新發現的材料。《北京雜記（一）》前有胡適的說明：「第十六冊僅記三四頁，來京時此冊在行篋中，為運送者所誤，久而不至。故別記第十七冊。」一九一七年九月十一日條云：「與錢玄同先生談。先生專治聲音訓詁之學。其論章太炎先生之《國故論衡》，甚當。其言音韻之學，多足補太炎先生所不及。」這是胡適剛到北京初晤錢玄同的記錄。《北京雜記》錄有胡適閱讀方聲樹《漢學商兑》的讀書箚記和補記的若干舊體詩作。《歸娶記》前有胡適留言：「此第十六冊箚記，為運送公司所誤，到京後數月始收到。故另作第十七冊。今又歸里，帶有此冊，即用為《歸娶記》本子。」《歸娶記》記載一九一七年十二月十六日胡適從北京起程返鄉迎娶江冬秀，到一九一八年二月二日回到北京這四十九天情形，敘說過程十分詳細。《北京雜記》、《歸娶記》均為新見的文獻，史料價值彌足珍貴，但它們並不屬於《胡適留學日記》範圍。因為迄今未見一九一七年七月至一九一九年七月這兩年間胡適日記，所以它們的出現，部分填補了這一空白，作為此書附冊處理比較恰當。

《藏輝室箚記》是胡適留美生活的自供狀。胡適在《自序》中說：「他自己記他打牌，記他吸紙煙，記他時時痛責自己吸紙煙，時時戒煙而終不能戒；記他有一次忽然感情受衝動，幾乎變成了一個基督教信徒；記他在一個時期裡常常發憤要替中國的家庭社會制度作有力的辯護；記他在一個男女同住的大學住了四年而不曾去女生宿舍訪問過女友；記他愛管閒事，愛參加課外活動，愛觀察美國的社會政治制度，到處演説，到處同人辯論；記他的友朋之樂，記他主張文學革命的詳細經過，記他的信仰思想的途徑和演變的痕跡。（在這裡我要指出，箚記裡從不提到我受杜威先生的實驗主義的哲學的絕大影響。這個大遺漏是有理由的。……）這就是我的留學時代的自傳了。」【二】在胡適列舉的諸事中，證諸《藏輝室箚記》，其實還有些內容他幾乎是一筆帶過：如他對孔教問題的思考，他對民國初年國內政治動態的觀察和私底下表達的看法，這些內容在他撰寫的《許怡蓀傳》中倒是有較多討論，在《胡適許怡蓀通信集》中更有多信涉及。胡適留美的第三年，歐戰爆發，胡適平日頗為留心報端對歐戰的報道，跟蹤戰爭的進展，且逐漸形成對世界主義、和平主義、國際主義的信仰，這在他晚年與唐德剛合作的《口述自傳》中有較多地介紹。這方面的箚記內容，當時可能不免引人物議，胡適在《自序》中謹慎地略為提及，沒有特別強調。

在近代中國，赴外留學的青年學生成千上萬，寫日記者也不乏有人，真正在作者存世時以「留學日記」題名並出版的卻只有《胡適留學日記》這一部。可以説在胡適生活的年代，

【一】〈胡適留學日記〉卷四，季羨林主編：《胡適全集》第二十七冊，頁三〇九。

【二】〈重印自序〉，季羨林主編：《胡適全集》第二十七冊，頁一〇三——一〇四。

《胡適留學日記》是中國留學生群體學業、思想、生活、交誼的唯一公開記錄，也是中西文化交流史的經典讀本。我常常說，要瞭解胡適走向新文化運動的思想成長史，要瞭解近代中國留學生史，最值得推薦一看的書籍就是《胡適留學日記》。只要對民國初年中國國內的學術文化狀況作一考察，只要將胡適置於留學生群體中加以比較，就不難看出胡適思想早熟、超前的一面，我們就很自然地會得出這一結論。胡適從留美學生時代開始就有自覺的自我塑造意識，閱讀《胡適留學日記》，就可以看出胡適浸泡在中西文化交流的浴場，如何選擇，如何思考，如何形塑自己。後來亦留美的梁實秋先生曾感慨地說：「我讀過他的日記之後，深感自愧弗如，我在他的那個年齡，還不知道讀書的重要，而且思想也尚未成熟。如果我當年也寫過一部留學日記，其內容的貧乏與幼稚是可以想見的。」【一】現在我們可以看到的留學生日記，比方《吳宓日記》，季羨林的《留德十年》，《竺可楨日記》等等，還有沒有公開出版的趙元任日記，如果對他們加以比較，更可顯出他們各自的思想狀態，其段位高下自然立見分曉。

（原載《北京大學學報（哲學社會科學版）》二〇二〇年第六期）

【一】梁實秋：〈懷念胡適先生〉，收入陳子善編：《梁實秋文學回憶錄》（長沙：嶽麓書社，一九八九年版），頁一三八。

我的胡適研究之路

我的胡適研究要從一九八六年說起，那年秋天，我在確定碩士畢業論文選題為「胡適早期政治思想研究」後，為查找胡適的材料，踏上了尋訪胡適故鄉安徽績溪之旅。九月下旬在武漢華中師範大學開完兩湖地區紀念辛亥革命的學術研討會後，即乘船溯江而下，到蕪湖上岸，再轉坐火車到績溪。在績溪訪問了當地的縣志辦等處，他們面對一位陌生青年學生的來訪，似有一種異樣感。那時社會上對胡適研究畢竟還存有疑慮。在績溪，我沒有獲得預期的效果。隨後我去上海、北京，遍訪兩地的圖書館，查找《競業旬報》、《留美學生年報》、《留美學生季報》等刊。在滬、京待了近一個月時間，我基本上查獲了胡適早年在這些刊物發表的文章，這是一次頗有收穫的學術尋訪之旅。後來我編輯北大版的《胡適文集》，利用這些材料，整理、編輯了第九冊《早年文存》。

一九八七年夏我完成了碩士論文——《胡適早期政治思想研究》。當年冬天，為參加紀念魏源逝世一百三十週年暨中國近代文化史學術研討會，經導師林增平先生的認可，我撰寫並提交了一篇論文——《重評胡適》。

現在回想自己最初進入胡適研究領域，做這麼一個課題，的確還有一點「冒險」。記得我在寫作《重評胡適》那篇論文時，林先生為了在政治上和學術上站穩腳跟，特叮囑我需引經據典來說明「重評胡適」的理由，這就是《重評胡適》那篇文章第一節為什麼引用大段馬克思、恩格斯、列寧評價黑格爾、巴爾扎克、托爾斯泰語錄的緣由。論文投遞《湖南師大學報》後，責任編輯為了慎重起見，還一定要我的導師林增平先生親自審讀並把關。沒想到那篇文章發表後，引起了很大的反響，《新華文摘》一九八八年第五期轉載，《報刊文摘》一九八八年四月十二日、《高校文科學報文摘》一九八八年第四期、《編輯參考》一九八八年第四期、《文藝報》一九八八年十一月六日、《文史知識》一九九〇年第十二期、台灣《國文天地》第八卷第七期、《湖南社會科學年鑒一九八七—一九八九年》等刊轉摘或介紹論點，中日合辦《明日》一九八九年創刊號轉載。我第一次感受到一項學術上的突破在知識界可能產生的後續影響。從此以後，我的名字開始與胡適研究緊緊連結在一起。

一九八八年夏到一九八九年夏，我因為撰寫「驀然回首」叢書編委會所約書稿，暫時擱置了胡適研究。一九八九年秋季我考取了華中師範大學歷史所與湖南師大歷史系合招的中國近代史專業博士生（在職），進入了學業的新階段。第一學年修完必修、選修課程學分後，我得開始考慮博士論文選題。恰逢這時，發生了一件對我的人生和博士論文選題具有決定性意義的事情。

一九九〇年台灣的《中國時報》在一年一度的「時報文學」獎特別設置了一個徵文項目——「胡適誕辰百歲紀念徵文」。在臨近截稿日期（七月三十一日）的前一個月，《中國時報》不知從哪裡打聽到我的通訊地址，將徵文通告寄給我，約請我撰稿。台灣一位未曾謀面的胡適「粉絲」級企業家陳宏正先生亦從北京王府飯店發來一信，告訴我《中國時報》「胡適誕辰百歲紀念徵文」一事，希望我參加。在湖南文藝出版社的一位朋友家裏我也看到了「時報文學」獎的徵文廣告，這位朋友知道我研究胡適，故也鼓勵我參與競賽。當時我與台灣方面並無任何來往，但上述幾方面對我的鼓勵，似乎表現了大家對我參加徵文競賽抱有某種期待，我所身處的南方學人圈對與台港文化、學術界的交往比較熱情。實際上，兩岸之間的關係最先也是從文化、學術交流開始突破，學人之間並沒有因為長期的阻隔，而視對方為敵，反而是抱有善意、誠意進行良性的互動。在那個炎熱的夏天，我獨坐斗室，寫下了《自由主義之累——胡適思想之現代意義闡釋》一文。這不過是一篇五千字的短文，文字之凝練，思想之成熟，似乎是我學術生涯的又一次新的突破。我至今能清晰地記憶起自己寫作那篇文字時內心的激動、衝動，由於有一年的時間沒有發表文字，自己的內心世界像一座蓄積待發的火山，尋找噴吐的突破口，胡適這一主題終於再一次成為表現自己思想的最好題材，這是學術、思想積累的又一次真正爆發。當時國內外學術界不要説根本沒有條件討論自由主義，就是撰文使用這一詞眼的學人幾乎也很鮮見。故以自由主義為主綫來研究胡適，不僅對胡適本人是一個恰當的歷史定位，而且對推動整個學術界重新認識、理解近代中國自由主義思想的現代意義亦有開先河的作用。這篇短文在這次徵文競賽中獲得一等獎（第一名），獲二等獎者為《聯合文學》主編高大鵬先生和《台灣新聞報》主筆鄧伯宸先生，以後我與他倆得以認識，相互之間成了朋友。高大鵬先生還將其子高誼（台灣大學政治學系學士、碩士）送入北大歷史學系深造，成了我門下的博士生。這也算是兩岸文化交流、聯誼的一則趣談！

緊接著是寫作博士畢業論文，圍繞選題我有點猶豫。我向導師提出了兩個題目：一個是新文化運動研究，一個是胡適思想研究。導師以為我在胡適研究上積累了比較好的基礎，鼓勵我繼續大膽地做下去。林先生以他特有的幽默口吻對我說，「在我們的青年時代，胡適是被奉為知識分子模範式的人物。解放以後，我的學術生涯卻是從批判這位模範式的人物開始」。他告訴我一個「秘密」，解放以後，他響應號召，在學報發表的第一篇論文就是以批判胡適為主題。當他自己在「文革」中作為資產階級反動學術權威被《湖南日報》以四十八版的篇幅連篇累牘地批判以後，他終於醒悟過來，以後再也不願提那篇文章了。他的「欽點」自然對我起了加油的作用。在當時並不怎麼寬鬆的環境中，林先生無形之中也成了我這項研究的保護人。

遺憾的是，一九九二年夏我博士畢業後不到半年，林先生即因身患癌症告別人世。我只好請另一位自己熟識的「胡學」前輩、美籍華裔學者唐德剛先生作序，唐先生欣然應允，以《論「轉型期」與「啟蒙後」——歐陽哲生著〈胡適思想研究〉序》為題作序，刊登於劉紹唐先生主編的《傳記文學》（一九九三年第六十二卷第二期），文中提到我與他的結緣。唐先生是「胡學」界極為尊重的老一輩學者，在現代中國人物口述史學方面，他可以說是一位大師級人物，他撰寫的《李宗仁回憶錄》、《顧維鈞回憶錄》被視為這一領域的經典之作。《胡適口述自傳》、《胡適雜憶》在「胡學」研究同行中也是必讀的主要參考著作，他願為我的著作寫序，顯示出他對一個晚輩學人的提攜和關愛。根據博士論文擴充、修改的專著《自由主義之累——胡適思想的現代闡釋》，一九九三年由上海人民出版社出版。後來雖有不少以胡適為專題研究的博士畢業論文，這篇博士論文可以說是中國大陸這一系列博士論文中的第一篇。《中國社會科學》一九九四年第六期、《文匯讀書週報》一九九四年四月九日曾刊登書評加以評介。該書經過修訂，二〇〇三年、二〇〇七年由江西教育出版社收入「鵝湖學術叢書」兩度再版。

一九九三年六月我進入北京大學歷史學博士後流動站工作。來北大以後，我的胡適研究似乎處在一種身不由己的狀態之中。從事一個人物的個案研究既久，學術視野受到限制，遂易產生厭倦感。本來在完成《自由主義之累》那本著作後，我曾有心轉到別的研究課題上去，拓展自己的研究領域。但這本書招來出版界的注意力，卻使我難以從胡適研究這一課題中抽身。北大出版社編輯劉方向我徵詢編輯胡適作品的選題，我告訴她，胡適的書信尚無人系統編輯。她當即表示，約我編輯《胡適書信集》。在當時胡適本人著作出版甚少的背景下，這是一個頗具誘惑力的約稿。因當時在近代史所的胡適檔案中尚有相當數量的胡適書信未經整理、公佈，我遂找耿雲志先生合作。經過兩年多時間的編輯、整理，《胡適書信集》（三冊）由北京大學出版社一九九六年九月出版。可以說，我的碩士、博士、博士後這三個階段，雖學業在不斷上升，但研究課題和主要精力都放在胡適研究這一課題。

《胡適書信集》出版後，各方面反應比較熱烈，大家對出版胡適作品似有一種鼓勁的勢頭。

所以，北大出版社在考慮一九九八年推出紀念北大校慶一百週年的出版物時，又徵詢我對選題的意見，我表示可以編一套中型的《胡適文集》（六冊），以應讀者之需。沒想到此工程一上馬，出版社感覺六冊的分量不夠，又要求我增編，這樣將原計劃的六冊增加為十二冊，篇幅擴充了一倍，基本上囊括了胡適的重要作品。一九九八年十月，經過自己的努力和各方面的支持、配合，《胡適文集》（十二冊）如願在北京大學出版社隆重推出。二〇一三年十月修訂再版。修訂工作本着整理如舊的原則，儘量按照原作最初發表的原始面貌進行整理。為確保質量，我們幾乎將《胡適文集》所收作品重新與原始出處做了一次核校，大大提升了編校質量，是迄今胡適著作最為精審的版本。《胡適文集》所收文字達六百六十三萬多字，在當時海內外胡適著作結集中，是規模最大的一套。直到二〇〇三年安徽教育出版社推出《胡適全集》（四十四冊），其規模才超過了北大版《胡適文集》。煌煌十五卷的北大版《胡適書信集》、《胡適文集》，若如一座豐碑，刻記了胡適在新文化史上的偉績，也創下了北大出版社出版個人著作字數最高的歷史紀錄。

以後，安徽教育出版社編輯、出版《胡適全集》，我與耿雲志先生繼續合作編輯、整理了書信部分。巨大的文獻整理工作量，不知不覺消耗了我十餘年光陰。這期間，我雖然也寫作了《嚴復評傳》，發表了與五四新文化運動有關的系列論文，以後還整理、編輯了《傅斯年全集》、《丁文江文集》，但其影響卻不能與我整理的這些胡適文獻相比。本不擅長做這類資料整理工作的我，沒想到經過這十多年的磨練，如今儼然也成了一個特約編輯。

在進行胡適文獻整理工作的同時，我根據自己的獨立探索和研究心得，撰寫了以胡適為主題的系列研究論文。通常我之撰寫胡適研究論文，都帶有「被逼」的因素，或因應邀參加會議，或因應約撰稿，大多為「命題作文」。一般來說，我對這些「受邀」或「應約」都會抱有配合的態度，不敢懈怠，因而對論文的寫作確實也格外用心、極為投入。一九九一年十月應邀出席香港中文大學中國文化研究所主辦的「胡適與中國現代文化」國際學術研討會，我提交了長文《胡適與陳獨秀思想之比較研究》，被會議安排在第一位發言。一九九一年十一月七日—十日參加耿雲志先生發起的、在安徽績溪召開的中國大陸首次「胡適學術研討會」，我提交了《胡適與中國傳統文化》一文，會後我為這次盛會撰寫了綜述，刊登於《中國社會科學》一九九二年第二期、《中國社會科學》（英文版）一九九二年第三期，台灣中研院近代史所《近代中國研究通訊》第十三期（一九九二年三月出版）也予以刊載，這些報道對外界瞭解中國大陸研究胡適的動態應有所幫助。一九九五年五月參加在華東師範大學舉行的「胡適與中國新文化」國際學術研討會，提交了《自由主義與五四傳統——胡適對五四運動的歷史詮釋》一文。一九九六年八月應陳鼓應先生之約，為其主持的「北京道家文化國際研討會」撰寫了《胡適與道家》一文。一九九八年為紀念北京大學校慶一百週年，應《名人與北大》主編蕭超然教授之約，撰寫了《胡適與北京大學》。同年，應台灣中研院史語所王汎森先生之約，為其編輯的《新學術之路——中央研究院歷史語言研究所七十週年紀念文集》撰寫了《胡適先生與中研院史語所》一文。北大版《胡適文集》出版之際，我撰寫了《胡適的文化世界》，此文原意作為《胡適文集》前言，後因種種原因而撤稿，只好發表在《北大學報》和台灣的《傳記文學》，將《胡適文集》的廣告置於文後，以示宣傳之用。二〇〇〇年十月應李又寧教授之邀，參加在紐約舉行的「華人對美國的貢獻」國際學術研討會，提交了《胡適與中美文化交流》一文。二〇〇一年二月二十二日應耶魯大學東亞系主任孫康宜教授之邀，發表了《胡適在現代中國》的演講，以後以此題受邀在多處演講。二〇〇四年九月應邀出席美國哥倫比亞大學為紀念該校二百五十週年主辦的「哥大與中國」國際學術研討會，撰寫了《胡適與哥倫比亞大學》一文，這篇論文採用了我在哥大檔案館發掘的胡適檔案材料，首次公佈了胡適一九二七年三月二十一日獲取博士學位註冊表的影印件。同年應陳來教授之約，為其主編的《北大哲學門經典文庫》編輯《胡適選集》（吉林人民出版社二〇〇五年五月出版），此書後來收入《中國文庫》第三輯。二〇〇五年十月二十日在廣州的「南國書香節」上發表了《重新發現胡適——胡適檔案文獻的發掘、整理與利用》演講，這篇演講系統介紹了中國大陸、台灣地區和美國三地收藏、整理胡適檔案的情形。同年十二月三—四日應邀出席南開大學與日本愛知大學合辦的「現代中國學術方法論研究」學術研討會，提交了《中國近代學人對哲學的理解——以胡適為中心》一文。二〇〇九年為紀念五四運動九十週年，北大主辦了「五四的歷史與歷史中的五四」國際學術研討會，我提交了《中國的文藝復興——胡適以中國文化為題材的英文作品解析》一文；中國社科院近代史研究所主辦了「紀念五四運動九十週年國際學術研討會」，提交了《〈新青年〉編輯演變之歷史考辨——以一九二〇年至一九二一年〈新青年〉同人來往書信為中心的探討》一文。這兩篇長文均是積自己多年研究心血所獲撰寫而成。前一文廣泛採用了胡適英文作品材料，發前人之所未發；後一文利用了在胡適長子胡祖望先生家發現的一組《新青年》同人來往書信，對之作深入解讀。二〇一一年四月十七日—十八日應邀出席在南京大學舉行的「胡適學術與思想」國際學術研討會，提交了《胡適與西方近世思潮》一文。通過參與上述各方面邀請的學術活動，自己胡適研究的領域逐漸擴展，胡適不僅是一個被重新認識的歷史人物，而且真正是一個具有學術研究價值的題材。二〇一一年九、十月間我第四次訪問台灣，台北秀威資訊科技股份有限公司副總編蔡登山先生約請我將自己的胡適研究成果和五四運動史研究成果彙編成書，我感覺這是一個總結自己學術研究成果的好機會，遂將自己的相關論文分別彙集收入《探尋胡適的精神世界》、《五四運動的歷史詮釋》兩書，由台北秀威資訊科技股份有限公司二〇一一年十月出版繁體版。二〇一二年北京大學出版社又推出兩書的簡體版，簡體版較繁體版的內容有所擴充。

二〇一二年十一月應邀出席在杭州舉行的「司徒雷登與中國近代教育」學術研討會，我以《胡適與司徒雷登——兩個跨文化人的歷史命運》為題發言，以後將此題衍成長文，發表在《史學月刊》二〇一四年第一期。在寫作該文時，我發現台北遠流版《胡適的日記》（影印本）有被抽除的痕跡，也就是說，根據遠流版整理的《胡適日記全編》實際上並非「全編」，整理者對前此的刪除處理顯然不知不覺，這在胡適文獻整理中當然是一個有待彌補的「問題」。二〇一三年夏我應日本東京大學之邀，作為時兩月的訪問，利用這次訪日機會，我遍搜胡適著作的日譯本及胡適與日本的相關材料，頗有收穫，擬根據這些材料寫作《胡適及其著作在日本》。可以說，每年或每隔一年，我都會在胡適研究領域發表一篇研究論文，以顯現自己的新心得、新斬獲，與同行分享。大體來說，我的胡適研究可以二〇〇〇年為界，此前我着力胡適文獻整理和胡適思想研究，包括對時人比較敏感的自由主義政治思想研究。此後我開始關注對跨文化語境中的胡適學術、思想、活動研究。我認為，胡適研究要取得新進展，必須突破地域、國別的限制，胡適長期在美國生活、學習、工作，他是中西文化交匯所造就的文化鉅人，他的域外經驗值得發掘，我們需要從這一視角考察胡適、認識胡適、反省胡適，對胡適的思想、學術才會有比較深入的理解，而這正是迄今胡適研究相對比較薄弱的一個環節。

總結自己的胡適研究工作，我的成果主要體現在兩個方面：一是研究成果，包括著作《自由主義之累——胡適思想的現代闡釋》和收入《探尋胡適的精神世界》、《五四運動的歷史詮釋》兩著的相關系列論文。二是整理文獻，主要有：《胡適書信集》（三冊，與耿雲志先生合作）、《胡適文集》（十二冊）、《胡適全集》（書信第二十三——二十六冊，與耿雲志先生合作）。此外，我還編輯了一些與胡適有關的資料彙編。如《胡適妙語》（嶽麓書社，一九九五年）、《胡適文化學術隨筆》（中國青年出版社，一九九六年）、《胡適告誡人生》（九州出版社，一九九八年）、《容忍比自由還重要——胡適與他的論敵》（時事出版社，一九九九年）、《讀書與治學》（生活·讀書·新知三聯書店，一九九九年）、《追憶胡適》（社會科學文獻出版社，二〇〇〇年）、《解析胡適》（社會科學文獻出版社，二〇〇〇年）、《再讀胡適》（大眾文藝出版社，二〇〇一年）、《中國的文藝復興》（外語教學與研究出版社，二〇〇一年）、《胡適選集》（吉林人民出版社，二〇〇五年）、《胡適論哲學》（安徽教育出版社，二〇〇六年）等，這些工作算是對胡適作品及其研究的宣傳、普及吧！

胡適研究從一塊「禁區」，到逐漸突破，發展成為學界矚目的顯學，是改革、開放以後學術界思想解放潮流推動的產物，也是老、中、青三代學者共同努力的結果。在這一學術發展進程中，我有幸加入這一研究群體，自認做了一些奮力前驅、添磚加瓦的工作。但畢竟為學力所限，在研究中仍不免存在這樣那樣的問題。顧後瞻前，感慨萬千，時光荏苒，自己不再年青。當自己跨過「知天命」之年，深感時不我待。胡適研究經過學界同人的努力，今天已蔚為大觀，那種在「左」的歲月視胡適為「禁忌」的時代早已過去。實事求是研究胡適是我們清理歷史、卸掉包袱、走向未來的重要基礎。從發展的眼光看，胡適學研究如要更上一層樓，在學術界真正佔有一席之地，並對推動整個人文學術事業發揮先驅作用，確需我們用心經營，細加耕耘。為此，自己規劃未來的胡適研究工作：一是繼續圍繞胡適，選擇一些較少觸及而又存空間的論題，撰寫系列學術論文，以拓展胡適研究的深度；二是繼續搜集胡適書信，待時機成熟，增訂《胡適書信集》。這就當是自己清理過去胡適研究工作的兩項承諾吧！

二〇一四年八月三十一日於京西水清木華園

（收入耿雲志、宋廣波主編：《心長路遠：胡適研究的歷程》，哈爾濱：黑龍江教育出版社，二〇一五年六月，頁六七——七五。）

著述年表

1 《湖南近現代史》（林增平、范忠程主編，撰寫第七—九章），長沙：湖南師範大學出版社，一九九一年十月。

2 《自由義之累——胡適思想的現代闡釋》，上海：上海人民出版社，一九九三年十二月初版。

3 《新文化的源流與趨向》，長沙：湖南出版社，一九九四年四月初版。

4 《嚴復評傳》（收入國學大師叢書），南昌：百花洲文藝出版社，一九九四年八月初版，一九九七年三月二版。

5 編《胡適書信集》（三冊，與耿雲志合編），北京：北京大學出版社，一九九六年九月。

6 編《二十世紀中國文化學術隨筆叢書．胡適文化學術隨筆》，北京：中國青年出版社，一九九六年十月。

7 編《中國現代學術經典叢書．嚴復卷》，石家莊：河北教育出版社，一九九六年十二月。

8 編《中國現代學術經典叢書．蔡元培卷》，石家莊：河北教育出版社，一九九六年十二月。

9 編《胡適文集》（十二冊），北京：北京大學出版社，一九九八年十一月初版。

10 編《容忍比自由更重要——胡適與他的論敵》（上、下冊），北京：時事出版社，一九九九年一月。

11 編《讀書與治學》（收入《三聯精選》，胡適著），北京：三聯書店，一九九九年十一月。

12 編《追憶胡適》，北京：社會科學文獻出版社，二〇〇〇年九月。

13 編著《解析胡適》，北京：社會科學文獻出版社，二〇〇〇年九月。

14 編譯《中國的文藝復興》（胡適著，與劉紅中合編），北京：外語教學與研究出版社，二〇〇一年二月初版。

15 編《再讀胡適》，北京：大眾文藝出版社，二〇〇一年六月。

16 主編《五四運動與二十世紀的中國——北京大學紀念五四運動八十週年國際學術研討會論文集》（上、下冊，與郝斌合編），北京：社會科學文獻出版社，二〇〇一年五月。

17《自由主義之累——胡適思想的現代闡釋》，南昌：江西教育出版社，二〇〇三年七月、二〇〇七年八月修訂版。
18 編著《傅斯年全集》（七冊），長沙：湖南教育出版社，二〇〇三年九月。
19 編《胡適全集》（卷二三—二六，與耿雲志合編），合肥：安徽教育出版社，二〇〇三年九月。
20《新文化的傳統——五四人物與思想研究》，廣州：廣東人民出版社，二〇〇四年五月。
21 導讀《天演論》（赫胥黎著、嚴復譯），貴陽：貴州教育出版社，二〇〇五年八月。
22 編《胡適論哲學》（收入《胡適經典論叢》），合肥：安徽教育出版社，二〇〇六年九月。
23 編《丁文江先生學行錄》，北京：中華書局，二〇〇八年一月。
24 編《胡適選集》（收入陳來主編《北大哲學門經典文粹》，又收入《中國文庫》第三輯），長春：吉林人民出版社，二〇〇八年一月。
25《歐陽哲生講胡適》，北京：北京大學出版社，二〇〇八年一月。
26 編著《丁文江文集》（七卷），長沙：湖南教育出版社，二〇〇八年七月。
27《科學與政治——丁文江研究》，北京：北京大學出版社，二〇〇九年一月。
28 編《大家國學·傅斯年卷》，天津：天津人民出版社，二〇〇九年二月。
29 編《胡適研究論叢》第一輯（與宋廣波合編），哈爾濱：黑龍江教育出版社，二〇〇九年六月。
30 主編《五四的歷史與歷史中的五四——北京大學紀念五四運動九十週年國際學術研討會論文集》（與牛大勇合編），北京：北京大學出版社，二〇一〇年一月。
31 編《范源廉集》（與劉慧娟、胡宗剛合編），長沙：湖南教育出版社，二〇一〇年一月。
32 整理《梁任公先生年譜長編初稿》（丁文江、趙豐田編著），北京：中華書局，二〇一〇年四月。
33《二十世紀中國文化》，北京：北京大學出版社，二〇一〇年九月。
34《探尋胡適的精神世界》，台北：秀威資訊科技股份有限公司，二〇一一年十月繁體版。
35《五四運動的歷史詮釋》，台北：秀威資訊科技股份有限公司，二〇一一年十月繁體版。
36《探尋胡適的精神世界》，北京：北京大學出版社，二〇一二年二月簡體版。

37 《五四運動的歷史詮釋》，北京：北京大學出版社，二〇一二年九月簡體版。

38 編《胡適文集》（十二冊），北京：北京大學出版社，二〇一三年七月修訂版。

39 《傅斯年一生志業研究》，台北：秀威資訊科技股份有限公司，二〇一四年五月繁體版。

40 編《中國近代思想家文庫．傅斯年卷》，北京：中國人民大學出版社，二〇一五年一月。

41 《中華民國專題史》（第二卷，與潘光哲、張太原、簡明海合著），南京：南京大學出版社，二〇一五年三月。

42 《嚴復評傳》，南昌：百花洲文藝出版社，二〇一五年三月增訂版。

43 編《中國近代思想家文庫．蔡元培卷》，北京：中國人民大學出版社，二〇一五年七月。

44 《傅斯年一生志業研究》，北京：北京大學出版社，二〇一六年三月簡體版。

45 編著《傅斯年文集》（七卷），北京：中華書局，二〇一七年十月增訂版。

46 《嚴復評傳》，台北：昌明文化有限公司，二〇一八年一月繁體版。

47 《古代北京與西方文明》，北京：北京大學出版社，二〇一八年六月簡體版。

48 《古代北京與西方文明》，香港：三聯書店（香港）有限公司，二〇一九年一月繁體版。

49 主編《百年回看五四運動——北京大學紀念五四運動一百週年人文論壇論文集》（上、下冊），北京：社會科學文獻出版社，二〇二〇年十二月。

50 編《復興文庫》第一編第七卷《新文化運動》（七冊），北京：中華書局，二〇二一年十二月。

51 主編《胡適與中國新文化：史事與詮釋》（上、下冊），北京：社會科學文獻出版社，二〇二一年十二月。

52 《胡適的北京情緣：一個新文化人的日常生活史》，香港：三聯書店（香港）有限公司，二〇二一年十二月。

作者簡介

歐陽哲生　北京大學歷史學系教授、博士生導師。教育部「長江學者」特聘教授，獲國務院頒發政府特殊津貼。主要從事中國近現代思想史、中西文化交流史研究。曾赴美國伊利諾伊大學、德國柏林自由大學、日本東京大學、英國牛津大學訪學，多次赴香港中文大學、台灣中研院近代史所等處訪學。在《歷史研究》、《北京大學學報》、《中共黨史研究》、《近代史研究》、《史學理論研究》、《中國文化》、*Chinese Studies in History* 等國內外刊物發表論文一百餘篇。著作有：《自由主義之累——胡適思想之現代闡釋》、《二十世紀中國文化》、《嚴復評傳》、《科學與政治——丁文江研究》、《探尋胡適的精神世界》、《五四運動的歷史詮釋》、《傅斯年一生志業研究》、《古代北京與西方文明》、《中華民國專題史》（第二卷，合著）等。編有：《胡適文集》（十二冊）、《傅斯年文集》（七卷）、《丁文江文集》（七卷）等。主編《海外名家名作叢書》、《人文中國書系》、《京華往事叢書》（*Memories of Peking*）。近獲第十五屆北京市哲學社會科學優秀成果獎二等獎（二〇一九年五月）、第八屆高等學校科學研究優秀成果獎（人文社會科學）二等獎（二〇二〇年十二月）。